中國學術思想 研究輯刊

三九編

林慶彰 主編

第 23 冊

近代華嚴學

韓煥忠 著

花木蘭文化事業有限公司

國家圖書館出版品預行編目資料

近代華嚴學／韓煥忠 著 -- 初版 -- 新北市：花木蘭文化事業
有限公司，2024〔民 113〕
目 4+210 面；19×26 公分
（中國學術思想研究輯刊 三九編；第 23 冊）
ISBN 978-626-344-595-6（精裝）
1.CST：華嚴宗 2.CST：佛教教理
030.8　　　　　　　　　　　　　　　　112022483

ISBN-978-626-344-595-6

中國學術思想研究輯刊
三九編　第二三冊　　　　　　　ISBN：978-626-344-595-6

近代華嚴學

作　　者　韓煥忠
主　　編　林慶彰
總 編 輯　杜潔祥
副總編輯　楊嘉樂
編輯主任　許郁翎
編　　輯　潘玟靜、蔡正宣　美術編輯　陳逸婷
出　　版　花木蘭文化事業有限公司
發 行 人　高小娟
聯絡地址　235 新北市中和區中安街七二號十三樓
　　　　　電話：02-2923-1455／傳真：02-2923-1452
網　　址　http://www.huamulan.tw 信箱 service@huamulans.com
印　　刷　普羅文化出版廣告事業
封面設計　劉開工作室
初　　版　2024 年 3 月
定　　價　三九編 23 冊（精裝）新台幣 62,000 元

近代華嚴學

韓煥忠 著

作者簡介

韓煥忠（1970～），男，山東曹縣人，哲學博士，現為蘇州大學哲學系教授，宗教學專業博士生導師，兼任蘇州大學宗教研究所所長、江蘇戒幢佛學研究所副所長、蘇州青蓮生活禪研究院院長等職，出版有《天台判教論》《華嚴判教論》《佛教四書學》《佛教莊子學》等著作，並在相關刊物上發表學術論文 160 多篇。

提　要

　　近代以來，在歐風美雨的飄搖中，古老的中國華嚴學呈現出復興的態勢。如月霞、應慈、南亭、成一與海雲繼夢對華嚴學的弘揚，我們稱之為「專宗華嚴」；如弘一、太虛、淨慧等人對華嚴的運用，我們稱之為「寓宗華嚴」；如馬一浮、唐君毅、牟宗三、方立天對華嚴的考察，我們稱之為「研究華嚴」。而對於華嚴的現代意義和價值，我們也可以做多方面的思考。近代華嚴學復興在現當代的延續，則將為人類的發展提供一種獨特的思想資源。

緒論——江蘇佛教與近代華嚴學的復興

近代以來，在歐風美雨的飄搖中，中國文化中的儒道佛三家都發展出新的形態，如以馬一浮、梁漱溟、熊十力為代表的現代新儒學，以陳攖寧為代表的現代新道教，以釋太虛為代表的現代新佛教等。具體到佛教，中國諸宗派也都在不同程度上呈現出復興的態勢，如唯識宗（歐陽竟無居士、太虛法師等），天台宗（諦閑法師、倓虛法師、寶靜法師等），南山律宗（弘一法師），淨土宗（印光法師），禪宗（虛雲法師等），以及華嚴宗等，都在某種程度上呈現出復興的態勢。如果我們對中國佛教華嚴宗復興的有關人物，如楊文會居士、月霞法師、應慈法師、慈舟法師、持松法師、常惺法師、智光法師、南亭法師、成一法師等，和有關場所，如金陵刻經處、常熟興福禪寺、常州清涼寺、焦山定慧寺、泰州光孝寺等，略加考察的話，就會發現，中國華嚴宗的近代復興雖然與上海、杭州等地也有關係，但應該說主要還是由相關法師在江蘇的寺院中推動和發展起來的。換句話說，近代江蘇佛教最顯著的亮點就是促進了中國佛教華嚴宗的復興。

一、楊文會開啟華嚴復興的端緒

楊文會（1837～1911）在南京創辦的金陵刻經處，成為近代中國佛教復興的先導，同時也肇啟了近代華嚴宗復興的端緒。各種相關資料都顯示出，楊文會接觸佛教，是從《大乘起信論》入手的，而他對華嚴義理的領悟和體會尤為深刻。

如金天翮云：「甲子，葬父回省，病。先是，有無名之比丘尼，授以《金剛經》一帙；嗣閱肆，得《大乘起信論》，未讀也。至是閱他書，意舉不愜，

讀《起信論》,乃邃徹奧旨。起求坊肆,得《楞嚴經》,就幾諷誦,不覺日之晏,悉廢其向所為學而學佛。」〔註1〕也就是說,有一位不知法號姓名的比丘尼曾送給楊文會一本《金剛經》,他在書店裏翻閱書籍也買到過一部《大乘起信論》,但他都還沒有閱讀,直到 1864 年,他安葬父親後,返回當時安徽的省城安慶,悲傷加上勞累,終於病倒,他本想讀書消遣,但讀其他書,都沒能引起他的興趣,而一讀《起信論》,他便為該書的深奧義理所吸引,於是又跑到書店,找到一部《楞嚴經》,立即諷誦起來,直到太陽西下,他竟然忘記了時間的流逝。

而楊文會的嗣法弟子歐陽漸的相關記載則更為生動、形象。他說:「先是,有不知誰何之老尼,授居士《金剛經》一卷,懷歸展讀,猝難獲解,覺甚微妙,什襲藏弄。嗣於皖省書肆中得《大乘起信論》一卷,閣置案頭,未暇寓目。病後,檢閱他書,舉不愜意,讀《起信論》,乃不覺卷之不能釋也。賡續五遍,窺得奧旨,由是遍求佛經。久之,於坊間得《楞嚴經》,就幾諷誦,幾忘身在書肆。時日已斂昏,肆主催歸,始覺悟。此後,凡親朋往他省者,必央覓佛典,見行腳僧,必詢其從何處來,有何剎竿,有無經卷。一心學佛,悉廢棄其向所為學。」〔註2〕我們知道,自賢首法藏造疏作記以來,《起信論》就成了華嚴宗表達自家思想義理的基本典籍,而講解《楞嚴經》也是華嚴宗的強項,如北宋時期的華嚴宗祖師長水子璿,因為擅長講說《楞嚴經》,就被時人稱為「楞嚴璿」。楊文會從《起信論》《楞嚴經》入手修學佛教經典,為他深入華嚴教海奠定了基礎。

楊文會雖然遍刻諸經,但於華嚴宗典籍,尤為用力。歐陽漸總結說:「仁山居士,學賢首遵《起信論》,刻賢首《起信論義記》及《釋摩訶衍論》,而集志福等注以作疏,博求日韓,得賢首十疏之六,與藏內十餘卷,部二十種,匯而刊之,曰《賢首法集》。」〔註3〕楊文會作《賢首法集敘》云:「世之學華嚴者,莫不以賢首為宗。而賢首之書,傳至今日者,僅藏內十餘卷耳。後人閱清涼大疏,咸謂青出於藍而青於藍,因欲易賢首宗為清涼宗。蓋未見藏公全書故也。近年四海交通,得與南條文雄遊,求覓古德逸書數百種。所謂賢首十疏者,

〔註1〕金天翮:《楊文會傳》,《楊仁山全集》附錄,合肥:黃山書社,2000 年,第 578 頁。

〔註2〕歐陽漸:《楊仁山居士事略》,《楊仁山全集》附錄,合肥:黃山書社,2000 年,第 582 頁。

〔註3〕歐陽漸:《楊仁山居士傳》,《楊仁山全集》附錄,合肥:黃山書社,2000 年,第 586 頁。

已得其六。方知清涼大疏皆本於《探玄記》也。賢首作《新華嚴疏》，未竟而卒。後二十七年，清涼乃生，及其作疏，一宗賢首，豈非乘願再來，闡發大經乎？今將賢首著述，去偽存真，匯而刊之，名曰《賢首法集》，世之學華嚴者，其以是為圭臬可也。」〔註4〕專門刊刻《賢首法集》以供學修者參考，由此可見他對華嚴宗的喜愛和推崇。接下來他對所收錄的賢首著述作了簡要的介紹和表彰，大有撥亂反正的意味。

楊文會推崇華嚴的言論，以《陰符經發隱》的序文最為深刻、徹底。他說：「夫論道之書，莫精於佛經；佛經多種，莫妙於華嚴。悟華嚴宗旨者，始可與談此道矣。古人有言：證入一真法界，真俗圓融，重重無盡，即世間離世間，豈有心契大道，而猶生隔礙者哉！所以善財童子參訪知識，時而人間，時而天上，時而在神道，時而入毗盧樓閣。其傳授正法者，或為天神，或為人王，或為比丘，或為居士，或為外道，或為婦女。和光混俗，人莫之知，惟深入法界，虛心尋覓，乃能見之。則謂作此經者，即華嚴法界善知識可也。」〔註5〕我們說，這段文字與其說是讚揚《陰符經》的，還不如說是讚揚華嚴法界善知識的。楊文會之求覓佛典，真如善財童子之廣參博訪，其所歷善知識，當不止於五十四位；楊文會之弘揚弘揚，或現宰官身，或現居士身，隨宜施設，裨其能悟入華嚴一真法界。

沈曾植在楊文會身後為其撰寫塔銘，特別表彰其刻藏之功，謂其不僅繼隋靜琬、宋馮楫、王求、明密藏之後，而且能掩古人而上之：「獨居士奮起於末法蒼茫、宗風歇絕之會，以身任道，論師、法將、藏主、經坊，四事勇兼，畢生不倦，精誠旁薄。居士事視前人為倍難。影與響相承，因與果不二。以法運通塞驗之，華嚴極盛於隋唐，天台中興於南宋，淨土普行於明末國初，皆非刻經人所及見。而今者諸方競進，賢首、嘉祥、慈恩之微言絕學，浸昌浸熾，金胎教令，朕兆萌芽，佛日光明，重昭壞劫，居士實親見之，非創刻時所預期。則居士之效，視前人倍疾乎？」〔註6〕較之古人，楊文會刻經不僅功勞大，而且見效也很迅速，遠超出當時的預期。我們說，楊文會金陵刻經處的成功運行

〔註4〕（清）楊文會：《賢首法集敘》，《楊仁山全集》，合肥：黃山書社，2000年，第375～376頁。

〔註5〕（清）楊文會：《陰符經發隱》，《楊仁山全集》，合肥：黃山書社，2000年，第218～219頁。

〔註6〕沈曾植：《楊居士塔銘》，《楊仁山全集》附錄，合肥：黃山書社，2000年，第572～573頁。

及顯著效果，其根本原因，當在其某種程度上契合了時代的需要。其實，楊文
會以金陵刻經處為基地創辦祇園精舍，對於近現代中國佛教復興來說，也是值
得大書特書的事情。其聘請的教師中有月霞法師，座下學員有太虛法師、智光
法師等。太虛法師後來發展成為中國佛教復興的領軍人物，人間佛教思想的集
大成者，而月霞法師則創辦華嚴大學，智光等復歸其座下，為中國近現代華嚴
學的復興奠定了堅實的基礎。

近人周繼旨云：「楊氏一生致力於搜求佛教典籍，而在刊印流佈時，則以
華嚴、淨土為優先。由此亦可見楊氏對華嚴、淨土之鍾情，體現了他的『教尊
賢首，行在彌陀』的指導思想。」〔註7〕我們說，金陵刻經處對《賢首法集》
的刊刻流佈，為近代華嚴學的復興提供了文本方面的支持；楊文會對華嚴宗思
想和義理的弘揚，則為近代華嚴學的復興樹立了精神指南和人格榜樣；祇園精
舍短暫的教學活動，則為華嚴學的復興指明了辦學的路徑，聚集了最為核心的
幹部力量。因此，我們認為楊文會開啟了近代華嚴學復興的端緒。

二、月霞、應慈推動華嚴的復興

月霞法師和應慈法師，通過創辦華嚴大學、法界學院、清涼學院等佛教院
校，並以這些佛教院校作為弘揚華嚴的平臺，不僅掀起了修學華嚴的熱潮，而
且還培育了一大批精通華嚴的高僧大德，極大地推動了近代華嚴學的復興。

月霞法師是近代推動華嚴學復興的元勳。月霞法師（1858～1917），俗姓
胡氏，湖北黃岡人，初習儒業，應縣試落第後，讀佛經有得，遂視世間學問如
糟粕，十九歲辭親出家，於南京大鐘寺禪定老和尚座下披剃，翌年於九華山受
具足戒，曾參金山、天寧、高旻諸名剎。光緒八年（1882），遠走關中，在終
南山結茅潛修，得綠營兵駐軍蘇軍門護持。光緒十四年（1888），至中州桐柏
山太白頂，依了臣老和尚聽講《維摩詰經》，參究不二法門，得到印可，嗣後
至句容赤山參謁法忍老和尚，留充茶頭。光緒二十年（1894），隨法忍老和尚
至湖北漢陽，法忍老和尚講《楞伽經》，時命分座，以辯才無礙，遂得以廣結
法緣。翌年至安徽九華山翠峰茅棚，與普照、印魁等人結界打禪七三年，並講
說唐譯八十卷《華嚴經》。41歲後，歷遊武漢、北京、江蘇、浙江各地，隨緣
講經說法，為緇俗所重。42 歲住持安徽迎江寺，創設安徽省佛教會，招授僧
徒。三年圓滿，曾到泰國、緬甸、錫蘭、印度等國考察佛教。回國後至常州天

〔註7〕周繼旨：《前言》，《楊仁山全集》，合肥：黃山書社，2000 年，第 10 頁。

寧禪寺，參學於冶開禪師，光緒三十二年（1906）得受記莂，與應慈法師等同為臨濟宗第 42 世。

月霞法師此後曾講經於安徽迎江寺、祇園精舍、日本東京、湖北洪山寶通寺等地，曾任江蘇省僧教育會副會長，主持江蘇省僧師範學堂，民國元年秋入住上海哈同花園，創設華嚴大學，因不堪哈同夫人凌辱而移至杭州海潮寺。民國六年（1917）奉冶開老和尚之命分燈常熟虞山興福禪寺，七月初一日晉山升座後，計劃在興福禪寺創辦法界學院，培育華嚴僧才，不幸罹疾，同年十月初三日卒於杭州西湖玉泉寺。在月霞法師努力下，華嚴宗受到了教內外的廣泛關注。月霞法師唱道諸方，經其不懈努力，遂使華嚴宗呈現出強烈的復興之勢來。〔註8〕作為近代華嚴宗復興的代表人物，月霞法師在《維摩詰經講義錄》中除了按照華嚴宗講經說法的慣例進行十門分別外，還非常注意引用《華嚴經》、運用五教判釋、攝入華嚴三觀、展現十玄境界，從而將這次講經說法提升為展現華嚴宗教義教理的盛筵。

應慈法師是近代華嚴學復興的主將。應慈長老（1873～1965），俗姓余，名鐸，字振卿，祖籍安徽歙縣，生於江蘇省東臺縣安豐鎮周家巷，於兄弟四人中排行最小，世業鹽商，資產豐饒，初習儒，15 歲中秀才，因父早逝，奉母命棄儒經商，因兩度喪偶，感世事無常，遂於 26 歲時前往普陀山朝拜觀世音菩薩，遇南京三聖庵明性法師，從之披剃，兩年後於寧波天童寺禮敬安受具，歷參鎮江金山寺、揚州高旻寺、常州天寧寺等名剎，34 歲與月霞法師等同受天寧寺冶開禪師記莂，為禪宗南嶽下 46 世（即臨濟正宗第 42 世），此後即追隨月霞法師，學習華嚴教理，創辦華嚴大學。月霞法師入滅後，輾轉常州、上海、無錫等地，創辦法界學院、清涼學院等，講論三譯《華嚴》，培養了許多精通華嚴的高僧大德，故而有「華嚴座主」的美譽。1949 年新中國成立後，出任上海佛教協會名譽會長，中國佛教協會理事、常務理事、副會長、名譽會長等職。

應慈法師儒學功底紮實，多能會通儒佛。如 1939 年秋，在上海講四十《華嚴》，至「願我臨欲命終時，盡除一切諸障礙」，他隨機開示說：「儒家亦言：

〔註8〕有關月霞法師生平，可參閱于凌波老居士撰《月霞法師傳》，附錄於月霞法師（釋顯珠）講：《維摩詰經講義錄》，臺北：佛陀教育基金會，2016 年，第 377～384 頁；持松法師所撰：《月霞老法師傳略》，收錄於《持松大師全集》（六），新北：震耀出版社，2013 年，第 2966～2969 頁。

『人慾淨盡，天理流行，夫如是乃能大明明德於天下。』此『欲』一語，係對『慧命』而言。『欲命臨終』者，謂當人心垢豁開，般若現前時也。大道目前，觸處皆真，何不直下承擔，發明己躬大事？今人輒以身死解『欲命臨終』一句，遂塞生前開悟之機，不亦道在邇而求諸遠乎？」〔註9〕此處「人慾淨盡，天理流行」一語為宋明理學家所恒言，「大明明德於天下」是儒家的追求，而「道在邇而求諸遠」則是《孟子》名言。應慈法師引儒家格言，使《華嚴經》偈頌與儒家義理展現出高度的一致性。1942 年 6 月，應慈法師在《佛教雜誌》發表《動物性食品與植物性食品》一文，據佛教義理提倡素食，他說：「曹劌云：『肉食者鄙。』孟子云：『人之異於禽獸者幾希。』曾文正云：『不為聖賢，便為禽獸。』豈非由食肉者為之歷階歟？夫儒者言存心養性，重在推廣惻隱，故曰『仁民』、曰『愛物』，皆存養中所有事也。豈有戕賊生命，恣縱口腹，以汩沒其心性，消滅其惻隱者歟！」〔註10〕應慈法師時常注意從儒家經典中為佛教的主張尋找依據，自然比較容易獲得深受儒家思想和文化薰陶的中國民眾所信受奉行，這當是他的講經說法產生廣泛影響的一個重要原因。

應慈法師具有強烈的禪宗與華嚴宗融合的思想傾向。他在一首偈頌中說道：「即誦華嚴莫計年，更當日日學參禪。雖然定慧兼修事，無二無三第一天。」〔註11〕這裡既提出要勤誦《華嚴經》，又強調要參禪發明自心，實際上是將華嚴境界作為體悟的目標，期望能通過真實的參究在內心世界中體驗到華嚴的奇妙境界。他在一副對聯中指出：「一喝三玄，宗承臨濟；五周四分，教啟華嚴。」這可以說是應慈法師對自己一生志業的真實寫照。臨濟宗以機鋒迅捷、善於用喝出名，其用喝時強調一喝須具三玄、一玄須具三要，由此形成雷厲風行的家風；華嚴宗四祖清涼澄觀大師將《華嚴經》科判為五周四分；應慈法師用此聯概括了自己傳承臨濟宗旨、演說華嚴教理、努力將二者融為一爐的思想特色。應慈法師精通各種經論，在長期弘法過程形成了自己獨特的判教體驗，他曾對弟子們開示說：「《楞嚴》為修因徹底的教育，《楞伽》為直接痛快、明心如見、自覺聖智的專書，所謂達摩心印也，又為一乘頓教；《法華》會三之一乘，其與《華嚴》整個一乘又相霄壤矣；《梵網》修因徹果，文太略而義甚豐，參合《華嚴》方盡一乘無盡無盡也。若也專精《華嚴》，則因徹果滿，行

〔註9〕杜維棠：《應慈法師編年事蹟》，常熟：興福禪寺 2016 年印，第 70 頁。
〔註10〕杜維棠：《應慈法師編年事蹟》，常熟：興福禪寺 2016 年印，第 82 頁。
〔註11〕杜維棠：《應慈法師編年事蹟》，常熟：興福禪寺 2016 年印，第 129 頁。

布因也，圓融果也。亦可儘量吞盡一部，全經深入，自然萬行因花莊嚴佛果也。」
〔註12〕他將《華嚴經》視為「千佛萬佛一鼻孔出氣的心宗」，使臨濟宗旨與華
嚴經教實現了徹底的融合，達到了完全的一致。

　　月霞法師、應慈法師不僅建立了近代的「華嚴本山」，即虞山興福禪寺法
界學院、常州清涼寺清涼學院等，而且還以其精湛的學養和修行，吸引了眾多
的追隨者，如常惺法師、慈舟法師、持松法師、戒塵法師、智光法師、靄亭法
師、南亭法師等。這些弟子後來或繼統本山，如持松法師和常惺法師等繼續在
虞山興福禪寺舉辦法界學院；或分處各地，如靄亭法師在鎮江創辦竹林佛學
院，智光法師在鎮江創辦焦山佛學院，常惺法師還在泰州創辦光孝佛學社，從
而使近代華嚴學在蘇州、鎮江、泰州等江蘇大地上呈現出遍地開花的局面，而
慈舟法師在武漢和福州創辦法界學院的舉措，還使華嚴學的復興進一步展現
出由江蘇西進武漢、南下福州的態勢來。

三、智光、靄亭、南亭傳揚海外

　　在華嚴學復興的過程中，泰州光孝寺逐漸發展成為近代華嚴學的重鎮。泰
州光孝寺系統的高僧大德，如智光法師、靄亭法師、南亭法師等，還以特殊的
機緣，將華嚴學推及於香港、臺灣等海外地區。

　　智光法師（1889～1963），法諱彌性，號以心，別號仁先，後受焦山定慧
寺記莂，法名文覺，號智光，俗姓孫，晚清泰州曲塘鎮黃柯莊（民國時此地屬
江蘇省泰縣，今屬江蘇省南通市海安縣）人，13 歲依宏開寺玉成老和尚剃染，
17 歲詣寶華山皓月老和尚座下受具足戒，曾求學於楊文會居士創辦的金陵祇
園精舍，與太虛法師、仁山法師為同學，民國初創辦泰縣儒釋初高小學，後入
月霞法師創辦的華嚴大學，追隨月霞大師深研華嚴教理，1917 年月霞法師入
滅後，復至常州天寧寺隨冶開老和尚參究向上宗乘，1921 年任焦山定慧寺監
院並受記莂，1934 年接任該寺住持，創辦焦山佛學院。1937 年抗日戰爭爆發，
焦山為日寇焚毀，避寇於泰州光孝寺，創辦福田工讀社，戰後寓居於上海講經
說法，弘揚華嚴宗的思想和義理。1949 年，智光法師的徒曾孫成一法師致信
智光法師和南亭法師，邀請二位先輩赴臺，智光法師遂偕南亭法師至臺灣，亦
將華嚴學復興的勢頭帶到了臺灣。智光法師初寓居十普寺、北投居士林等處，
1952 年南亭長老創建華嚴蓮社，迎師居止，自是主持華嚴誦經月會，並發起

〔註12〕杜維榮：《應慈法師編年事蹟》，常熟：興福禪寺 2016 年印，第 131 頁。

華嚴供會，直至入滅。〔註13〕智光法師在五十年代的臺灣德高望重，其座下皈依的俗家弟子不僅人數眾多，而且頗不乏軍政要人，這自然也為方興未艾的華嚴學在臺灣地區的盛行帶來了諸多的便利條件。

靄亭法師（1893～1947），法名滿祥，號靄亭，別號棲雲，江蘇泰縣（今江蘇泰州市）人。俗姓吳，幼失怙恃，依於兄嫂，兄習商，不善經營，幾蕩祖業，因感世事無常，奮然脫俗，十九歲投曲塘鎮宏開寺文心法師、以心法師（即智光法師）二位長老出家，入泰縣儒釋初高小學，以優異成績畢業，1914年隨師智光法師就讀於華嚴大學，三年後畢業，參常州天寧寺冶開禪師，1919年至焦山定慧寺任知客，司衣鉢、出納等職，未幾受鎮江夾山竹林寺妙智老和尚記莂，任監院，妙智老和尚退居後繼主法席，1928年創辦竹林佛學院，專弘華嚴，1922年起多次隨南京棲霞山若舜老和尚去香港弘法，深得何東爵士夫人張蓮覺女居士之尊信，遂薦其師智光法師赴港講經，1932年於竹林寺退席後，南遊香港，張蓮覺居士罄其積蓄，為建東蓮覺苑，1934年苑成之後，又發行《人海燈》雜誌，講經辦學，殆無虛日，1947年9月，經上海回鎮江，省其師智光法師於焦山，弔戰後餘燼於竹林寺，再至泰縣觀文心法師，不幸罹患咳嗽之疾，12月扶疾轉滬返港，船將至港而示寂，香港弟子為其治喪於東蓮覺苑，建塔於青山。〔註14〕靄亭法師著有《華嚴一乘教義分齊章集解》一書，為近代以來研究《華嚴一乘教義分齊章》最重要的成果，他在東蓮覺苑的弘法活動，使始自江蘇並逐漸蔓延到全國各地的華嚴學復興最終發展到了香港地區。

南亭法師（1900～1982），諱滿乾，號曇光，別號雲水散人，俗姓吉氏，名雍旺，原籍江蘇省泰州曲塘鎮甸柳鄉顧家莊（民國時此地屬江蘇省泰縣，今屬江蘇省南通市海安縣），家至貧，有薄田十餘畝，父耕母織，終日辛勞，僅足供薄粥而已。10歲於本鄉觀音寺隨文心法師、以心法師（即智光法師）出家，13歲就讀於泰州僧辦儒釋初高小學，22歲任僧職於泰州北山寺並從智光法師學習佛典，1923年求學於常惺法師主持的安慶迎江佛教學校，結業後得常惺法師之薦到常州清涼寺佛學院代課，後執教於常熟虞山法界學院、鎮江竹林寺佛學院，隨緣講經於各地，漸為佛教界所重。南亭法師於1931年受常惺

〔註13〕南亭：《先師智光和尚行狀》，《南亭和尚全集》第11冊，臺北：華嚴蓮社，1990年，第239～243頁。

〔註14〕賢度法師編著：《民國以來弘傳華嚴之系統概況》，《華嚴學專題研究》，臺北：華嚴蓮社，2008年，第281～285頁。

法師之命回泰州光孝寺任副寺,協助光孝佛學研究社教務,翌年升任監院,並受記莂,1934 年出任光孝寺方丈、泰縣佛教會主席,1946 年到上海講經說法,1949 年 5 月陪侍其師智光法師到臺灣,1950 年 6 月受聘為臺北善導寺導師,1952 年創建華嚴蓮社於臺北。南亭法師居臺期間,長期出任中國佛教會秘書長、常務理事、弘法委員會主任等職,講經說法於臺灣各地,與臺中佛教會館尤為有緣,在臺北則堅持廣播講經、監獄弘法,並且勤於著述,有「華嚴宗大德」的美稱,座下皈依者軍界要人如前國民革命軍陸軍總司令劉安祺夫婦,學家如水利專家宋希尚,政府官員如袁守謙等,多達萬人以上。〔註15〕南亭法師圓寂之後,成一法師撰文追敘其嘉言懿行,謂其有誠實不欺、寬厚能讓、持戒謹嚴、熱心教育、弘法精勤、慈心廣被、流通法寶、勤儉惜福、愛國熱忱、尊師孝親等功德。〔註16〕南亭法師留居臺灣三十多年,與其師智光法師一起使中國近代華嚴學復興的態勢在臺灣延續下來,而其影響尤為廣大而深遠。

在促成近代華嚴學傳播海外方面,成一法師也很值得一提。成一法師（1914～2011）,俗姓王氏,名汝康,字仲義,江蘇泰縣曲塘鎮黃柯莊（民國時此地屬江蘇省泰縣,今屬江蘇省南通市海安縣）人,6 歲入塾啟蒙,因自幼多病,11 歲起即隨母親長齋,小學畢業後為病所苦,於是忍痛放棄升學,堅志說服父母,棄俗出家,15 歲時依本縣營溪鄉觀音禪寺春遠和尚披剃,法名覺因,字乘一,號成一,別號壽民。1936 年正月就讀於南亭法師主持的泰州光孝寺佛學院,主修《賢首五教儀》、《華嚴一乘教義分齊章》等課程。1937 年下半年,由於泰州經常遭到日寇空襲轟炸,佛學院被迫於年底提前結業,成一法師等留院自修。1940 年局勢稍靖,光孝寺佛學院恢復上課,成一法師負責監

〔註15〕有關南亭長老的生平,可參閱《南亭和尚自傳》（即《南亭和尚全集》第 12 冊,臺北:華嚴蓮社,1994 年）與陳慧劍居士所著《南亭和尚年譜》（臺北:華嚴蓮社,2002 年）。臺灣佛教史學家闞正宗先生對這兩部著作有如下的評價:「《南亭和尚自傳》,是《南亭和尚全集》中南亭本人的自述,也是記述其一生出家、弘法、修行的大作。南亭法師來臺初期曾任『中佛會』秘書長,且在善導寺講經說法,也曾主持傳戒,故此自傳涉及了他與教界法師、居士的互動,有第一手觀察戰後佛教的史料。陳慧劍居士在過世前曾編著完成《南亭和尚年譜》一冊,是將整個《南亭和尚全集》資料融會其中,並對相關人物加以批註,補強了自傳中一些人物的背景,相當具有史料價值。」（闞正宗:《戰後臺灣佛教史料的查找和運用》,見氏著:《臺灣佛教史論》,北京:宗教文化出版社,2008 年,第 407 頁。）

〔註16〕成一:《南公師祖圓寂三週年紀念》,《成一文集》,臺北:萬行雜誌社,1994 年,第 349～365 頁。

學，講授《華嚴原人論》，並於當年冬月到寶華山隆昌寺受具足戒。1942 年受時局影響，成一法師易服變裝就學於上海新中國醫學院，三年後轉入上海中醫學院，1947 年畢業，次年獲醫師考試及格證書，取得行醫資格，在玉佛寺創立上海利生義診所。1948 年 11 月底，隨同業師張少濟居士到達臺北，次年 5 月 1 日迎請曾師祖智光法師與師祖南亭法師蒞臺，1959 年擔任華嚴蓮社監院，1962 年在桃園大溪眷村創立僑愛佛教講堂，1972 年升任華嚴蓮社住持，1975 年創辦華嚴專宗學院，1985 年成一法師創辦了美國華嚴蓮社，將華嚴學傳到美洲，1988 年他重新回到闊別四十餘年的祖國大陸，經過多年的艱辛努力，終使泰州光孝寺、罱溪觀音寺得以恢復重光。2010 年他將智光法師、南亭法師的舍利奉安於泰州光孝寺。2011 年 4 月 27 日，成一法師一期化終，於泰州光孝寺安詳示寂，七日後於罱溪觀音寺荼毗。〔註17〕

泰州係高僧大德推動的華嚴學在海外的傳播，是中國近代華嚴學復興的延續，也是江蘇佛教界對中國佛教的重大貢獻。特別是在海峽兩岸開禁之後，華嚴學成為江蘇佛教界與海外佛教界加強聯繫的精神紐帶，華嚴學的復興在佛教中國化的道路上仰首闊步，繼續前進。

四、近代華嚴宗復興的基本特點

藉助上文對有關高僧大德如何在江蘇佛教界推動和促進中國華嚴宗的分疏，我們可以簡要概括和總結出中國近代華嚴學呈現出的幾個特點：

其一，在教育和傳承方式上走上了學院化的道路。月霞法師、應慈法師、持松法師、常惺法師、智光法師、南亭法師、成一法師、賢度法師等，都是近代以來所湧現的專門弘揚華嚴宗的高僧大德，他們住持的常熟興福禪寺、臺北華嚴蓮社、臺灣大華嚴寺等道場都成為近現代華嚴宗復興和發展的基地，他們依託這些道場，創辦了華嚴大學、法界學院、華嚴專宗學院、常熟法界學院、華嚴研究所等學術機構；特別是在大陸實行改革開放後，佛教界往往運用自己的資源優勢，與社會大學、科研院所中的佛教學者們開展合作研究，以之儲存華嚴宗方面的學術資料、培育專門弘揚華嚴佛教的僧才、召開華嚴宗方面的學術研討會，成為近代華嚴宗興起和發展的主要平臺。

〔註17〕有關成一法師生平研究的資料，可參閱卓遵宏、侯坤宏採訪，廖彥博記錄的《成一法師訪談錄》，臺北三民書局國史館 2007 年出版，以及范觀瀾著《成一法師傳》，臺北華嚴蓮社印行。

其二，在對華嚴宗思想義理的弘揚上突顯了其方法論的意義和宗旨。在歷史上，中國華嚴宗表現為一個龐大的經典詮釋體系，一種獨特的講經說法的方式方法。近代以來，華嚴專宗機構在收集、整理和出版發行華嚴宗部類的經典方面可以說是不遺餘力，但在使華嚴宗呈現出振興和發展之勢的則是將華嚴作為一種方法廣泛地運用經典解釋和展示佛教界愛國熱情的護國法會之中，就現存的資料來看，月霞法師、應慈法師以華嚴學的立場和方法分別解釋和講說過《維摩詰經》、《般若心經》；持松法師運用華嚴宗的判教方式將東密納入華嚴體系；南亭法師則通過電臺弘法、監獄弘法和道場弘法等途徑，運用華嚴學的立場和方法廣說諸經，影響至為深遠；太虛法師在 1930 年代國難不斷加重的情況下也舉辦過華嚴護國法會，通過超度死難將士、祈禱和平的方式穩定和凝聚人心，幫助人們從恐懼和慌亂的情緒中走出來。楊文會運用華嚴宗的義理詮釋老莊，馬一浮運用華嚴學的思想義理詮釋儒典，方東美將華嚴與西方哲學進行相互詮釋，如此等等，不一而足。華嚴不僅是一種高深的佛學理論，而且主要是一種圓融的方法和境界，已經成為人們的普遍的共識，這可以說就是近代高僧大德弘揚華嚴的重要業績。有佛法就有辦法，有思路就有出路，佛教信眾們常說的這句話在近代華嚴學上體現得尤為充分。

其三，近代華嚴高僧都有非常強烈的融攝傾向，有意識地將唯識、禪、淨、律、密等各種法門融合和容納到自己的華嚴思想體系之中。以上談到的諸多華嚴大德，不僅對華嚴的各種經典撚熟於心，非常精通其中的義理，而且對般若、唯識、天台、禪、淨、律、密都有很深湛的研究，甚至對儒學、道家也有獨到的見解，因此在他們的講經說法之中，表現出非常強烈的融攝性。此外，應慈法師弘揚華嚴和臨濟禪法，南亭法師弘揚華嚴也主張往生西方極樂淨土，對儒道思想也都頗能給予同情的瞭解，持松法師弘揚華嚴兼弘密法，成一法師弘揚華嚴也主張往生兜率彌勒淨土等，他們在佛學院講課時都將唯識視為領略華嚴思想和義理的基礎和前提。

回首往事，我們說，近代江蘇佛教界為中國佛教華嚴宗的復興提供了廣闊的天地、深厚的基礎、豐富的資源。展望未來，我們相信，江蘇佛教界仍將會對中國佛教華嚴宗的健康傳承提供全力的支持和幫助。而融通隱隱、攝入重重、廣大悉備、無所障礙的華嚴教理，也將為江蘇佛教積極適應新時代建設有中國特色社會主義，進一步實現自身形態中國化做出應有的貢獻。

第一章　專宗華嚴

　　近代以來，中國內憂外患加深，佛教的生存環境發生了重大變化，特別是晚清各個不平等條約中給與外國人傳教權，以及張之洞著《勸學篇》，提出「廟產興學」的主張，使中國傳統佛教面臨著生死存亡的緊急關頭。佛教中的有識之士，希望借助舉辦新式學校教育的方式，傳授中國佛教的思想觀念，提振中國佛教的士氣，幫助中國佛教度過難關。在中國佛教史上，華嚴宗在唐代曾經盛極一時，後來長期作為中國佛教知識和思想的重要來源，維繫著中國佛教的法身慧命，因此受到近代以來的許多高僧大德的關注，如月霞大師、應慈長老、慈舟長老、持松法師、常惺法師等，他們創辦華嚴大學、法界學院、華嚴蓮社、華嚴專宗學院、華嚴專宗研究所等教學和研究機構，培養華嚴人才和僧才，促使華嚴宗在近代走向了復興之路並維繫弘傳以至於今日。這些高僧大德高揭振興華嚴的大纛，將華嚴宗的思想義理貫徹到他們的講經說法、著書立說、課堂講授、學術講座、刊物宣傳中，留下了大量的堪做佛教思想史研究的寶貴資料，我們由以考察和概觀當時佛教思想界華嚴宗振興的基本情況。

第一節　月霞大師對《維摩詰經》的華嚴學解讀

　　鳩摩羅什所譯《維摩詰經》深受中土士大夫們的喜愛，自竺道生以來，講說和注釋之者歷代不乏其人。近代中興華嚴宗的代表人物月霞大師所述《維摩詰經講義錄》一書，即是以華嚴宗的經教義理詮釋《維摩詰經》的名篇。月霞大師一生曾多次講說《維摩詰經》，如傳法弟子持松法師記其「宣統二年，講《維摩》於藥王殿。三年，講維摩於九蓮庵。……（民國）元年，狄君楚青及

上海各居士等延師居哈同花園,講《楞嚴》《維摩》《圓覺》《法華》《楞伽》《摩訶般若》等經。……至晚年,始編有《維摩經講義》及《法界法源》等論。」〔註1〕作為近代華嚴宗復興的代表人物,月霞大師在《維摩詰經講義錄》中除了按照華嚴宗講經說法的慣例進行十門分別外,還非常注意引用《華嚴經》、運用五教判釋、攝入華嚴三觀、展現十玄境界,從而將這次講經說法提升為展現華嚴宗教義教理的盛筵。

一、引用《華嚴經》

《華嚴經》卷帙浩繁,義理豐富,素有「眾經之王」的美譽,以至於佛教界流傳著「不讀《華嚴》,不知佛家之富貴」的說法。月霞大師在隨文疏釋《維摩詰經》時,時常引用《華嚴經》的文句,透過《華嚴經》文句所蘊含的深湛而豐富的義理,展現出《維摩詰經》深刻的思想內涵。我們於此略舉數例,以概其餘。

《維摩詰經·佛國品第一》長者子寶積以偈贊佛中有云:「稽首虛空無所依。」此處「虛空無所依」是什麼意思呢?不免令人費解。月霞大師引用《華嚴經》對此解釋說:「此是總贊法身德也。《華嚴》云:『法身遍滿於虛空,一切眾生及國土,三世悉在無有餘,亦無形象而可得。』即如虛空無所依義。」〔註2〕由此我們也就明白了,所謂「虛空無所依」,是指佛的法身雖然像虛空一樣沒有任何具體的形象,但卻無所不在而又具足一切,無所欠缺。月霞大師此處對《華嚴經》的引用使對此句經文的內涵得到了充實和豐富。

《維摩詰經·菩薩品第四》維摩詰彈斥彌勒中有云:「一切眾生皆如也,一切法亦如也,眾聖賢亦如也,至於彌勒亦如也。」這裡的「如」字是什麼意思呢?月霞大師引用《華嚴經》對此解釋說:「佛言大地眾生悉有如來智慧德相,皆因妄想執著而不能證得;若從相而觀,則是眾生;從性而觀,即非眾生,故云一切眾生皆如也。《華嚴》云:『應觀法界性,一切唯心造。』心體即如。禪宗云:『一裘才掛體,萬法悉皆知。』亦即一切法亦如義也;如為修道者之歸趣,故云眾聖賢亦如也;彌勒亦聖賢數,故云至於彌勒亦如也。」〔註3〕換言之,在月霞大師看來,所謂「如」,就是包括聖賢在內的一切眾生可以了知

〔註1〕 持松:《月霞老法師傳略》,楊毓華主編:《持松大師全集》(六),新北:震耀出版社,2013年,第2697~2698頁。

〔註2〕 月霞:《維摩詰經講義錄》,臺北:佛陀教育基金會,2016年,第40頁。

〔註3〕 月霞:《維摩詰經講義錄》,臺北:佛陀教育基金會,2016年,第130頁。

萬法的心體。

　　《維摩詰經・不思議品第六》維摩詰語舍利弗中有云：「舍利弗，我今略說菩薩不可思議解脫之力，若廣說者，窮劫不盡。」看完這句經文，我們也許會心生疑問，菩薩不思議解脫之力為什麼就那麼大呢？月霞大師引用《華嚴經》釋之曰：「《華嚴經》云：『一字法門，海墨書之不盡。』住不思議解脫菩薩者，即華嚴四十一位之儔，自證一真法界，於四法界，融通無礙，法界無邊，其不思議事若廣說之，豈窮劫之能盡哉！」〔註4〕原來是就這些法身大士所證境界無窮無盡的意義上來說的，這就比較容易被聽眾所理解和接受了。

　　《維摩詰經・入不二法門品第九》中現見菩薩述其所得不二法門云：「盡、不盡為二，法若究竟，盡若不盡，皆是無盡相，無盡相即是空，空則無有盡不盡相；如是入者，是為入不二法門。」非常顯然，明瞭此處「盡若不盡皆是無盡相」的意旨，是理解現見菩薩不二法門的關鍵所在。月霞大師引《華嚴經》對此解釋說：「盡若不盡皆是無盡相者，如《華嚴》云：『眾生無盡，世界無盡，虛空界無盡，法界無盡，涅槃界無盡，佛出現界無盡，如來智界無盡，心所緣無盡，佛智所入境界無盡，世界轉法轉智無盡。』此即盡若不盡，皆是無盡相義也。」〔註5〕以華嚴境界的重重無盡詮釋盡與不盡皆是無盡，從而為現見菩薩的不二法門著上了普賢行願的特色。

　　月霞大師引用《華嚴經》中的相關文句解釋《維摩詰經》，既有以深湛、圓滿的華嚴義理提升、改進、豐富《維摩詰經》的意義，同時也具有將《維摩詰經》納入《華嚴經》的體系之中、使其成為《華嚴》眷屬類經典的意味。

二、運用華嚴五教

　　華嚴宗按照所說教理的高下淺深，將全部佛教經典從淺至深，分為小、始、終、頓、圓五類，由此構成了華嚴宗的教相判釋理論體系，即華嚴五教的判教思想。月霞大師在《維摩詰經講義錄》中，運用華嚴宗五教的判教理論，分別從總論全經和疏釋文句的角度上對《維摩詰經》進行了教相判釋。

　　月霞大師首先在懸談中運用華嚴五教對《維摩詰經》進行了總體判釋。華嚴宗在講說某部經典時，首先開列十門，即從教起因緣、藏乘所攝、教辯權實、分教攝經、教所被機、能詮教體、所詮宗趣、傳譯時年、通釋名題、隨文釋義

〔註4〕月霞：《維摩詰經講義錄》，臺北：佛陀教育基金會，2016年，第218頁。
〔註5〕月霞：《維摩詰經講義錄》，臺北：佛陀教育基金會，2016年，第282頁。

等十個方面,就經典的產生、性質、內容、對象、作用等給予一個概要性的解釋和說明,從而形成講述這部經典的義疏的「懸談」部分。月霞大師在《維摩詰經講義錄》的懸談中指出:「此經五教並談。如《方便品》,種種呵責,厭離於身,是小教義。《弟子品》,當觀宿世因緣而為說法,是始教義。《菩薩品》,一切眾生,畢竟寂滅,即涅槃相不復更滅,是終教義。《不二法門品》三十一菩薩鎔諸法而會歸一相,一相者即實相也;文殊以言遣言,而顯實相;維摩默然不語,正陳實相,此頓教義。如徑丈之室,能容無量大眾,及其高廣師子寶座,即一多小大相容,此圓教義也。」〔註6〕也就是說,在月霞大師看來,以華嚴宗五教判釋的理論為依據,《維摩詰經》包含了小、始、終、頓、圓五種不同的教義。具體來說,《方便品》中那些引導眾生厭棄世間法的教誨,是小教;《弟子品》主張說法應依據受教者的宿世根機,是始教;《菩薩品》揭示一切眾生都將最終獲得寂滅,是終教;《不二法門》則屬於頓教,而方丈之室竟能包羅萬象自然屬於圓教義理了。既然《維摩詰經》是一部包羅五教的經典,那麼也就意味著這部經典可以普應群機、適宜一切眾生信受奉行了。我們說,《維摩詰經》在中國雖然未被任何一個佛教宗派推崇為究竟終極的經典,但在中國佛教界卻擁有如此廣泛而深遠的影響力,除了文字凝練,想像奇特,人物形象豐滿,故事情節生動之外,還當與這部經典具有包羅五教、普應群機的特點不無關係。

月霞大師還在隨文釋義中運用華嚴五教對《維摩詰經》進行了分疏。如在解說《方便品》的品名時,月霞大師云:

由真實以設方便,即方便以入真實,故以方便稱此品名。時有維摩大士,乃是法身等覺之流,本居妙喜,跡現娑婆,助揚佛化,知時知機,早知釋迦欲垂淨佛國土之教,故現身有疾,因疾說法,呵身讚佛,欲令眾生捨穢身以取淨身,此小教義也;欲令眾生穢身之中見淨法身,此始教義也;欲令眾生能知色身即法身,即終教義也;欲令眾生能知非色身非法身,但身而已,此頓教義也;欲令眾生能知淨穢無二,色身即法身法身即色身,一身即一切身,一切身即一身,圓融無礙,此圓教義也。若能證得微妙圓融之身,自能現淨妙莊嚴之土,此土微妙難入,故垂方便,示疾說法,令聞入實,此即由真實以設方便,即方便以入真實義也,故曰方便品。〔註7〕

〔註6〕 月霞:《維摩詰經講義錄》,臺北:佛陀教育基金會,2016年,第7～8頁。
〔註7〕 月霞:《維摩詰經講義錄》,臺北:佛陀教育基金會,2016年,第58頁。

維摩示疾，本為助佛教化眾生而曲垂方便，只因教化眾生需要五種教法，故而方便亦有五種意義。月霞大師此釋不僅展現了《維摩詰經》包羅五教、普應群機的特徵，而且還簡明扼要的闡釋了五教的基本觀點及相互差異，極大地擴大了「方便品」品名的思想內涵。又如，月霞大師釋維摩詰呵須菩提云：

> 須菩提因見佛，禮佛為師，而為弟子，因其聞法，方得道果，得無諍三昧。此乞食者，乃以悲田令他植福，是聞小教得益，依教奉行者也。大士以頓教彈斥，云不見佛不聞法者，意欲令不起佛見法見，直令見性耳。〔註8〕……須菩提向受小教，其教中言外道邪見，不明正理，自陷陷他，弟子與師，當墮泥犁。大士以圓教彈斥，行於非道，是菩薩道。菩薩見三途地獄等，與諸淨土無別無異，眾生不見法性，起於分別，謂為劇苦。菩薩以大慈悲，現外道身，行邪見行，墮於地獄，受劇苦惱，令諸眾生見者聞者，不行非道，向於佛道。如《法華經》中提婆達多佛為授記，《華嚴經》中無厭大王、婆斯蜜女，《涅槃經》中廣額屠兒，是其類也。〔註9〕

在月霞大師看來，須菩提由小教而入佛門，故而執著於佛法與非佛法的區別；維摩大士先以頓教斥之，令其祛除佛見法見；再以圓教斥之，令其明瞭行於非道即是通達佛道的道理。月霞大師在隨文釋義中對華嚴五教的運用，不僅展現了經文前後相繼的遞進關係，而且還顯示出經文內涵的高下層次，極大拓展了人們理解和領會《維摩詰經》義理的思想空間。

月霞大師在《維摩詰經講義錄》中對華嚴宗五教的運用，一方面彰顯出華嚴宗五教判教理論具有極大的解釋功能，另一方面也在更加全面深刻的意義上將《維摩詰經》納入華嚴宗的經典體系之中，使《維摩詰經》最終成為通向華嚴境界的橋樑和階梯。

三、攝入法界三觀

華嚴宗的法界三觀，即真空絕相觀、理事無礙觀、周遍含容觀，是華嚴宗最重要的觀修方法。月霞大師將《維摩詰經》的相關文句分別攝入法界三觀，從修行實踐的角度上對相關文句展開了深入詮釋。

月霞大師在《維摩詰經講義錄》中運用了真空絕相觀。維摩詰居士見大迦

〔註8〕月霞：《維摩詰經講義錄》，臺北：佛陀教育基金會，2016年，第96頁。
〔註9〕月霞：《維摩詰經講義錄》，臺北：佛陀教育基金會，2016年，第97頁。

葉於聚落中從貧乞食，就對大迦葉說道：「以空聚想，入於聚落。」月霞大師認為，維摩詰的這句話就是在向大迦葉傳授真空絕相觀的觀法，他對此解釋說：「聚落乃眾人安居之處，菩薩行道，不離觀行，見色即是空，非滅色而後歸空，色性自空；見聚落時，即是空聚，故云以空聚想，入於聚落。豈分貧富住宅之色相哉！」〔註10〕月霞大師言下之意，所謂聚落，就是人們聚集居住的地方；菩薩在行路的時候，也時刻處於觀行的狀態之中，視一切事物當體即空，而不是像二乘那樣認為事物終將毀滅而歸於空，因此菩薩進入聚落之中，就像進入諸空聚集之處一樣，從來不會產生什麼貧家、富宅之類的分別之心。大迦葉入聚落從貧乞食，表面上看是在修頭陀行，要與窮人結緣，維摩詰居士則看出了這是大迦葉具有分別心、未能觀一切法緣起性空的結果，故而教他真空絕相觀的觀法，囑咐他進入任何一座聚落時都要懷著空聚之心，不起什麼貧家富舍的分別之念。

月霞大師在《維摩詰經講義錄》中運用了理事無礙觀。維摩詰居士既然教大迦葉「以空聚想，入於聚落」，那麼具體應該怎麼做呢：維摩詰居士繼續說到：「所見色與盲等，所聞聲與響等，所食味不分別，受諸觸如智證，知諸法如幻相。」月霞大師認為，這是在教導大迦葉進行理事無礙觀的修法。他對此解釋說：

> 盲者見色者，色相非無，故理不礙事；盲者不見，故事不礙理。聞聲如響者，音聲非無，故理不礙事；如響無義，故事不礙理。嗅香與如風者，香氣非無，故理不礙事；風無氣味，故事不礙理。味不分別者，味相非無，故理不礙事；不起分別，故事不礙理。觸如智證者，觸相非無，故理不礙事；如同智證，故事不礙理。法如幻相者，法相非無，故理不礙事；如幻非實，故事不礙理。迦葉分別貧富，不得理事圓融耳！〔註11〕

菩薩進入聚落之中，可能會看到各種事物（色），聽到各種聲音（聲），聞到各種氣息（香），品嘗到信眾們供養的各種食物（味），接觸到信眾們供養的各種器具（觸），由此引起內心的思考（法）。但由於菩薩已經了悟了諸法性空的道理，因此他即便看到各種事物（色），聞到各種氣息（香）、嘗到各種食物（味）、接觸到各種器具（觸），考慮到各種現象（法），都不會對之生起任何的分別之

〔註10〕月霞：《維摩詰經講義錄》，臺北：佛陀教育基金會，2016 年，第 89 頁。
〔註11〕月霞：《維摩詰經講義錄》，臺北：佛陀教育基金會，2016 年，第 90 頁。

心，就像沒有看到、聞到、嗅到、嘗到、接觸到、考慮到一樣。菩薩從真理的層面上證悟到的諸法空性，並不妨礙諸法在事實上的存在，這就是理不礙事；反過來說，雖然如此之類的各種事物確實存在於一定的時空之內，但卻都是緣起之物，故而在本性上如菩薩所證悟的道理那樣「無不是空者」，這就是事不礙理。如此理之與事，兩不妨礙，即成理事無礙觀。大迦葉既已證悟諸法緣起性空，當知諸法平等，但卻又分別貧富，顯然是以貧等富，未能以富等貧，對貧富的差異不能一視同仁，以事妨理，以理妨事，不能圓融理事，故而遭到了維摩詰居士的呵責。

　　月霞大師在《維摩詰經講義錄》中運用了周遍含容觀。維摩詰居士繼續引導大迦葉：「無自性，無他性；本自不然，今則無滅。」月霞大師認為，這是在教導大迦葉進行周遍含容觀的修法。他對此解釋說：

> 　　觀諸法無自性，則諸法不自生；無他性，故亦不從他生；自他不生故，則無共生，亦不得無因而生；如是無生之理，周遍法界，故無在不在；豈只遍富不遍貧哉！本自不然，今則無滅者，謂本無如是事，今何有滅之者？由是則法性無生無滅，圓滿湛然；即含容義，豈獨含富而不含貧哉！〔註12〕

在月霞大師看來，無生無滅之理，周遍諸法，含容一切，非獨富人所可得而私者。故而菩薩修此觀門者，可於事事物物見得此理，而此理對事事物物皆無所妨礙，而事事物物因皆具此理，故亦互不妨礙，由此而成周遍含容觀，其所展現出來的境界就是事事無礙法界。大迦葉雖證得了空性，但卻不能貧富等觀，是理事相妨；捨富而乞貧，是貧富相妨，事事有礙，不知無生無滅的性空之理周遍含容，法法無差，故而為維摩詰居士所呵，居士亦期望其能由此而悟入理事無礙法界乃至事事無礙法界，以周遍含容而觀察思維一切諸法。

　　其他如文殊師利問維摩詰：「居士！有疾菩薩云何調伏其心？」對於維摩詰的回答，月霞大師亦以法界三觀釋之，其先在科判中說：「淨名答，分四：（一）以真空絕相觀調伏（二）以理事無礙觀調伏（三）以周遍含容觀調伏（四）離調不調伏以明行。」〔註13〕其於真空絕相觀中又分為觀人空、觀法空、觀俱空。〔註14〕其於理事無礙觀中又分為依理成事觀、理遍於事觀、以事奪理觀、

〔註12〕月霞：《維摩詰經講義錄》，臺北：佛陀教育基金會，2016年，第90頁。
〔註13〕月霞：《維摩詰經講義錄》，臺北：佛陀教育基金會，2016年，第182頁。
〔註14〕月霞：《維摩詰經講義錄》，臺北：佛陀教育基金會，2016年，第182頁。

事法非理觀及結觀成利益等。〔註15〕其於周遍含容觀下又分事如理觀、理如事觀二類。如此以來，維摩詰回答文殊室利的每一句話都可以落實到法界三觀的實踐上。文繁語多，此處不再詳解。在筆者看來，月霞大師在《維摩詰經講義錄》中對法界三觀的運用，將《維摩詰經》曲折的故事情節和精彩的人物對話很貼切、很自然地轉化為修行觀法，展現了佛教經典在思想觀念轉變中的方式和價值。

四、展現十玄境界

華嚴宗的十玄之義，就是對周遍含容、交光相網、事事無礙、重重無盡的法界緣起之理的顯示。而在月霞大師看來，《維摩詰經》中有許多的文句，就是對華嚴宗十玄境界的生動展現。

《維摩詰經·佛國品第一》云：「大聖法王眾所歸，淨心觀佛靡不欣；各見世尊在其前，斯則神力不共法。」月霞大師對此解釋說：「此贊法身普應，身業不思議也。如來為法會大眾之所歸敬，無不欣仰，一心不亂，欲見於佛也。各見世尊在其前者，此是華嚴不思議境界同時具足相應門，不與二乘權教菩薩相共者也。」〔註16〕眾生懷著無比崇敬的清淨歡喜之心情來到法會之上，佛以其獨有的神通之力，讓每一位眾生都感到佛就在自己的面前，由此展現出佛能夠同時圓滿具足地相應於諸多的眾生心理，因此月霞大師認為這一首偈誦讚頌了佛的法身具有普應群機的不可思議的能力，是對華嚴宗十玄門中的同時具足相應門的展現。

《維摩詰經·佛國品第一》云：「佛以一音演說法，眾生隨類各得解，皆謂世尊同其語，斯則神力不共法。」月霞大師對此解釋說：「此贊圓音普應，口業不思議也。既入法會，皆樂聞法；然各有行願不同，其所樂欲各別；一音異解，各得滿願，此即華嚴諸法相即自在門，豈與二乘權教菩薩相共哉！〔註17〕眾生之所以來到法會之上，無不懷著樂於聽聞佛法的心情。但每一位眾生的興趣和追求又都有所差異。佛雖然運用一個聲音對眾說法，但每一位眾生都認為佛是在對自己說法，是在按照自己的意願在說法，因此都感到非常滿意。月霞大師認為，這首偈頌讚揚了佛的講經說法具有滿足一切眾生願望、自在講說各種法門的不可思議的奇妙功能，是對華嚴宗十玄門中諸法相

〔註15〕月霞：《維摩詰經講義錄》，臺北：佛陀教育基金會，2016 年，第 186 頁。
〔註16〕月霞：《維摩詰經講義錄》，臺北：佛陀教育基金會，2016 年，第 37 頁。
〔註17〕月霞：《維摩詰經講義錄》，臺北：佛陀教育基金會，2016 年，第 37 頁。

即自在門的展現。

　　《維摩詰經‧佛國品第一》云：「佛以一音演說法，眾生各各隨所解，普得受行獲其利，斯則神力不共法。」月霞大師對此解釋說：「此贊意業不思議也。各各隨所解者，各以所行之道而解佛一音之法也；以如來證得圓滿不二之理，圓音一唱，殊途同歸；雖所行各別，而得益一致也；此即華嚴託事顯法生解門，豈二乘權教菩薩所能共哉！」〔註18〕眾生聞聽佛法之後，雖然各各依據自己的修行狀況對佛所說的一音之法做出了不同的理解，但是卻又都走上了相同的最終歸宿，收穫了相同的利益。月霞大師認為，這首偈頌讚揚了佛的意業所具有的不可思議的功能，是對華嚴宗十玄門中託事顯法生解門的展現。

　　《維摩詰經‧佛國品第一》云：「佛以一音演說法，或有恐畏或歡喜，或生厭離或斷疑，斯則神力不共法。」月霞大師對此解釋說：

> 此亦贊意業不思議也。以如來證得涅槃妙心，實相無相，其所說法音，皆從中流出，意味無窮。……有恐畏、歡喜、厭離、斷疑之不同者，行願見解各別故也。恐畏等者，一圓音教，或作事解，而恐畏其苦；或作理解，而恐畏其玄妙難入；或作事解，而歡喜得樂；或作理解，而歡喜悟入；或作淺解，而厭離我執；或作深解，而厭離法執；或聞法音而不疑於人，或由一音見諦理而不疑於法；雖則得益各殊，實由一音不思議之法。此即華嚴微細相容安立門，故與二乘權教菩薩不共耳！〔註19〕

佛所說法，皆從自心所證法門中流出，因而意味無窮。由於每一位聞聽佛法的眾生在修行、願望、見解等方面都有所不同，因而就產生了恐畏、歡喜、厭離、斷疑等不同的效果。月霞大師認為，這首偈頌與上一首一樣，都是讚揚佛的意業具有不可思議的功能，是對華嚴宗十玄門中微細相容安立門的展現。實則維摩詰從須彌燈王佛所借來三萬二千高廣之坐，納入自己的方丈之室，乃是由於「淨明證得法性之身，世間依正二報，皆隨法身之所轉變，故於一多大小，圓融無礙，互攝互容，不可以心思言議也」〔註20〕。以及下文所說的納須彌於芥子之內，斷取阿閦佛國接入娑婆世界之中等，從其所表述的意義上看，也都是對華嚴宗十玄門中微細相容安立門的展現。

〔註18〕月霞：《維摩詰經講義錄》，臺北：佛陀教育基金會，2016 年，第 37 頁。
〔註19〕月霞：《維摩詰經講義錄》，臺北：佛陀教育基金會，2016 年，第 38 頁。
〔註20〕月霞：《維摩詰經講義錄》，臺北：佛陀教育基金會，2016 年，第 211 頁。

《維摩詰經‧佛道品第八》云：「爾時會中有菩薩，名普現色身，問維摩詰言：『居士！父母妻子，親戚眷屬，吏民知識，悉為是誰？奴婢童僕，象馬車乘，皆何所在？』」維摩詰居士的神通智慧，辯才無礙，獲得了隨行諸大眾的由衷欽佩，大家很想進一步對維摩詰居士展開進一步的瞭解，於是普現色身菩薩就代表大眾就許多相關問題提出詢問。月霞大師對此解釋說：

> 普現色身謂能於十法界中，普現其身；又能現十法界身，度脫眾生；又能於自身中應現十法界身，故云普現色身。此菩薩出席請問者，由上所說行於非道通達佛道，非種為如來種，即普現色身義也。淨名現居士色身，必有父母妻子親戚眷屬等，既有吏民知識奴婢童僕象馬車乘等，何不現此等色身？意謂主既清淨，伴淨亦然，有主無伴，即同二乘，安顯主伴圓明具德乎！故云皆何所在。〔註21〕

普現色身既能普於十法界現身，又可以現十法界身，還可以於自身現十法界，故而對維摩詰相關的法界眾生極為關注，希望通過他們，形成對維摩詰的全面瞭解。月霞大師以維摩詰為主，其相關的法界眾生為伴，認為由此可以展現出華嚴宗十玄門中的主伴圓明具德門。我們平常說，可以從家庭和社會關係中全面瞭解一個人，就是這個道理。

月霞大師既然引《華嚴經》以釋《維摩詰經》，又判《維摩詰經》為五教並用，並且還將《維摩詰經》中的文句攝入法界三觀之中，那麼就意味著《維摩詰經》在義理境界上與華嚴圓教具有重合之處。因此我們可以說，《維摩詰經》中凡是展現十玄境界的，都可以判屬華嚴宗五教中的圓教所攝。

通過引用《華嚴經》、運用五教判釋、攝入華嚴三觀、展現十玄境界，月霞大師最終將所該經納入了華嚴宗的教理思想體系之中。

月霞大師的《維摩詰經講義錄》是對《維摩詰經》注疏的豐富和發展。《維摩詰經》在中土極為盛行，歷代不乏講疏之者，其中最著名的自然要數天台智者大師的《維摩詰經疏》了。智者大師的著作，基本上都是自己口述，然後由門下弟子章安灌頂等人筆錄而成，而這部經疏就是智者大師在晉王楊廣請求下的親筆著述，其可貴性由此即可見一斑，後來經荊溪湛然刪削治定，收入大藏經中，風行中外，成為講疏《維摩詰經》的範本，而《維摩詰經》也彷彿成為最適宜運用天台宗義理進行講疏、最適宜展現天台宗義理的一部經典。月霞大師於天台宗五重玄義、四釋消文之外，運用華嚴宗講經說法的體例，對《維

〔註21〕月霞：《維摩詰經講義錄》，臺北：佛陀教育基金會，2016年，第262～263頁。

摩詰經》展開十門分別，於隨文釋義中展現了法界三觀、十玄無礙等華嚴宗義理，因此可以說是對《維摩詰經》注疏的豐富和發展。

月霞大師的《維摩詰經講義錄》是對華嚴宗講經說法的豐富和發展。中國華嚴宗義理創造的高峰在唐代，由帝心杜順、雲華智儼、賢首法藏、清涼澄觀、圭峰宗密等華嚴宗的五祖具體完成，此後再沒有什麼突破性進展。北宋時期的長水子璿得以列為華嚴尊宿，其最重大的功業，則是運用華嚴宗講經說法的體例講疏《楞嚴經》。同樣道理，明末高僧雲棲袾宏則是以華嚴宗講經說法的體例講說《彌陀經》而被尊為華嚴宗祖師。月霞大師運用華嚴宗體例講說《維摩詰經》，使其成為展現華嚴宗義理的一部經典，在某種程度上與長水子璿、雲棲袾宏一樣，是對華嚴宗弘法方式的豐富和發展。

月霞大師雖然是近代華嚴宗中興的代表人物，但其著作得以傳世的卻不多見。在某種程度上我們甚至可以說，這部《維摩詰經講義錄》就是我們瞭解月霞大師的思想，特別是其華嚴思想的最重要的一部著作。

第二節　應慈長老對《般若心經》的華嚴學解讀

近代「華嚴座主」應慈長老一生弘法六十餘年，遍講各種佛教經典，但卻疏於著述，很少有著作流佈世間，因此我們見到的這部《般若波羅密多心經淺說》（行文中略稱為《般若心經淺說》）就如同吉光片羽一樣彌足珍貴。華嚴宗三祖、唐代的賢首法藏大師曾著《般若波羅密多心經略疏》一卷，判此經於經律論三藏經藏所攝，聲聞、菩薩二藏菩薩藏攝，權、實二教實教所攝。〔註22〕但賢首大師意在推許此經，故而在略疏中未顯華嚴圓頓之義。應慈長老曾經多次應邀弘闡《般若心經》，他運用華嚴三觀，即真空觀、理事無礙觀、周遍含容觀，詮釋《般若心經》的意蘊，直接將《般若心經》置於華嚴圓頓教理的觀照之下，同時也向信眾們展現了相即相入、重重無盡、圓融具足的華嚴境界。

一、真空觀

所謂真空觀，即對華嚴四法界中的「理法界」所作的觀察和思維。華嚴宗四祖、唐代的清涼澄觀大師釋「真空」云：「言真空者，非斷滅空，非離色空，

〔註22〕（唐）法藏：《般若波羅密多心經略疏》，《大正藏》第33冊，第552頁中。

即有明空，亦無空相，故名真空。」〔註23〕澄觀大師釋「理法界」云：「理法名界，界即性義，無盡事法同一性故。」〔註24〕綜合起來說，所謂真空觀，就是領悟和體驗諸法，即各種事物本性空寂的思維修行方法。從華嚴宗的立場來說，般若類經典重在彰顯諸法緣起性空之義，故而最宜據以修真空觀。在《般若心經淺說》中，應慈長老對《般若心經》所說的諸法空義進行了非常全面、深入、細緻的闡釋。

如《般若心經》開篇即云：「觀自在菩薩行深般若波羅密多時，照見五蘊皆空，度一切苦厄。」應慈長老在詳細分疏經文中的名相，如觀自在、菩薩、般若、波羅密多、五蘊、苦厄等之後，對此句經文進行綜合的解說：

> 現在觀自在菩薩他有一個很好的法子，可以解除人類一切的苦厄。他的法子是用智慧的眼光，從根本上來照破一切的無明煩惱。換一句話說，就是用般若來照破五蘊。因為五蘊是煩惱苦厄的根本，所以我們要解除一切的苦厄，必要先將五蘊照破。照破五蘊的方法，是自己觀察我們的軀殼，原來不過是無明為因，四大為緣，無端偶合而有這個色身。這個色身的本體，畢竟如幻如化，無有實性，即有此色身而起之一切苦厄，也是如幻如化，畢竟無有實性，乃至天地間形形色色，無一件不是如幻如化，畢竟無有實性。所以我們用不著瞎操心，用不著分別取捨，坦坦然，蕩蕩然，雖終日應事接物，而意識不起，計較不生，如明鏡照物，不將不迎，渾然一大光明寶藏。到這時候，哪裏還有什麼苦厄呢。〔註25〕

應慈長老此處對四大五蘊之身及一切苦厄如幻如化畢竟無有實性的解說，就是運用了華嚴宗的真空觀。

又如《般若心經》云：「是諸法空相，不生不滅，不垢不淨，不增不減。」應慈長老在對各句的句義進行分疏後，再予以綜合地解釋：

> 總而言之，因為我們的「心」取著於「相」，所以才有「生滅」「垢淨」「增減」種種妄見。若使「心」不取著於相，那麼，雖眼前萬法森然，然而我們不取不著，自然不見有「生」相，也不見有「滅」

〔註23〕 （唐）澄觀：《華嚴法界玄鏡》，《大正藏》第45冊，第672頁下。

〔註24〕 （唐）澄觀：《華嚴法界玄鏡》，《大正藏》第45冊，第673頁上。

〔註25〕 應慈：《般若波羅密多心經淺說》，上海：上海佛學書局，民國二十二年（1933），第12頁。

相，也不見有「垢淨」「增減」之相，一體如如，萬法平等，這便是
甚深般若波羅密多了。

在應慈長老看來，修行者領悟和體驗到不見有「生滅」「垢淨」「增減」的「一體
如如，萬法平等」的「諸法空相」或「諸法實相」，就是修習華嚴真空觀獲得成
就的標誌。《般若心經》接著說：「是故空中無色，無受想行識，無眼耳鼻舌身意，
無色聲香味觸法，無眼界乃至無意識界。」應慈長老認為，此處所說的十八界空
是凡夫地位的修法。《般若心經》繼續說：「無無明亦無無明盡，乃至無老死亦無
老死盡。」講十二因緣空，應慈長老認為此因緣觀或稱支佛觀是緣覺乘的修法。
《般若心經》繼而說：「無苦集滅道，無智亦無得。」應慈長老認為這是聲聞乘
的修法。《般若心經》接著說：「以無所得故，菩提薩埵，依般若波羅密多故，心
無罣礙。無罣礙故，無有恐怖，遠離顛倒夢想，究竟涅槃。」應慈長老認為這是
菩薩乘的修法。他指出：「若使吾人直下徹悟一切法無所得，身心世界，一齊空
寂，自然沒有什麼罣礙恐怖和顛倒夢想了。所以我常說，一切法無所得，便是真
正的般若智慧，便是究竟涅槃，便是吾人安身立命的處所，也便是一切菩薩修行
的真實法門。」〔註26〕此亦足見應慈長老對以無所得為主要特徵的真空觀修行
法門的推崇和重視。《般若心經》繼而又云：「三世諸佛，依般若波羅密多故，得
阿耨多羅三藐三菩提。」應慈長老認為，這表明，諸佛亦依此法而獲得究竟無上
的正遍覺。也就是說，《般若心經》儘管篇幅短小，但卻包含了緣覺、聲聞、菩
薩、佛等諸乘的修行方法，其甚可寶重，也就不言而喻了。

真空觀是華嚴宗法界觀門的初步，也是深入華嚴境界的基礎，《般若心經》
對真空之理既有如此精深殊妙的闡釋，故而得到了應慈長老的特別推許，多次
予以宣說。應慈長老不會以真空觀為究竟終極，但將其視為登堂入室的必經之
路，自然也是華嚴座主對般若類經典的一種最高推崇了。

二、理事無礙觀

所謂理事無礙觀，即對華嚴四法界中的「理事無礙法界」所作的觀察和思
維。清涼澄觀大師釋「理事無礙」云：「理無形相，全在相中，互奪存亡，故
云無礙。」〔註27〕清涼澄觀大師釋「無礙法界」云：「無礙法界，具性分義，

〔註26〕應慈：《般若波羅密多心經淺說》，上海：上海佛學書局，民國二十二年（1933），
　　　　第29頁。
〔註27〕（唐）澄觀：《華嚴法界玄鏡》，《大正藏》第45冊，第672頁下。

不壞事理而無礙故。」〔註28〕合而言之，所謂理事無礙觀，就是對諸法，即各種事物空寂的本性與森然的現象之間相互融通、互不妨礙進行觀察和思維的修行方式方法。在《般若心經略疏》中，應慈長老站在華嚴宗圓頓教法的立場上，對《般若心經》所揭示的諸法空義與森然事相併不互相妨礙的道理進行了闡釋。

應慈長老在《般若心經淺說》中對「理事無礙觀」的闡發主要集中在對「色空不二」的詮釋中。《般若心經》云：「色不異空，空不異色，色即是空，空即是色，受想行識，亦復如是。」應慈長老解釋說：

> 舍利子呀，你不要見我「觀空」，便即著空，要知道「空」不外乎「色」，並不是離開了「色」，別有一個「空」，所以「空」即不異乎「色」。但是你又不要聽見我說空不異色，便從「色」上生執著之意，要知道「色」又不外乎「空」，並不是離開「空」別有一個「色」，所以「色」又不異乎「空」。但是你更要注意，色空二字並不是說兩樣東西，乃是一樣東西的兩種說法。譬如波即是水，水即是波，離開水沒有波，離開波也沒有水。「受想行識，亦復如是」者「受不異空，空不異受，受即是空，空即是受。」「想不異空，空不異想，想即是空，空即是想。」其餘行蘊識蘊，照此例推。〔註29〕

應慈長老以通俗易懂的語言，並以水與波的關係作為譬喻，深入淺出地闡明了五蘊，即色受想行識，與空相即不二的道理。我們知道，五蘊屬事，空即理，蘊之與空的相即不二，可以說就是理事無礙的一個最好的特例，眾生若能以此觀察身心，無所執著，便是在切實修證理事無礙觀。

尤有進於此者，應慈長老認為此理在宋儒，在佛教的相宗和性宗，都如華嚴宗那樣有所發明和體現，因此於此段經文體會透徹，自然是非常有利於深入理解各宗各派的教理教義。他說：

> 「色不異空，空不異色，色即是空，空即是色」四句，乃是觀自在菩薩教舍利子參透「色空」的祕訣。你們應該特別注意，講到色空兩個字，各宗的說法很多。照儒家講罷，《易經》說：「形而上者謂之道，形而下者謂之器。」形而上之「道」，即指「空」而言；

〔註28〕（唐）澄觀：《華嚴法界玄鏡》，《大正藏》第 45 冊，第 673 頁上。
〔註29〕應慈：《般若波羅密多心經淺說》，上海：上海佛學書局，民國二十二年（1933），第 13 頁。

形而下之「器」，即指「色」言。到了宋朝，周濂溪講「無極而太
極」，其實「無極」即「空」，「陰陽」即「色」也。宋儒又歡喜講
「理氣」，其實「理」即是「空」，「氣」即是「色」，無非是用種種
字面來說明宇宙間事事物物的「本體」和「現象」的兩方面。此外，
華嚴宗說理事，佛家又有性宗、相宗，原來都是和色空兩字差不多
意思。若使我們融會貫通起來，儒家所說的「道」「無極」「理」，
華嚴宗所說的「理」，性宗相宗的「性」，都是說明宇宙間形形色色
的平等的本體方面。至於儒家所說的「器」「陰陽」「氣」，華嚴宗
所說的「事」和性相兩宗的「相」，都是說明宇宙間形形色色差別
的「現象」方面。性相不二，理事圓融，便與色即是空空即是色，
一樣的意義。要是我們能參透「色空」，那麼，其他各宗各派的教
義都容易明白了。〔註30〕

也就是說，在應慈長老看來，無論是講道器不二、無極陰陽不二、理氣不二，
還是佛家性相二宗所說的性相不二，其實都與華嚴宗所說的理事無礙、圓融不
二一樣，可謂是異曲而同工，故而參透色空不二之理也就成了理解儒佛各宗各
派思想義理的訣竅之所在。

　　客觀地來說，《般若心經》所說的色空不二乃至五蘊與空的相即不二，與
華嚴宗所說的理事無礙仍有不小的差距。《般若心經》所說的色也好，五蘊也
好，都只是一種具體的事相，遠沒有華嚴宗所說的「事」那樣具有普遍意義的
概括性，因此色空無二或者蘊空無二充其量只能算作華嚴宗理事無礙觀的一
個特例。不過應慈長老在解釋「色不異空，空不異色，色即是空，空即是色，
受想行識，亦復如是」的時候，特別強調其與華嚴宗理事無礙觀門之間的一致
性，從而將這句經文引向了華嚴宗理事無礙觀的致思取向。

三、周遍含容觀

　　所謂周遍含容觀，就是對華嚴宗事事無礙法界所作的觀察和思維。清涼澄
觀大師釋「周遍含容」云：「周遍含容者，事本相礙，大小等殊，理本包遍，
如空無礙，以理融事，全事如理，乃至塵毛，皆具包遍。」〔註31〕清涼澄觀大

〔註30〕應慈：《般若波羅密多心經淺說》，上海：上海佛學書局，民國二十二年（1933），
　　　　第13～14頁。
〔註31〕（唐）澄觀：《華嚴法界玄鏡》，《大正藏》第45冊，第672頁下。

師釋「事事無礙」云：「第四法界亦具二義，性融於事，一一事法，不壞其相，如性融通，重重無盡故。」〔註32〕「第四法界」者，即事事無礙法界；「亦具二義」者，即「事事無礙法界」的「界」字與「理事無礙法界」的「界」字一樣，也具有性、分二義；「如性融通」的「如性」，即真理義。合而言之，從華嚴宗的立場上說，各種事物之間具有一種相即、相入、相攝的關係，由此形成圓滿和諧、重重無盡的法界，如此觀察、思維法界，即為事事無礙觀。應慈長老在《般若心經略疏》中對此觀法也有所闡發。

華嚴宗事事無礙觀乃是以佛地果為因地心的觀法，即未證佛果的修行者以佛所開顯的自證境界作為觀察思維的對象，因此其所彰顯的境界是佛的境界。《般若心經》雖然是觀自在菩薩對舍利子講述其心中所行法門，是連帶著小乘而說大乘的經典，但也是成佛所必須具足的大智慧，故而有云：「三世諸佛，依般若波羅密多故，得阿耨多羅三藐三菩提。」應慈長老對此解釋說：

> 這一節是說不但菩薩乘依此無所得的般若波羅密多而得究竟涅槃，就是三世一切諸佛，也無不依此無所得之般若波羅密多而得阿耨多羅三藐三菩提。「阿耨多羅」是「無上」之意。「三」是「正」字之意。「藐」字是「等」字或「遍」字之意。「菩提」即「覺」字之意。合攏來說，「阿耨多羅三藐三菩提」即「無上正遍覺者」。無上正遍覺者即是佛也。為什麼叫做「無上正遍覺」？因為凡夫之「覺」，範圍極狹，不能普遍。惟佛之知覺，能普遍一切法界，而不遺漏，所以叫做「遍覺」；外道魔宗亦往往能知道常人所不能知道的，但是他們的「覺」來得不正，惟有佛的知覺是「正知正見」，所以叫做「正遍覺」。菩薩亦有正遍覺，但菩薩的正遍覺尚有進步，未臻圓滿，惟有佛的「正遍覺」是究竟圓滿，無可再進，所以叫做「無上正遍覺」。到了佛的地位，便是「無上正遍覺者」。這一部經，是以般若為智慧，以觀心無所得為法門，以到涅槃為究竟。三世一切諸佛，既依此而得成就，現在諸菩薩又依此而得圓明。所以我們這班凡夫亦應該依此法門而後能離苦厄。依此而修，方是真修；修此而得，方是真得。若捨此法門而別求修證，那麼，真所謂南轅北轍了。〔註33〕

〔註32〕（唐）澄觀：《華嚴法界玄鏡》，《大正藏》第 45 冊，第 673 頁上。

〔註33〕應慈：《般若波羅密多心經淺說》，上海：上海佛學書局，民國二十二年（1933），第 29～30 頁。

應慈長老所說的「無上正遍覺」義，即華嚴宗的「周遍含容」義，即華嚴宗的「事事無礙」義，《般若心經》謂三世諸佛亦須依般若波羅密多而成就此無上正遍覺，獲得究竟涅槃，那麼也就意味著般若智慧也是上達周遍含容、事事無礙境界的修行方法，故而也是成就佛道的必要因素。當然了，佛境界的般若是一切諸法的空義與一切諸法的相即不二，較之聲聞、緣覺、菩薩而言，具有包博廣大、普羅周遍的特性，華嚴宗謂為周遍含容、事事無礙，是再恰當不過的表述了。

根據應慈長老的解說，如果衡之以華嚴宗五教判釋的話，那麼我們很容易發現，《般若心經》乃是一部五教並用的經典：講五蘊、十二入、十八界、十二因緣、四聖諦等，屬於小乘教法；說菩提薩埵依般若波羅密多，而心無罣礙、無有恐怖、遠離顛倒夢想，是始教；三世諸佛依般若波羅密多而成就最究竟圓滿的正覺，則含攝終、頓、圓教。因此可以判釋此經正屬始教，兼帶小乘，分通終、頓、圓教，具有普被上、中、下三根共悟諸法空義的殊勝功德。俗話說：「圓人說法，無法不圓。」我們見到的這部《般若心經淺說》，出版於民國二十二年（1933），彼時應慈長老已經年逾六旬，步入晚景，而且早已是聲名卓著的「華嚴座主」、志在弘揚華嚴的一代宗師了，因此他講說一切經典，都會自然地運用華嚴的思想義理，將所要講說的經典置於華嚴的前解讀結構之中，使其成為展現華嚴境界的平臺。此義在當時已為人所知，如陳慈在為《般若心經淺說》所寫的序文中就說到：「《心經》之注釋甚多，惟限於文字，不能普及。今華嚴座主應慈老法師作為淺注，以至淺之語，達甚深之理，欲使三根普利，而同登聖岸也。應師提倡賢宗，設華嚴大學，傳弟子數十人，分化諸方，說法數十年，凡諸大乘經，皆已講演。今所釋《心經》，蓋以華嚴之眼光，合諸經之奧義而下注釋也。」〔註34〕證諸應慈長老的解說，陳慈之言誠為不刊之論。

第三節　南亭長老的華嚴思想

由於參加學術研討會的緣故，我得以參訪位於臺北濟南路二段的華嚴蓮社，在祖師殿瞻仰各位祖師的法相，拜讀了《南亭和尚供贊》：「宗傳宣律，教

〔註34〕陳慈：《心經淺說序》，見《般若波羅密多心經淺說》，上海：上海佛學書局，民國二十二年（1933），第1～2頁。

演華嚴，戒乘俱急步前賢，道法廣流傳，興學濟貧，恩澤遍大千。」不禁對其人生起無窮的景仰之心，遂通過時任華嚴蓮社執行長的傅玫青女士，禮請到一部《南亭和尚全集》。此書多達十二卷，煌煌三百萬言，既有講述佛經的記錄，又有解釋戒律的文字，還有詮釋論典的篇章，更有南亭和尚在各種場所中隨機施化的開示，廣大悉備，包羅萬象，謂之為一部小藏經，誰曰不宜！我原以為，南亭長老作為以弘揚華嚴宗著名於世的高僧，其有關華嚴的著述應當構成《南亭和尚全集》的主要內容，及至翻閱該書，才發覺其中直接講述華嚴的作品並不多，於是我便產生了一連串的疑問：南亭長老的華嚴著述在全集中的比例既然這麼小，他怎麼還能成為華嚴名家呢？南亭長老創立華嚴蓮社，不知疲倦地講經說法，著書立說，與他平素最所尊崇的華嚴學說到底具有一種什麼樣的關係？南亭長老一生篤實而有光輝的行業對於後來的成一法師乃至賢度法師的弘揚華嚴產生了什麼影響？又與臺灣佛教戰後的轉型有什麼關聯？懷著這些疑問，我開始了對《南亭和尚全集》的研讀。

南亭長老（1900～1982），諱滿乾，號曇光，別號雲水散人，俗姓吉，名雍旺，原籍江蘇省泰州曲塘鎮甸柳鄉顧家莊（民國時此地屬江蘇省泰縣，今屬江蘇省南通市海安縣），父諱貽廣，母儲氏，長兄雍儒，次兄雍泰，和尚行三，四弟雍華，另有一姊佚名，其家至為貧窮，雖有薄田十餘畝，父耕母織，終日辛勞，僅足供薄粥而已。南亭長老十歲於本鄉觀音寺出家，十三歲就讀於其師智光法師所主持的泰州僧辦儒釋初高小學，二十二歲任僧職於泰州北山寺並從智光法師學習佛典，1923 年求學於常惺法師主持的安慶迎江佛教學校，結業後得常惺法師之薦到常州清涼寺佛學院代課，後執教於常熟虞山法界學院、鎮江竹林寺佛學院，隨緣講經於各地，漸為佛教界所重。南亭長老於 1931 年受常惺法師之命回泰州光孝寺任副寺，協助光孝佛學研究社教務，翌年升任監院，並受記莂，1934 年出任光孝寺方丈、泰縣佛教會主席，1946 年到上海講經說法，1949 年 5 月陪侍其師智光老和尚到臺灣，1950 年 6 月受聘為臺北善導寺導師，1952 年創建華嚴蓮社於臺北，1954 年移於今址。南亭長老居臺期間，長期出任中國佛教會秘書長、常務理事、弘法委員會主任等職，講經說法於南北各地，與臺中佛教會館尤為有緣，在臺北則堅持廣播講經、監獄弘法，並且勤於著述。南亭長老持論唯道是從，侍師恪盡孝思，待眾深具「同氣連枝」之義，因而深受佛教界的景仰，皈依者軍界要人如前國民革命軍陸軍總司令劉安祺夫婦，學家如水利專家宋希尚，政府官員如袁

守謙等，多達萬人以上。〔註35〕南亭長老入滅之四七日晨，成一法師夢見南亭長老「稱其為四地菩薩，勉人嚴持淨戒，莫忘念佛、拜佛。」〔註36〕在其圓寂三週年之後，成一法師撰文追敘其嘉言懿行，謂其有誠實不欺、寬厚能讓、持戒謹嚴、熱心教育、弘法精勤、慈心廣被、流通法寶、勤儉惜福、愛國熱忱、尊師孝親等功德。〔註37〕由此可見南亭長老在其追隨者心目中的崇高地位。

對照《南亭和尚自傳》、《南亭和尚年譜》，我們可以發現，目前我們看到的這部《南亭和尚全集》，只不過是南亭長老一生中作為世諦流佈的文章結集而已，並不是其講經說法的全部記錄。在閱讀這部全集的過程中，不僅使我得瞻這位華嚴宗大德的風采，而且使我確信，儘管有關華嚴的著述在《南亭和尚全集》中所佔的比例不大，但對華嚴的信仰、弘揚和運用仍然是這位高僧宗教生命的主線。陳慧劍居士曾經賦詩讚頌南亭長老：「一世為僧百世因，南公本是再來人；怨親等視行悲願，生死同流轉法輪；杜順門前呈聖果，華嚴經裏見天真；三千器界無分別，且作毗盧座上賓。」〔註38〕語言質直，堪稱實錄。因此，對南亭長老的華嚴思想展開深入的探討，將不失為全面瞭解這部佛教文獻的一條終南捷徑，並且由於南亭長老處身於第二次世界大戰之後臺灣佛教的激烈嬗變中，我們還可以由此窺見中國佛教由傳統走向現代的艱難和曲折。

〔註35〕有關南亭長老的生平，可參閱《南亭和尚自傳》（即《南亭和尚全集》第 12 冊，臺北：華嚴蓮社，1994 年）與陳慧劍居士所著《南亭和尚年譜》（臺北：華嚴蓮社，2002 年）。臺灣佛教史學家闞正宗先生對這兩部著作有如下的評價：「《南亭和尚自傳》，是《南亭和尚全集》中南亭本人的自述，也是記述其一生出家、弘法、修行的大作。南亭法師來臺初期曾任『中佛會』秘書長，且在善導寺講經說法，也曾主持傳戒，故此自傳涉及了他與教界法師、居士的互動，有第一手觀察戰後佛教的史料。陳慧劍居士在過世前曾編著完成《南亭和尚年譜》一冊，是將整個《南亭和尚全集》資料融會其中，並對相關人物加以批註，補強了自傳中一些人物的背景，相當具有史料價值。」（闞正宗：《戰後臺灣佛教史料的查找和運用》，見氏著：《臺灣佛教史論》，北京：宗教文化出版社，2008 年，第 407 頁。）

〔註36〕成一：《師祖南公自傳校後書感》，《南亭和尚自傳》，臺北：華嚴蓮社，1994 年，第 484 頁。

〔註37〕成一：《南公師祖圓寂三週年紀念》，《成一文集》，臺北：萬行雜誌社，1994 年，第 349～365 頁。

〔註38〕陳慧劍：《譜前禮讚七律》，《南亭和尚年譜》，臺北：華嚴蓮社，2002 年，第 1 頁。

一、親近華嚴尊宿

　　南亭長老平素所親近的，如智光法師、常惺法師、應慈法師、靄亭法師等，無一不是民國佛教史上享譽僧界的華嚴尊宿。明乎此，則我們就不難理解南亭長老是如何成長為一代華嚴宗大德的。

　　智光法師是南亭長老的剃度師。晚清宣統元年（1909）秋季的某一天傍晚，四個穿著「黑夏布長衫，手執圓頭紙扇」、「威儀齊整，動止安詳」的大和尚光臨了吉家的曬麥場，當時虛齡還不滿十歲，「身上赤條條，寸絲不掛」的雍旺，「瞪了四位大和尚幾眼，就一溜煙跑掉了。」〔註39〕據南亭長老後來的回憶，在這四位和尚中，大概就有他的師父智光法師。民國初年，「廟產興學」風潮迭起，偏僻的泰縣也創辦了「僧立儒釋初高小學校」，而校長就是智光法師。南亭長老奉師祖玉成老和尚之命前去就讀，在入學的當天，智光法師用石板和粉筆教會了南亭長老寫十個阿拉伯數字，並為他準備了床鋪、蚊帳、被單等用品。〔註40〕南亭長老雖然只在這座小學校裏就讀了一年半時間，但卻認識了不少字，為他以後深入經藏奠定了必要的基礎，從此，他開始對讀書發生了濃厚的興趣。後來南亭長老回憶說：「在趕經懺時發現齋主家裏有書，我就向他們借。而那些書多半是小說，諸如《三國》、《水滸》、《列國》、《西廂》、《玉如意》、《九尾龜》、《說唐》、《薛仁貴征東》、《薛丁山征西》、《燕山外傳》、《紅樓夢》、《金瓶梅》以及彈詞，不下數十百種。」還有《鏡花緣》的奇談怪論讓他「笑痛了肚皮」，《綱鑑易知錄》讓他「知道歷朝的興亡」。〔註41〕毫無疑問，這些閒書極大地開闊了少年南亭的胸襟，豐富了這位童僧的寺院生活。1914 年，「生性沉默」的智光法師在觀音寺教年幼的南亭長老讀《法華經》；〔註42〕1921年，閉關於泰州北山寺的智光法師教剛剛受過具足戒的南亭和尚讀《大乘起信論》、《華嚴五教儀》，這些佛教經論對於當時的南亭長老來講似乎有些艱深，但他卻將《古文觀止》讀得滾瓜爛熟〔註43〕，對於玄理深湛的《老子》、《莊子》也表現出濃厚的興趣，並且開始習學柳公權的《玄秘塔》、錢南園的《正氣歌》、歐陽詢的《九成宮》以及《靈飛經》等法帖。〔註44〕由於智光法師的因緣，南

〔註39〕南亭：《南亭和尚自傳》，臺北：華嚴蓮社，1994 年，第 8 頁。

〔註40〕南亭：《南亭和尚自傳》，臺北：華嚴蓮社，1994 年，第 16 頁。

〔註41〕南亭：《南亭和尚自傳》，臺北：華嚴蓮社，1994 年，第 18 頁。

〔註42〕南亭：《南亭和尚自傳》，臺北：華嚴蓮社，1994 年，第 19 頁。

〔註43〕南亭：《南亭和尚自傳》，臺北：華嚴蓮社，1994 年，第 43 頁。

〔註44〕南亭：《南亭和尚自傳》，臺北：華嚴蓮社，1994 年，第 44 頁。

亭長老得以親近常惺法師，成就他進入安慶迎江寺佛教學校就讀、受泰縣光孝寺記莂和成為光孝寺的方丈。1937 年，智光法師住持的焦山定慧寺被日寇毀於一炬，南亭長老迎奉其師於光孝寺。戰後師徒二人共同弘法於上海，1949 年又聯袂到臺灣。1952 年，南亭長老創建華嚴蓮社安奉智光法師，直至 1963 年老法師圓寂為止。智光法師曾追隨月霞、冶開等高僧，在上海和杭州等地讀華嚴大學。他不僅深入研討華嚴教理，而且還著力探究向上宗乘，重視佛教教育。1929 及 1930 年他兩度應邀到香港講經說法，都曾經轟動一時。可以說，智光法師是南亭長老通達佛教義理的啟蒙者，暢遊華嚴境界的引路人。

　　常惺法師是南亭長老的得法師。〔註45〕1922 年底，由於昔日在華嚴大學的同窗好友智光法師的鼎力推薦，正在主持安慶迎江寺佛教學校的常惺法師到泰縣光孝寺受記，南亭長老陪他上街赴浴，趁機提出想到迎江寺佛教學校讀書的想法，常惺法師當即應允，由此成就了南亭長老就讀安慶迎江寺佛教學校的機緣。〔註46〕次年在迎江寺佛教學校，一學期終了，常惺法師去了泰縣，學僧們漫不經心，氣跑了講《法華經》的度厄老法師。在南亭長老看來，常惺法師對此是負有責任的，「常惺法師不應該一句話不講，就走了，應該和度老、僧值、眾同學開個茶話會，把僧值介紹和我們見見面，將度老的為人、道德，

〔註45〕常惺法師（1896～1939），初名寂祥，受泰縣光孝寺記莂後易名優祥，字常惺，俗姓朱，江蘇如皋人，少孤，太夫人授以《大學》、《中庸》，輒能憶誦，年十二，禮福成寺自誠上人出家，奉師命就學，十七歲卒業於如皋省立師範學校，復入上海愛儷園華嚴大學，追隨月霞大師深研華嚴教理，與持松、智光、靄亭、慈舟、了塵、戒塵人等為同學，後乘華嚴大學遷址杭州海潮寺之際至南京寶華山隆昌寺受具足戒，1916 畢業後住常州天寧寺究心禪觀，1917 年至寧波觀宗講寺隨諦閑老法師習天台教觀，與顯蔭、倓虛、寶靜等人為同學，而深得諦閑老法師的賞識，1919 年應持松法師之邀主持常熟興福寺法界學院教務，1922 年應邀至安慶創辦迎江寺佛教學校並受泰縣光孝寺記莂，1925 至廈門創辦閩南佛學院，1927 年赴昆明弘法，1928 年應邀主持杭州昭慶寺僧師範講習所教務，1929 年應邀主辦北平柏林佛學研究社，1931 年接任泰縣光孝寺住持並創辦光孝佛學研究社，主持賑災、傳戒等事，使光孝寺呈中興之象，1934 年將光孝寺住持之位傳於南亭長老，1936 年養病於上海，被中國佛教會推請為秘書長，奔走於以太虛為代表的新僧與圓瑛為代表的舊派兩派之間，舌敝唇焦，辛勞備至，致使肺疾復發，醫療無效，於 1939 年 1 月 14 日圓寂，得壽僅四十四歲。常惺法師於佛學廣探諸家而歸宗賢首，以弘揚華嚴著名於世，生平事具持松法師《常惺法師傳》，見《佛學概論·賢首概論合刊》，臺北：新文豐出版公司，2000 年。
〔註46〕南亭：《南亭和尚自傳》，臺北：華嚴蓮社，1994 年，第 49 頁。

尤其是精於天台宗的學問，以及《法華經》在佛教的價值，介紹給我們。然後再把我們學僧中，最有資格的了一師背後喊去，叮囑他作領導，每天由他一招呼，大家決定會跟著他跑。」〔註47〕因此他以為，常惺在為人處世上對世故人情還是不夠透徹的，而且在教學上也有重智育而不重德育的傾向，這些思考都為他以後辦智光高級商工學校提供了寶貴的借鑒。1924 年開學以後，常惺法師為學僧們講《中論》、《十二門論》、《百論》。〔註48〕當年夏天畢業之後，由於常惺法師的舉薦，南亭長老得到應慈老法師的邀請，到常州清涼寺佛學院代課。1931 年夏，南亭長老接到常惺法師打來的電報，促他回泰縣光孝寺佐理寺務，「我到光孝寺後，常老人命我任副寺，料理常住租穀收支。一方面常住虧欠龐大的債務，又無香火、佛事、遊客，一方面因蘇北大水，要協助政府，辦水災難民收容所，而又要辦學，一切的設備在在要錢。」〔註49〕繁重的事務，使南亭長老表現了卓越的能力，得到了充分的鍛鍊，是以在 1933 年光孝寺傳戒之後，常惺法師即為之記莂，並於次年將住持之職交付於他。南亭長老對常惺法師住持光孝寺三年的評價甚高，他說：「（民國）二十二年春，弘傳戒法，復光孝寺數十年來未曾舉行之大典，光孝復興之氣象，於是益著。自是光孝寺之內政、外交，雖稍見頭緒，而債主則紛至沓來，門限為穿。經先法師自二十一至二十三年梢，此三年中，策劃經營，權衡輕重緩急，以定償還之先後。事甫就緒，以兼主南普陀寺難以分身，遽行交卸。其來也光明，其去也清白。在他人則以為，於光孝寺辛勞數年，應受相當之酬報，而先法師視之淡如也。」〔註50〕1939 年 1 月，常惺法師示寂於上海，訃至泰縣，南亭長老以彼時抗戰方殷，光孝寺駐有軍隊，未敢輕離，遂委師弟葦宗間道往治其喪，並請持松法師作傳，後來還在臺灣搜輯其文，結集成書。南亭長老之與常惺法師，可謂既善其始，又克其終矣！而從其人生發展歷程來看，常惺法師服膺華嚴、重視教育、輕視利養等，也為南亭長老提供了一個光輝的學習榜樣。

應慈老法師是南亭長老的親教師。1924 年夏，南亭長老自安慶迎江寺佛教學校畢業之後，在泰縣北山寺賦閒。一天薄晚，他一個人坐在方丈廳前天井內，忽聞杖履之聲，轉頭看見一位「中等身材、胖胖身軀、短鬍子的老和尚」。

〔註47〕南亭：《南亭和尚自傳》，臺北：華嚴蓮社，1994 年，第 54 頁。

〔註48〕南亭：《南亭和尚自傳》，臺北：華嚴蓮社，1994 年，第 56 頁。

〔註49〕南亭：《南亭和尚自傳》，臺北：華嚴蓮社，1994 年，第 87～86 頁。

〔註50〕南亭：《常惺法師在泰縣》，《南亭和尚全集》第 11 冊，臺北：華嚴蓮社，1990 年，第 210 頁。

南亭長老連忙站起身來，未及請教，來人即做自我介紹：「我叫應慈。我從安豐來，經過此地到常州去。我受靜波老和尚之請，準備在常州清涼寺辦佛學院。常惺法師介紹你到我那兒去當助教，我便道來此請你。八月一日開學，希望你在七月底以前報到，一言為定。我不坐，我走了！」說完轉身就走了。〔註51〕南亭長老如約到了常州，在清涼寺佛學院安單之後，第一堂課，即由他講《八識規矩頌》，他原以為自己聽過《成唯識論》，講《八識規矩頌》應該沒有問題，但由於是初出茅廬，既不知教法，更沒有受過語言訓練，只用四個小時，就把全文講完了！而對於應慈老法師的大座講《四十二章經》，南亭長老也隨眾聽學，他感到，「應老法師純粹是箇舊腦筋的人。他講的大座經，只是第二天上午九時抽籤復小座，不問答，不研究，不考試。他抽過籤，又回房間去，講得好醜，一概不管了。」〔註52〕經過不停地學習、摸索、思考和鍛鍊，南亭長老終於學會了講經說法，除了在佛學院講課外，還曾在當地士紳主辦的武進佛學會講過《阿彌陀經》、《維摩詰經》、《金剛經》、《普賢行願品》、《藥王菩薩本事品》等。應慈老法師視禪宗坐禪為佛法之生命，南亭長老因聽應慈老法師的開示，「對於禪得到了相當的瞭解」。〔註53〕後來南亭長老回憶說：「和尚以大座式自《四十二章經》講起，而《彌陀經》、《起信論》、《楞嚴》、《楞伽》、《法華》諸經，三年如一日。南亭則自《八識頌》始，而《五教儀》、《華嚴一乘教義章》、《十不二門指要鈔》、《教觀綱宗》，每日三時坐禪，入冬結七，從未間斷。南亭於此數年間，得教學相長之益，尤於參禪，粗知其要，此畢生難忘也。」又謂，「民十六年，遷學院於上海清涼寺，和尚講《華嚴懸談》，……弘一法師、蔣竹莊居士，皆聽眾也，當時頗稱盛事。民十八年，以故再遷常州東門永慶寺，以八月初一日開講《大華嚴經》。十九年秋，三遷無錫龍華庵，始將大經講完。於中，南亭固始終相隨。」〔註54〕1931 年，南亭長老受常惺法師之召返回泰縣光孝寺，雖然不能追隨於左右，但當聽說老法師弘法於某地，他除非不得已，必然專程前往禮座。1949 年南亭長老赴臺灣，二人音問隔絕。1965 年底，南亭長老聞聽應慈老法師入寂之噩耗，即於華嚴蓮社設位供像，以華嚴結七功德回向之，其對應慈老法師的孺慕之情可見一斑。

〔註51〕南亭：《南亭和尚自傳》，臺北：華嚴蓮社，1994 年，第 61 頁。
〔註52〕南亭：《南亭和尚自傳》，臺北：華嚴蓮社，1994 年，第 66 頁。
〔註53〕南亭：《南亭和尚自傳》，臺北：華嚴蓮社，1994 年，第 69 頁。
〔註54〕南亭：《悼親教老人應慈和尚及其事略》，《南亭和尚全集》第 11 冊，臺北：華嚴蓮社，1990 年，第 259 頁。

　　靄亭法師是南亭長老的法兄弟。靄亭法師雖然年長南亭和尚七歲，但出家卻比南亭長老晚了三年，二人也是泰縣儒釋初高小學的同學。南亭長老感覺到，「我的師兄靄亭是一個用功的人，全校同學沒有一個趕得上他。他在吃飯的時候，固然在念著功課！我們在晚飯後大家都在操場上打球、跳繩子，他以散步姿態背著書，在操場的四周漫步，口中仍是默默地在背誦功課。」〔註55〕小學畢業後，靄亭法師隨從其師智光法師去上海就讀華嚴大學，南亭長老仍回本鄉，日以經懺為事。1919 年，南亭長老虛齡已滿二十歲，於是與潤亭師兄同赴焦山定慧寺受戒，靄亭法師彼時在衣缽僚管賬，南亭長老受過戒後，請他幫助燃香燙疤。靄亭法師將十二支香一一沾上棗泥，「香點燃後，靄亭師兄以兩手推我的頭皮，以減少痛苦。乖乖，十二支半寸以上、半生不熟的香，在頭上慢慢向下燃燒，真不好受。我師兄是個君子人，一點不作假，十二支香，皆由他自己燃到熄。」〔註56〕受戒後，南亭長老先到常州天寧寺參學，又到安慶迎江寺佛教學校就讀，後來協助應慈老法師創辦法界學院，輾轉授課於常州、上海等地。其間南亭長老曾到靄亭法師創辦的鎮江夾山竹林佛學院講過一個月的《維摩經》，當時無論是退居的妙智老和尚，還是竹林寺方丈靄亭法師，都非常希望他留下來，而他也只是笑著道謝而已。1930 年夏，南亭長老遊覽無錫，為雨所淋，患上了嚴重的傷寒，被折磨得骨瘦如材，就請人將他送到竹林寺休養。「自九月來竹林寺，至十一月間，每天要吃八頓。四、五點鐘起來，就要用熱水瓶開水，泡一碗脆餅或餿子充饑。總之，不斷地要吃。經過幾十天的吃，身體完全復原了。」〔註57〕真可謂是患難見真情！但南亭長老病好之後，又跑到應慈老法師處聽講《華嚴經》，直到 1931 年正月經期圓滿，他才回到竹林寺，協助靄亭法師主持佛學院。一學期終了，南亭長老不意接到常惺法師召喚他回光孝寺協助寺務及辦學的電報與快信。為了師弟的發展前途，靄亭法師沒有挽留南亭長老，而竹林佛學院的多數學僧也都隨他去了泰縣。後來南亭長老憶念及此，每每引為遺憾，自感是他對不起師兄之處。1947 年 12 月 14 日，靄亭法師圓寂於香港客船之中，南亭長老時寓上海沉香閣，聞訃即撰《悼師兄靄亭法師》。十年之後，南亭長老又撰《靄亭法師事略》，於文末贊曰：「末世風俗澆薄。雖釋子，亦競浮誇，耽逸樂。而師也，天性淳厚，寡言笑，善忍

〔註55〕南亭：《南亭和尚自傳》，臺北：華嚴蓮社，1994 年，第 16 頁。
〔註56〕南亭：《南亭和尚自傳》，臺北：華嚴蓮社，1994 年，第 28 頁。
〔註57〕南亭：《南亭和尚自傳》，臺北：華嚴蓮社，1994 年，第 82 頁。

讓，勤儉處己，恭敬待人。不為無益之耗費，不吝有益之正用；不以財利而屬色劇言，不因意外而倉皇失措。處變處常，雍容自若。退席後，蟄居青山，或赴講筵以利生，或事著述以自娛。夫所謂動則兼善天下，靜則獨善其身，淡泊寧靜，若師者，可以當之而無愧矣！」〔註58〕

南亭長老最為親近和尊崇的這幾位高僧，具有幾個共同的特點：其一，他們都是近代以來以弘揚華嚴著稱於世的佛門龍象。其中應慈老法師畢生以弘揚華嚴為職志，為講說《華嚴經》、校刻《華嚴疏鈔》不遺餘力，是民國時期華嚴教學的主要師資，而智光、常惺、靄亭等人都是華嚴大學培養出來的佛教人才。智光法師著有《華嚴大綱》，可惜焚毀於日寇的戰火之中；常惺法師著有《賢首概論》等書，是較早以現代學術範式整理和歸納古老華嚴思想的重要著作；靄亭法師著有《華嚴一乘教義分齊章集解》，堪稱是民國時期最為重要的華嚴學專著。南亭法師受到他們的薰陶，自然非常有利於他對華嚴產生深厚的情感，並且獲得深入其中的門徑和涵泳優游的資源。其二，他們都是近代以來中國佛教教育事業的開創者。應慈老法師不僅追隨其師兄月霞大師創辦華嚴大學，而且還在華嚴大學之後承其遺緒主辦法界學院、華嚴速成師範學院等教育機構，智光法師主持過泰縣儒釋初高小學、焦山佛學院，常惺法師創辦了迎江寺佛教學校、閩南佛學院、光孝佛學研究社等。在他們的啟發之下，南亭長老一生對教育事業也表現出極大的熱情，他不僅創辦了智光商工，還督促成一法師創辦了華嚴專宗學院。其三，他們都屬於當時中國佛教界新舊兩派之間的溫和派。智光法師與太虛大師是祇園精舍時期的同學，曾經追隨太虛大師大鬧金山。常惺法師曾邀請太虛大師南下住持南普陀寺和閩南佛學院。他們在思想上認同太虛大師提出的人間佛教，在實踐上主張逐步改善中國佛教的狀況，因而成為新舊兩派都能接受的中間力量，由此也培養了南亭長老穩重篤實的品格。可以說，正是得益於諸位華嚴尊宿的大力栽培，南亭長老最終也成就為一位馳譽教內外的華嚴宗大德。

二、培植華嚴根機

按照中國佛教傳統的說法，佛初成道，最先為文殊、普賢等四十二位法身大士講說的就是《華嚴經》，只是由於二乘在座，如聾如啞，佛不得已，脫珍御

〔註58〕南亭：《靄亭法師事略》，《南亭和尚全集》第 11 冊，臺北：華嚴蓮社，1994 年，第 202 頁。

之衣，隱尊特之相，以丈六老比丘之劣應身，為眾生漸次講說阿含、方等、般若等類經典，直至法華會上，佛見眾生根機已經成熟，方始為其發跡顯本、開權顯實、會三歸一。站在華嚴宗的立場上來說，此時佛所開顯的「本」、「實」與所回歸的「一」，就是作為如來一代時教最為根本、真實、圓滿、究竟、終極的一乘教法，即《華嚴經》。華嚴宗的這種判教思想意味著，要講說《華嚴經》，首先必須培植眾生的根機。用現在的話講，沒有一定的佛學修養作為基礎，是無法接受《華嚴經》中高深的佛教義理的。正如許多論者所指出的那樣，二十世紀上半葉的臺灣佛教界，齋教盛行，仙佛不分，鬼怪神仙與諸佛菩薩合堂並祀，所希求者不過冀望靈異保佑平安吉祥而已，再加上日本五十年的殖民統治，使臺灣佛教界普遍受到日本佛教的深刻影響，一時間戒律廢弛，僧俗難辨，亂象叢生。1949 年 5 月，以弘揚華嚴為職志的南亭長老來到臺灣，而當時臺灣佛教界的狀況，正如佛初成道時一樣，顯然是不適合直接講說《華嚴經》的。南亭長老不得不暫時收拾起早就預先準備的華嚴講義，拿出那些相對來說比較淺近和單純的佛經，走上電臺，走進監獄，走入大專學生的夏令營，以各種方式在社會上擴大佛教的影響，積累佛教的話語。也許像佛當年講過《華嚴經》一樣，他希望經過若干年的培植，可以造就出適宜弘揚《華嚴經》的根機來。

南亭長老在講經說法時非常注意契合聽眾的根機。20 世紀五六十年代，臺灣佛教界的有識之士意識到運用電臺弘法的重要性，於是就委託南亭長老撰寫一些以講經說法為主的廣播稿。廣播弘法的聽眾主要是在家居士或普通民眾，針對當時臺灣民眾的思想狀況，南亭長老分別對幾部具有現實意義的佛經進行通俗化的解釋。例如，由於當時「一般人對佛教的觀念，都認為佛教的教義太深、難懂、不切近人事」，南亭長老就撰寫了《佛說孛經鈔講話》，「因為這一部經的內容，百分之百都是修身、齊家、治國的話。」〔註59〕也就是說，南亭長老希望通過在電臺上廣播這部經的講話稿，可以澄清當時民眾認為佛教經典太過高深、不近人情的某些誤解。佛教的信眾，以婦女居多數，而且她們在信仰中都有自己的現實關注，為了引導這部分信眾進入更為浩森深廣的佛法大海洋，南亭長老撰寫了《妙慧童女經講話》，以通俗易懂的語言傳達了佛的妙旨：「我們每一個人怎樣才能得到好看的容貌，怎樣才能得到富貴長壽、眷屬團員以及怎樣才能和佛一樣地得到神通，坐在大寶蓮花上

〔註59〕南亭：《佛說孛經鈔講話》，《南亭和尚全集》第 1 冊，臺北：華嚴蓮社，1985第 1 頁。

周遊世界。」〔註60〕為了使喜好簡略的人們稍微瞭解一點佛教理論，將信眾引入切實的修行並使他們獲得一個簡便易行的修行方式，南亭長老撰寫了《阿彌陀經講話》。禪宗對中國文化的影響廣泛而且深遠，為了使民眾對禪宗能夠有所瞭解，南亭和尚撰寫了《永嘉證道歌淺解》。這幾部講稿都曾經在多家電臺反覆廣播，而且還編印成冊，大量發行，對於在民眾中普及佛教知識、發展佛教信眾、提升信仰層次，發揮了非常巨大的作用。除了通過電臺講說佛經，南亭長老還積極活躍在各種講會之中，如他在 1949 年夏及秋季曾於臺北十普寺臺灣佛學講習會講解《般若波羅密多心經》，留下了一部《般若波羅密多心經講義》；在 1973 年曾於臺北善導寺「中華民國各界仁王護國息災大法會」上講解《仁王護國般若波羅密多經》，留下了一部《仁王護國般若波羅密多經解》。他在臺中佛教會館，為學僧們講課，著有《十宗概要》（此書僅成成實、俱舍、三論、法相四宗，未為全璧）。南亭長老雖以華嚴名家，但留下的講述《華嚴經》的著作卻很少，1975 年之後他擔任華嚴專宗學院導師，帶領學僧們學修華嚴，多是隨文疏解，未見有講義流通，而在 1977 年的暑假期間他撰寫了《華嚴經淨行品講義》，有如吉光片羽一般，成為我們瞭解南亭長老講說《華嚴經》不可多得的著作。從以上所列各種講稿可以看出，南亭長老在選取經典和解釋經文時非常注意契合聽眾的思想心理，從而保證了弘法活動的必然有效。

　　南亭長老在講經說法時非常重視契合當代的時機。高僧弘法，各有其時代因緣，因而呈現出不同的特色來。南亭長老生活的二十世紀，是人類歷史上競爭最為激烈的一個世紀，同時也是科學、民主、平等等觀念深入人心的一個世紀，這些在南亭長老的著作中都有非常鮮明的體現。激烈的競爭，導致世風日下，人心不古，這使南亭長老強烈地意識到，佛教提倡的十善，不僅是人類社會的基本道德，而且也是成佛的最初準則。他說：「我們生當二十世紀的今日，是生存競爭的時代，不但人與人爭，抑且物與物爭。可是競爭得愈激烈，反而迫使多數人不能生存，只造成了弱肉強食、集權主義奴役他人的口號。眼前國際的局勢是血淋淋的事實。然而佛教徒卻不因群眾都趨向于競爭的末路而灰其悲天憫人的初心。假使能化得一個、兩個，也是釜底抽薪的辦法。」〔註61〕為了能使在生存競爭中飽受煎熬的人們享受到佛法的清涼，他就撰寫了《十善業

〔註60〕南亭：《妙慧童女經講話》，《南亭和尚全集》第 2 冊，臺北：華嚴蓮社，1985年，第 2 頁。

〔註61〕南亭：《十善業道經講話》，《南亭和尚全集》第 2 冊，臺北：華嚴蓮社，1985年，第 2 頁。

道經講話》。包括佛教在內的傳統文化，就其主流來講，是重男輕女的，而近代以來，平等觀念，特別是男女平等的觀念，深入人心，傳統文化因此頗受時代的詬病。南亭長老喜歡討論《法華經》中的龍女成佛，著《妙慧童女經講話》，實際上具有挖掘佛教中男女平等思想資源的意味。他指出，「男女的假相在生理上的確有甚大的不同，可是佛性平等。女人發心修行，照樣可以成佛。使女人聽到這些議論，不至於自暴自棄，而知自勉。」〔註62〕換言之，男女在佛性上的平等，可以激發起女人勇猛精進、努力修行的積極性。「男女平等的思想，是近十年來民主國家的一種呼聲，可是釋迦牟尼佛在二千五百年以前，不但打破當時印度國家的階級觀念，同時也提倡男女平等。所以女人一旦發心出家，馬上披起袈裟，現丈夫相。」〔註63〕由此也可以證明佛教是一種超前的符合時代要求的宗教。而科學的發達，不僅喚醒了人類潛藏的各種能力，也極大地改變了人們的思想觀念，原來在佛教中許多被普遍接受的觀點和看法，此時不再為人們視為當然，如鬼神、極樂世界、六道輪迴的有與無等問題，無不需要接受科學的檢驗。這在南亭長老的信仰中固然不是問題，但是在弘法中必須要有足夠的證據來說服人，因此，他非常重視科學家尤智表、王季同等人有關借屍還魂的記述，曾寫出《六道輪迴的問題》、《科學淘汰了鬼嗎？》等文章，展現了這位高僧在科學觀念盛行的語境中對佛教傳統觀念的思索和反省，這也是他在講經說法時非常注重契合時代根機的重要體現。

南亭長老在講經說法時非常重視引發聽眾的興趣。南亭長老不會說國語，也不會講閩南話，只會說蘇北方言，而且嗓音還有些沙啞。他在臺灣各電臺的弘法，主要是將講稿交給電臺播音員代為播講；而在臺灣各地弘法，則必須借助於翻譯，以便把他的蘇北方言翻譯成臺語閩南話。雖然有諸多的不便，但臺灣的佛教信眾們仍然非常喜好南亭長老的講經說法，其原因何在呢？我想，只要我們翻看一下《南亭和尚全集》，就不難找到答案，那就是南亭長老的講經說法除了佛理精湛、選題富有針對性之外，還非常具有可讀性，因而很容易引起聽眾們的興趣，特別是他舉出的那些談論因果不虛的事例，堪稱是情節曲折扣人心弦的傳奇故事。此處略舉兩例：一個是做好事得好報的，說革命軍北伐，與五省聯軍總司令孫傳芳交戰於江浙之間，聯軍某部的一名士兵，在行軍的途

〔註62〕南亭：《妙慧童女經講話》，《南亭和尚全集》第 2 冊，臺北：華嚴蓮社，1985年，第 92 頁。

〔註63〕南亭：《妙慧童女經講話》，《南亭和尚全集》第 2 冊，臺北：華嚴蓮社，1985年，第 93 頁。

中，遇見一位非常貧窮的婦人，手捏一枚銀元，在那兒痛哭不已，於是就去詢問原因。那婦人講：家裏非常窮困，所有值錢的物產，就是兩隻母雞，原本想賣掉這兩隻母雞，買點柴米將就著過日子，不成想賣了一枚假銀元，這下不但買不到柴米，恐怕難免被性情粗暴的丈夫毒打一頓，因此不想活了，可是死也不是容易的事情，因此哭泣！那位士兵說：把你賣的錢拿過來給我看看，我可以分辨是真是假。婦人遞過假銀元，士兵接過來，順手往自己左上角口袋裏一放，然後從右下角口袋裏掏出一枚真銀元，對那婦人言講：不要尋死覓活的了，這錢是真的，你只管拿去買東西就是了！那婦人聽後破涕為笑，拿了銀元就轉身回去了。那位士兵開拔到前線，戰鬥進行激烈的時候，一顆子彈擊中了他的胸部，他下意識地想這下完了，但過了許久，他也只是感到稍微有點痛而已，原來這顆子彈不偏不倚，正打在了那枚假銀元上。另一個是做壞事得惡報的，還是說孫傳芳五省聯軍某部的一個士兵，從前線垮下來，一個人扛著槍、騎著馬到處亂跑，在路上碰到一位老太太，與一個十五六歲的小姑娘一起趕路。這士兵見曠野無人，起了歹意，喝令這對可憐的祖孫二人站住，下得馬來，就要對那個小姑娘強行非禮。任憑老太太苦苦哀求，這士兵只是不加理會，他怕自己的馬跑掉了，就把馬栓在自己的腿上，然後抱住小女孩。老太太一遍哭一邊說：「青天白日幹這種壞良心的事，就不怕觸犯了過往的神靈啊？我來撐一把傘，替你遮一遮吧！」說話之間，「嘭」的一聲撐開了傘，不想那匹馬陡然間吃了一驚，撒腿就跑，那士兵被拖得頭破血流，一命嗚呼。〔註64〕南亭長老運用這些曲折動人的事例，闡明了佛教因果昭彰的道理，很能抓住聽眾或讀者的心理，激發起他們對佛教的興趣和信仰。

　　南亭長老在講經說法時非常重視契合華嚴的教理。由於各方面的因緣不能具足，南亭長老只能是隨緣說法，而無法直說華嚴，暢所本懷，但他畢竟是華嚴宗名德，因此他在講經時經常以華嚴義理解釋、補充、印證所講的經文，以種種方便，將信眾們引入殊勝的華嚴境界之中。如他在講《阿彌陀經》列眾以文殊師利為菩薩上首時指出，「文殊師利」可譯成妙首、妙吉祥、妙德三義，這在華嚴宗中具有三種功能，「第一，表信：佛法大海，信為能入，所以信為萬德萬行之首，因此譯為妙首。第二，表行：文殊師利多生多劫以來，親近、讚歎、供養一切諸佛，同時也為一切諸佛之所讚歎、一切眾生之所親近、供養，讚歎、

〔註64〕南亭：《從各宗教的異同說到善惡因果》，《南亭和尚全集》第7冊，臺北：華
　　　　嚴蓮社，1987年，第225頁。

親近、供養是吉祥的盛德，所以叫做妙吉祥。……第三，表智：文殊在菩薩中是大智慧第一。智慧是諸佛之母，文殊憑這大智慧，過去劫中曾為釋迦世尊的師傅。」〔註65〕很顯然，南亭長老此處就是運用華嚴宗義理解釋《阿彌陀經》的經文。如他在講《般若波羅密多心經》中「無罣礙故，無有恐怖」時指出，「菩薩既心『無罣礙』，則『無有恐怖』。『恐怖』者，恐懼怖畏。淺言之，如人有財產，且甚豐富，則常有盜賊、水、火、捐徵之畏。以色事人者，則常有衰老之畏。名位高顯者，則常有傾倒之畏。財勢兩缺者，則時有受他人欺侮之畏。至於冷熱交迫，老病侵損，則任何人皆所難免。是皆於聲色、貨利之有罣礙者必有恐怖之明證也。所以《華嚴經》普賢菩薩言：『我於往昔未發無上大菩提心，有諸怖畏。所謂：不活畏、惡名畏、死畏、墮惡道畏、大眾威德畏。自一發心，悉皆遠離，不驚、不恐、不畏、不懼、不怯、不怖。一切眾魔及諸外道，所不能壞。如是思維，心大欣慰。』」〔註66〕南亭長老此處對各種恐怖解釋得非常具體，並且通過徵引《華嚴經》，使「無有恐怖」的經文獲得了補充。如他在講《永嘉大師證道歌》的時候，認為「一性圓通一切性」講理法界，「一法遍含一切法」講理事無礙法界，〔註67〕「彈指圓成八萬門」對於「頓悟心地的人」來說，「可算是一修一切修，一斷一切斷」，「剎那滅卻三祇劫」則意味著「圓頓教的修行人，於一剎那間豁然大悟的情形之下，所謂『一地具足一切地』，一念不生，即名為佛。」〔註68〕完全突破了時空的障礙和限制，自然就是華嚴宗的事事無礙法界。南亭長老在此處就是運用華嚴宗的四法界理論印證永嘉大師的證悟境界。諸如此類的以華嚴義理解釋、補充、印證所講經典的文字，在南亭長老的各種講錄中比比皆是，以至於我們有充分理由相信，華嚴義理是南亭長老解釋一切佛教經典的前解讀結構，通過這樣的講經說法，南亭長老希望將他的信眾引入圓滿、究竟、相即相入、相收相攝、融通無礙的華嚴境界之中。

　　南亭長老是大陸赴臺弘法高僧中的代表人物，經過他們這一代長老大德

〔註65〕南亭：《佛說阿彌陀經講話》，《南亭和尚全集》第4冊，臺北：華嚴蓮社，1986年，第37頁。

〔註66〕南亭：《般若波羅密多心經講義》，《南亭和尚全集》第3冊，臺北：華嚴蓮社，1986年，第30頁。

〔註67〕南亭：《永嘉大師證道歌淺解》，《南亭和尚全集》第5冊，臺北：華嚴蓮社，1987年，第208頁。

〔註68〕南亭：《永嘉大師證道歌淺解》，《南亭和尚全集》第5冊，臺北：華嚴蓮社，1987年，第210頁。

的不懈努力，臺灣佛教界的基本面貌發生了重大變化，原來那種神佛不分、戒律鬆弛的狀況得到了根本性的改變，逐步走上了如律如法的正軌。江燦騰先生認為：「戰後『中國佛教會』是在 1949 年，才在臺灣復會，但主要影響是 1953 年後一年一度的傳戒活動。由於規定會員要受戒才能任住持，傳戒權利又長期為『中國佛教會』壟斷，以致大批齋姑或齋友紛紛落髮受戒，成了出家的僧尼，於是大幅度地改變了臺灣齋堂的面貌。」〔註69〕闞正宗先生也指出：「日本佛教的影響，在 1949 年國民黨來臺後，在不斷的傳戒中漸次淡化、消失，而齋教因為在日據時期認同、加入為佛教的一員，戰後又在一波一波的批判下衰微化、齋堂佛寺化、齋姑出家化，以致幾乎消失殆盡。」〔註70〕二氏所論雖然是各有側重，但合而觀之，則比較全面地揭示了臺灣戰後齋教與佛教勢力消長的基本原因，很有見地。筆者在此須要加以補充的是，南亭長老就是當時「中國佛教會」的重要領導人之一，〔註71〕也是臺灣 50 至 70 年代歷次傳戒活動的主要參加者之一；〔註72〕除此之外，筆者還認為，南亭長老的講經說法，極大地彰顯了中國佛教深刻而豐富的思想內涵，對臺灣民眾產生了廣泛而持久的吸引力，為戰後臺灣佛教的發展醞釀了適宜的思想氛圍，奠定了良好的信眾基礎。因此我們說，南亭長老對於臺灣佛教的品格提升是做出了重大貢獻的。經過多年的辛勤耕耘，到了 1975 年，南亭長老終於培植出適宜傳播華嚴教理的時機，但是這時他感到自己已經衰邁，有些力不從心了，於是指示徒孫成一法師創辦華嚴專宗學院，這是佛教史上繼月霞大師華嚴大學、應慈法師法界學院之後的又一座專門弘揚華嚴大教的佛教教育機構，南亭長老被聘為導師，主講《華嚴經》。〔註73〕

〔註69〕江燦騰：《臺灣佛教百年史之研究》，臺北：南天書局，1996 年，第 329 頁。
〔註70〕闞正宗：《臺灣佛教史論》，北京：宗教文化出版社，2008 年，第 16 頁。
〔註71〕南亭長老曾擔任「中國佛教會駐臺辦事處」秘書（1949～1950 年），「中國佛教會」第二屆常務理事、秘書長（1952～1956 年），第三屆常務理事（1957～1960 年），第五、六屆理事（1963～1970 年），第七、八屆常務監事（1971～1978 年）。參見李尚全：《當代中國漢傳佛教信仰方式的變遷》，蘭州：甘肅人民出版社，2006 年，第 145～155 頁各表格。
〔註72〕南亭長老 1955 年基隆靈泉寺傳戒任羯磨和尚，1959 年臺中寶覺寺傳戒任教授和尚，1965 年苗栗大湖法雲寺傳戒任羯磨和尚，1973 年苗栗大湖法雲寺傳戒任羯磨和尚。參見李尚全：《當代中國漢傳佛教信仰方式的變遷》，第 177～184 頁「1953～1989 年白聖主導下臺灣各寺院傳授三壇大戒法會概況」表格。
〔註73〕卓遵宏、侯坤宏：《成一法師訪談錄》，臺北：三民書局國史館，2007 年，第 120 頁。

三、講說華嚴大經

在智光法師、常惺法師、應慈老法師等華嚴尊宿的長期薰陶和培育之下，南亭長老確立了以弘揚華嚴經、傳承華嚴宗為職志的人生目標。1949 年 5 月，迫於形勢，南亭長老隨出家師父智光法師來到臺灣，由於是乘坐飛機，隨身攜帶的行李很少，但其中就有一部《華嚴經》。1952 年華嚴蓮社成立，正好趕上泰國龍華佛教社刊印報紙本《華嚴經》，南亭長老請了 150 部。1954 年蓮社遷至今址，南亭長老發起《華嚴經》念誦會，每月初二、十六兩天，由二、三十人至一百多人，堅持數十年，從未停息。〔註74〕南亭長老領眾誦讀《華嚴經》的時候，必為信眾們概括所誦品會經文的大意，此類文稿雖不見諸全集，不過在他的其他一些著述之中，我們仍然可以領略到許多卓越的見解，如怎樣理解《華嚴經》的產生、《華嚴經》行布與圓融的關係、講《華嚴經》不能拘泥於文字、善財童子五十三參的時代意義以及對華嚴部支流經典的評價等，都可以給我們以很好的啟發，使我們產生一種豁然開朗的感覺。

南亭長老對《華嚴》真實性的理解體現出卓越的佛教智慧。古昔相傳，《華嚴經》乃文殊菩薩結集，藏於龍宮，有上、中、下三本：上本十大千世界微塵數偈，一四天下微塵數品；中本四十九萬八千八百偈，一千二百品；下本十萬偈，四十八品。佛滅六百年後，龍樹菩薩出生於南印，遍閱內外經典，無足厭心，為大龍菩薩接入龍宮，獲睹如是經典，以為其上本、中本均非世間所能流通，於是於九十日內，熟讀下本《華嚴》而歸，將其流佈世間。對於這個傳說，古人也許會信以為真，今人則多以自神其教的寓言視之，而南亭長老是認為確有其事的。在他看來，唐譯《華嚴經》雖有八十卷之多，但仍然不是足本，這在佛教史籍中有明確的記載，當是事實。他相信，在于闐珍藏的《華嚴經》就是龍宮中的下本《華嚴》。至於龍宮中的上本《華嚴》，南亭長老認為，由於我們沒有獲得陀羅尼定力，無法可以持身久住，因而不可能通過分別事相的方式對其加以瞭解，但可以通過融會事理的方式獲得一點一滴的理解。他引清涼國師名言：「無言之言，言窮法界。」並牒出八十《華嚴經》二十八卷上的偈頌：「法性遍在一切處，一切眾生及國土，三世悉在無有餘，亦無形相而可得。」然後指出，「整個的《華嚴經》，都是彰顯的一真法界，也是這偈頌裏所說的法性。法性遍滿於一切眾生、一切國土。眾生、國土的所在，就是《華嚴經》的

〔註74〕參見南亭：《華嚴宗概況》，《南亭老和尚華嚴文集》，臺北：華嚴蓮社，2013年，第 271 頁。

所在。所以普賢菩薩以普眼觀察一切眾生，一切眾生皆已成佛竟。我們如果以普眼觀察一切，則鳥語花香、水流風動、人們的咳唾言笑、一舉一動，無一不是在演說《華嚴》。」〔註75〕南亭長老少年時代既已熟讀《古文觀止》，他對其中李太白的《春夜宴桃李園序》一文評論說：「李太白以文人的眼光觀察宇宙間的萬事萬物，如地上的花木、天空裏的風雲、高的山、大的海，無一不是大好的文章。但在我們不會做文章的人，花木就是花木，風雲就是風雲。若要拿他作題目、做文章，卻要張目結舌，沒地方下手。所以拿佛、菩薩的眼光看來，一切的一切，沒有一樣不是佛法。既然一切的一切都是佛法，則十個三千大千世界微塵數偈上本《華嚴》，看起來，還是有點不夠味呢！」〔註76〕經過南亭長老的這一番理事融會，我們終於明白了，外而山河大地，處而人事擾攘，內而思慮營謀，無一不是在說《華嚴經》，我們就生活在無窮無盡的華嚴世界中，以我們的微弱之光展現其中非常微小的一部分而已。至於《華嚴經》是佛所說，還是佛滅度三、四百年之後的作品，教界和學界的說法不一。南亭長老認為，作為虔誠的佛教徒，「對於所信仰的對象，常常認為神聖、不可思議，對於前人的傳佈，只有全盤接受，不加懷疑，不去討論。當然，這是使人們的思想統一、信仰集中，同時也是止惡向善、消弭世亂的方法。這是宗教家唯一的作用。你如對所信仰的發生懷疑，則不妨立即退出。」〔註77〕對於學者們「從歷史、地理兩方面來研究大乘的開展，用以迎合學者口味，透一部分機宜，或者也算是布教的一個新方式。」〔註78〕佛教界有些人認為，後期大乘在開展過程中為了迎合印度教，逐步失去了根本立場，以至於走向滅亡。南亭長老認為，這種觀點將大乘佛教層層割裂，還是有些危險性的。近代以來，科學、理性的觀念十分流行，動不動叫人「拿證據來」，對人們的宗教信仰產生了極大的困擾，許多人不得不掙扎於「理想的美好」和「歷史的真實」之間，常常為此苦惱不已。在上揭南亭長老的論述中，我們既可以體會到這位大德試圖將科學、理性等觀念融入信仰的努力，又可以體會到這位高僧對這些觀念有可能破壞其信

〔註75〕南亭：《〈華嚴經〉之產生》，《南亭老和尚華嚴文集》，臺北：華嚴蓮社，2013年，第278～279頁。

〔註76〕南亭：《〈華嚴經〉之產生》，《南亭老和尚華嚴文集》，臺北：華嚴蓮社，2013年，第279頁。

〔註77〕南亭：《〈華嚴經〉之產生》，《南亭老和尚華嚴文集》，臺北：華嚴蓮社，2013年，第280頁。

〔註78〕南亭：《〈華嚴經〉之產生》，《南亭老和尚華嚴文集》，臺北：華嚴蓮社，2013年，第283頁。

仰的高度警惕。

南亭長老對於行布與圓融關係的論述，對於人們從總體上理解《華嚴經》非常富有啟發意義。在南亭長老看來，《華嚴經》所宗，唯在一真法界，其法包羅心物，該攝理事，既有圓融，又有行布。什麼是圓融呢？南亭長老指出，「《華嚴》以心的一部分為理法界，以物的一部分為事法界。理能成事，事能顯理。理之與事，交涉互融，則為理事無礙法界。以理鎔事，則一一事皆隨理性而普遍，故事與事，一一皆悉無礙，是為事事無礙法界。四重法界混融而為一真法界，此一真法界在十法界生佛心中同樣地具足。《華嚴經》的前三十八品多講事事無礙境界。雖有十住、十行、十迴向、十地的分析行位，而十信滿心，即攝五位而成正覺。一位即一切位，一切位即一位，是為圓融。」〔註79〕至於行布，則主要體現在《華嚴經》第三十九《入法界品》中，這一品經文的主角是善財童子，他「受了文殊菩薩的鼓勵，於是百城煙水，孤身南行，自德雲比丘起，共計參禮了五十五個聖者，……普通皆稱為五十三參，以表十信、十住、十行、十向、十地、等妙二覺以及究竟佛果。這表示，前面的三十八品雖然一位即一切位，所謂一攝一切，但不礙一一位的等級儼然，是為行布位。圓融表示理本圓具，行布則不礙事修。如執事廢理，則障礙重重；如執理廢事，則未證謂證，成大我慢。所以事理兼到而能稱為圓滿經的，唯《華嚴經》當之而無愧。」〔註80〕南亭長老有時也以「階級的淺深井然有序」〔註81〕說行布，以「理性的無礙」〔註82〕釋圓融，為了更好地說明二者的關係，他將行布門比喻為「從窗隙中看虛空」，將圓融門比喻為「站在高山頂上看虛空」，他認為：「從窗隙中所見到的太虛空和站在高山頂上所看到的太虛空，初無二致。這便是理性的無礙。然而事實上，窗隙中所見的虛空是片斷的，是有限量的，高山頂上所見的空是整個的，是無量的。假如見窗隙的空不同於山頂上的空，使學者有自卑感，高推聖境，容易生退墮想。翻過來說，假如完全相同，又會使人生滿足想，毀棄修行，我慢、貢高，蔑視先覺，所謂空腹高心。結果，一事無成，只落得狂知狂見，自甘墮落。所以我佛設教的苦心，真夠令人景仰

〔註79〕南亭：《青年僧的榜樣——善財童子》，《南亭老和尚華嚴文集》，臺北：華嚴蓮社，2013 年，第 286～287 頁。

〔註80〕南亭：《青年僧的榜樣——善財童子》，《南亭老和尚華嚴文集》，臺北：華嚴蓮社，2013 年，第 288 頁。

〔註81〕南亭：《釋教三字經講話》，臺北：萬行雜誌社，2011 年，第 148 頁。

〔註82〕南亭：《釋教三字經講話》，臺北：萬行雜誌社，2011 年，第 149 頁。

的。」〔註83〕也就是說，南亭長老通過闡釋圓融與行布的關係，不僅有利於修學者全面把握《華嚴經》的基本內容，而且有利於讀者體會《華嚴經》的究竟圓滿與如來設教的苦心孤詣，因此堪稱為引導眾生深入《華嚴經》的指南針。

南亭長老雖以弘宣《華嚴經》為職志，但在講經時卻絕不拘泥於文字。如《淨行品》中有一願：「見背恩人，當願眾生，於有惡人，不加其報。」南亭長老指出，所謂背恩，就是人們平常所說的忘恩負義，如子女不孝父母，弟子不敬師長，時過境遷之後忘記了自己在艱難困苦中獲得的救濟等，背恩人當然也是惡人；《華嚴經》主張對於他們的惡行「不加其報」，南亭長老認為對此不能籠統接受，而應加以分析。他說：「此中有惡之人，是否就是上文忘恩負義之流？如果是的，則當初施恩之人，對於親戚、朋友中的施恩不望報，可以一笑置之，而顯其胸懷坦蕩；如果是子女不孝父母，當然也是惡人，而為其父母、師長、親戚、朋友、鄰里、鄉黨，皆置之不理，聽其自然，則與風教大有關係，則我不敢置一言矣。如下二句與上文無關，則菩薩心腸，冤親平等，猶有可說。但下二句不能與上二句無關，唯有置之，不加理解。」〔註84〕南亭長老所謂「不敢置一言」、「唯有置之，不加理解」云者，是在表示對先佛所說經文的尊重，他雖然在口頭上沒有直接表明此說的錯誤，但在內心裏卻是不能認可的。也許在他看來，對於孝子賢孫，固然是社會應該讚揚，政府應該表彰，而對於不孝父母之人，社會必須加以譴責，政府必須有所訓誡，如此方可形成良好的風氣，維持世道人心。如果對於不孝之類的惡行不理不睬、甚至予以無原則諒解的話，無疑會助長這類人的不良行為，最終導致社會風氣的敗壞。事關風化之所係，也難怪南亭長老對此一句經文不肯輕許了。《淨行品》中還有一願：「見苦行人，當願眾生，依於苦行，至究竟處。」南亭長老對此解釋說：「『苦行人』，亦婆羅門中之一類，還有尼乾子等諸外道。其苦行如露形、拔髮、塗灰、自餓、投淵、赴火、自墜高崖、五熱炙身、持牛等戒，然皆志趣高而行不合法也。我『願』一切『眾生依於苦行，至究竟處』。然苦行是否能至究竟處，吾不敢斷言。果如所說，則佛之六年苦行何必捨去。」〔註85〕此處「不敢斷言」云者，也具有腹非之義。這充分表明，南亭長老並不迷信自己所尊信的經典，

〔註83〕南亭：《釋教三字經講話》，臺北：萬行雜誌社，2011 年，第 149 頁。
〔註84〕南亭：《〈華嚴經·淨行品〉講義》，《南亭老和尚華嚴文集》，臺北：華嚴蓮社，2013 年，第 177 頁。
〔註85〕南亭：《〈華嚴經·淨行品〉講義》，《南亭老和尚華嚴文集》，臺北：華嚴蓮社，2013 年，第 179～180 頁。

而是對之進行嚴格的思想考量，無論經典的權威性有多高，如果其與人倫道德有所違忤的話，也是不予接受的。

　　南亭長老將善財童子視為當代青年僧眾應該努力學習的榜樣。由於《華嚴經》的巨大影響，善財童子這個形象，不僅成為佛教界，而且是中國各行各業中謙虛好學者的代名詞。南亭長老特別舉出善財童子五十三參的第九參為例，來說明青年僧信受善知識的必要性。善財童子第九參是參訪勝熱婆羅門，不料想勝熱婆羅門卻指示善財童子去上刀山、下火海，引起善財童子的懷疑，擔心是魔王詐現善知識，幸而有天龍八部的提示，善財童子依教奉行，於是奮身登上刀山，下投萬仞大火聚中，就在縱身向上之際，乃得菩薩善住三昧，才觸火焰，又得菩薩寂靜樂神通三昧。南亭長老對此評價說：「孟夫子也曾經說過，天將降大任於是人也，必先勞其心志，餓其體膚。勝熱婆羅門的這種毒辣手段如何能使善財童子連得兩種三昧，自有其很深的意義，這裡姑且不談。然參合孟子的說法，就其表面來觀察，這正是對青年的一種考驗。幸而善財童子的發菩提心不是虛偽的口號。他的學菩薩行，更是他鐵的志願，所以他受得起考驗。因為他受得起考驗，所以能即身而入彌勒樓閣，見到普賢所見的境界，而究竟證入法界。」〔註86〕講到此處時，南亭長老提起民國以來青年僧與老年僧之間的矛盾問題，由於時代的激勵，青年僧的求知欲越來越強，而掌握著各種資源的老僧不能理解、接受和支持青年僧的這些主張，引起青年僧的不滿，不免對老僧們口誅筆伐，致使意氣越鬧越大，而二者間的相互的差距也越來越遠。在大陸時如此，到臺灣來亦然。南亭長老認為，這樣鬧下去不但無補於事，而且有害於佛教。他給青年僧提出的建議是：「我的人生觀是守命論與造命論。遇有榮辱、是非、得失的地方，都往這方面會，所以心地上比較坦然一點。同時認為，眼前這個大時代也是給予我們考驗的一個機會，對於青年僧更是一具上好的大冶烘爐。青年僧能從這烘爐裏鍛鍊出來，不因磨折而毀其先志，不因得不到幫助而失去獨立自尊的心，不因人之不知我而去怨尤於人。那他將來絕對是頂天立地的一個佛教棟樑！」〔註87〕曾幾何時，南亭長老也是一名意氣風發的青年僧，也時常在佛教報刊上發表激揚文字，指點佛教的時勢及未來的發展，如今老冉冉其將至矣，以一個過來人的身份，給後來人提出了如此的忠告，

〔註86〕南亭：《青年僧的榜樣——善財童子》，《南亭和尚全集》第 9 冊，臺北：華嚴蓮社，1990 年，第 37 頁。

〔註87〕南亭：《青年僧的榜樣——善財童子》，《南亭和尚全集》第 9 冊，臺北：華嚴蓮社，1990 年，第 38 頁。

真堪稱一代賢哲的肺腑之言。

　　南亭長老不僅大力弘揚八十卷《華嚴經》，而且對於大藏經中華嚴部的支流經典也進行了提要和評論。限於篇幅，本文僅舉數例，以概其餘。如，他認為後漢支讖所譯《佛說兜沙經》「譯筆之幼稚，足令人噴飯，殊無保留之價值也。」〔註88〕三國時吳支謙所譯《佛說菩薩本業經》與八十《華嚴》中相應部分「兩相對校，譯筆之巧拙、雅俗，與八十《華嚴》，奚啻天壤！有《華嚴經》在，亦無保留之必要。」〔註89〕後秦鳩摩羅什所譯《十住經》「譯筆固非祇多蜜、竺法護等所譯之《十住經》、《漸備一切智德經》所可比，與八十《華嚴》可能並駕齊驅，然按句校讀，似猶有可議者。」〔註90〕唐三藏玄奘譯《顯無邊佛土功德經》，乃八十《華嚴經・壽量品》之異譯，但《壽量品》全品經文似乎與品題沒有交涉，因此很難令讀者瞭解本品經文之目的何在，此經則彌補了這一缺陷，因此南亭長老認為，「本經勝於八十《華嚴》之《壽量品》也。」〔註91〕西秦沙門聖堅所譯《佛說羅摩伽經》為八十《華嚴・入法界品》部分之異譯，南亭長老將其與八十《華嚴》對校，認為此經「於《入法界品》之序分、請分、三昧現相分中之莊嚴樓閣、園林、虛空，一一皆同。校閱二、三知識後，覺其譯文，於莊嚴、綺麗之鋪張有過之而無不及。」〔註92〕南亭長老對華嚴部支流經典的研究和校讀使他的華嚴思想益發趨於豐富和深化，也為後人修學八十《華嚴》提供了便利。

　　古人云：「周雖舊邦，其命維新。」如何在現代生活中充分發揮古老《華嚴經》的思想意義和精神價值，是每一個佛教信眾或對佛教文化持有好感的人們都非常關注的事情。南亭長老對《華嚴經》的講說和弘揚，將這部古老經典置入到現代語境之中，在重視科學、理性、民主、自由、競爭、發展的現代生活中充分展現了這部偉大經典的思想光輝，將其發展成為現代眾生安身立命的精神家園，使其重新煥發出強盛的生命力。

〔註88〕南亭：《華嚴部支流經典提要評語》，《南亭和尚全集》第4冊，臺北：華嚴蓮社，1986年，第1頁。

〔註89〕南亭：《華嚴部支流經典提要評語》，《南亭和尚全集》第4冊，臺北：華嚴蓮社，1986年，第2頁。

〔註90〕南亭：《華嚴部支流經典提要評語》，《南亭和尚全集》第4冊，臺北：華嚴蓮社，1986年，第3頁。

〔註91〕南亭：《華嚴部支流經典提要評語》，《南亭和尚全集》第4冊，臺北：華嚴蓮社，1986年，第10頁。

〔註92〕南亭：《華嚴部支流經典提要評語》，《南亭和尚全集》第4冊，臺北：華嚴蓮社，1986年，第18頁。

四、弘揚華嚴正宗

南亭長老講說《華嚴經》，一以華嚴宗五祖為矩鑊，將杜順、智儼、法藏、澄觀、宗密五祖視為承祧的正宗。他所著《華嚴宗略史》、《華嚴宗概況》等書，與常惺法師所著《賢首概論》、持松法師所著《華嚴宗教義始末記》等書一樣，都是比較早的以現代學術範式撰寫的有關華嚴宗概論的名作。如張曼濤在主編《現代佛教學術叢刊》時〔註93〕，曾將南亭長老的相關著述整理為《華嚴宗概要》、《華嚴宗史》、《華嚴宗著述匯目》，分別輯入該叢書的第 32 冊、第 34 冊、第 44 冊之中，可見其著作在當時即受到學術界的重視。但由於個人研究興趣的所在，我最為關注的，乃是南亭長老對華嚴宗判教的概括、發展和維護。

南亭長老將華嚴宗的五教視為中國佛教判教學說發展的最高峰。南亭長老指出，所謂判教，就是「以科學方法，將頭緒紛紜、浩如煙海的經論，審覈其內容，分析其類別，以類相從，而判定其高下，然後以幾個字分別地作為代表。相似於現在分科分系的教育方法，真夠稱得上研究佛學者的『入德之門』。」〔註94〕中土高僧判教濫觴於南北朝時期，至隋唐時期，逐漸形成天台宗五時八教與華嚴宗五教十宗兩大判教體系。但就天台與華嚴這兩種判教思想體系相比較而言，「智者大師的出生較早於賢首。那個時候禪宗尚在萌芽時代，而唯識法相更沒有來到。迨至初唐，佛教之各宗大備，賢首大師應運而生，因據以判教，收法相唯識於始教，攝禪宗於頓教。自此以後，就再也沒有人作判教的試探。」〔註95〕這就是說，在南亭長老看來，天台宗判教成立於隋代，「彼時中國佛教在傳播期間，未臻全備。故天台四教中不攝法相和禪宗。無禪宗，不足以攝離念者；無法相，無以救般若之偏枯。然非（智者）大師智力所不及，實時為之耳。」〔註96〕換言之，天台宗判教形成較早，不能包含形成於其後的法相宗和禪宗，而華嚴宗判教則確立於諸宗興起之後，「賢首大師生當盛世，承法順、智儼二尊者之餘緒，以天台四教為藍本，更採玄奘、窺基二大師之長，

〔註93〕張曼濤主編：《現代佛教學術叢刊》，臺北：大乘文化出版社，1978 年。

〔註94〕南亭：《從賢首五教論淨土宗的價值──代序》，《南亭和尚全集》第 9 冊，臺北：華嚴蓮社，1990 年，第 302 頁。

〔註95〕南亭：《從賢首五教論淨土宗的價值──代序》，《南亭和尚全集》第 9 冊，臺北：華嚴蓮社，1990 年，第 302 頁。

〔註96〕南亭：《華嚴宗略史》，《南亭老和尚華嚴文集》，臺北：華嚴蓮社，2013 年，第 56 頁。

以成賢首宗之五教。」〔註97〕故而能包含法相宗、禪宗等天台宗判教無法容納
的一些內容。我們說，南亭長老的這一論斷還是符合中國佛教史的實際的，如
天台宗三藏教所開的有、無、亦有亦無、非有非無等四門分別，就遠不如華嚴
宗十宗中我法俱有宗、法有我無宗、法無去來宗、現通假實宗、俗妄真實宗、
諸法但名宗的分判更能反映印度部派佛教發展的基本情況，反映了玄奘回國
之後中國佛教界對印度佛教的認識得到了進一步的豐富和深化。華嚴宗以法
相宗為始教，因法相宗詳於法相的分析和詮釋，因而稱為相始教，又因法相宗
主張唯有部分眾生可以成佛，故而又稱為分教。至於對禪宗的判釋，圭峰宗密
以禪宗為直顯心性宗，以之與顯示真心即性教相對配，而宗密所說的顯示真心
即性教實際上就是對華嚴宗五教中終、頓、圓三教的融合為一，也許是囿於兼
祧南宗禪與賢首教的身份，宗密沒有分辨禪宗與華嚴宗的高下淺深，而南亭長
老則對此有非常明確的論述。他在解釋「圓頓教，勿人情，有疑不決直須諍」
時指出，「在賢首宗，分判釋迦如來一代時教，為小、始、終、頓、圓的五教，
而頓教恰好該攝禪宗。『頓』者，一超直入的意思。說得明白一點，都如一個
參禪的人，什麼學問都沒有，只是死參一句話頭，久而久之，因緣成熟，一旦
豁然大悟，他就能會通經論，出言成章，而且經論上的字句，好像一一皆從他
的內心流出一樣。這就叫做『頓』。」〔註98〕這是對「頓」的解釋。至於對「圓」
的分疏，南亭長老說：「『圓頓教』的『圓』，在賢首五教裏，名為圓教。賢首
宗判《華嚴》、《法華》一類的經為圓教，但是禪宗頓教不該攝圓教，而圓教則
該攝頓教，所以永嘉大師稱為『圓頓教』。嚴格地說，禪宗側重心地上的頓悟，
華嚴圓宗則側重修習普賢行願、廣度無盡眾生。融合起來說，則見性大師在修
斷上自然可以一修一切修、一斷一切斷，從頓入圓，是極平常的事。」〔註99〕
明確將禪宗判釋為華嚴宗五教中的頓教，並闡明了其與華嚴圓教的區別與聯
繫。

　　南亭長老認為淨土宗的念佛法門將華嚴宗五教包含無餘，極大地發展了
雲棲袾宏以來對該宗的判釋。《佛說阿彌陀經》是淨土宗依據的主要經典之

〔註97〕南亭：《華嚴宗略史》，《南亭老和尚華嚴文集》，臺北：華嚴蓮社，2013 年，
　　　　第 57 頁。
〔註98〕南亭：《永嘉大師證道歌淺解》，《南亭和尚全集》第 5 冊，臺北：華嚴蓮社，
　　　　1987 年，第 237 頁。
〔註99〕南亭：《永嘉大師證道歌淺解》，《南亭和尚全集》第 5 冊，臺北：華嚴蓮社，
　　　　1987 年，第 238 頁。

一，雲棲袾宏以華嚴五教為據，判釋此經為「頓教所攝，亦復兼通前後二教。」
〔註100〕雲棲袾宏之所以判其為「頓教所攝」，正如南亭長老所解釋的那樣：
「因為持名念佛經七日而一心不亂，即得往生極樂淨土。所謂『屈伸臂頃到
蓮池。』確與頓教禪宗『一念不生，即名為佛』深相吻合。」〔註101〕又，
《佛說觀無量壽佛經》云：「念佛眾生應修三福：一者、孝養父母，奉事師
長，慈心不殺，修十善業。二者、受持三歸，具足五戒，不犯威儀。三者、
發菩提心，深信因果，讀誦大乘，勸進行者。」〔註102〕在他看來，第一福
中的孝養父母、奉事師長，非常合乎儒家的「主敬存誠，敦倫盡分」，與第
二福中的受持三歸、具足五戒，屬於人天乘教法，因此他斷定念佛法門該攝
了人天乘。《佛說阿彌陀經》云：「彼佛有無量無邊聲聞弟子，皆阿羅漢，非
是算數之所能知。」〔註103〕因此他斷定念佛法門該攝了小乘教。此釋是雲
棲袾宏所未有的，應該是南亭長老的創見。「淨土宗一心念佛，念念相應念
念佛，說是唯識固然好，說是唯心也好。心外無佛，則佛空；佛外無心，則
心空。正恁麼時心佛皆不可得！那麼，始教的空宗、分教的相宗、終教的性
宗，無不在其中矣。」〔註104〕也就是說，念佛法門既包含了始教中的相始
教與空始教，又該攝了終教。南亭長老判釋念佛法門包含了終教，自然是對
雲棲袾宏的繼承，但判釋其同時也包含了相始教和空始教，則是南亭長老的
獨得之見。由於該經「舉其名兮，兼眾德而具備；專乎持也，統百行以無遺」
〔註105〕，雲棲袾宏判其「分攝圓，得圓少分」〔註106〕，即該經展現了圓教
境界的一部分。因此南亭長老讚歎淨土宗云：「三根普被，九界咸收；渡迷
津之寶筏，是苦海之津梁。唯有淨土宗，足以擔當。」〔註107〕雲棲袾宏將
《佛說阿彌陀經》判釋為頓教所攝，同時兼通終教與圓教。南亭長老將其擴

〔註100〕（明）袾宏：《阿彌陀經疏鈔》卷1，《卍新纂續藏經》第22冊，第613頁上。
〔註101〕南亭：《從賢首五教論淨土宗的價值——代序》，《南亭和尚全集》第9冊，臺
北：華嚴蓮社，1990年，第305頁。
〔註102〕（南朝宋）畺良耶舍譯：《佛說觀無量壽佛經》，《大正藏》第12冊，第341
頁下。
〔註103〕（後秦）鳩摩羅什譯：《佛說阿彌陀經》，《大正藏》第12冊，第347頁中。
〔註104〕南亭：《從賢首五教論淨土宗的價值——代序》，《南亭和尚全集》第9冊，臺
北：華嚴蓮社，1990年，第305～306頁。
〔註105〕（明）袾宏：《阿彌陀經疏鈔》卷1，《卍新纂續藏經》第22冊，第605頁下。
〔註106〕（明）袾宏：《阿彌陀經疏鈔》卷1，《卍新纂續藏經》第22冊，第614頁上。
〔註107〕南亭：《從賢首五教論淨土宗的價值——代序》，《南亭和尚全集》第9冊，臺
北：華嚴蓮社，1990年，第306頁。

大到對以持名念佛為主要修行方式的淨土宗，並將人天乘教法、小乘教法亦包含在內。因此我們說南亭長老極大地發展了雲棲袾宏對《佛說阿彌陀經》的判釋，實際上這也是對華嚴宗判教的發展和推進。

南亭長老對天台宗內一些人的門戶之見深致不滿，大聲疾呼，為華嚴等宗的諸大德們鳴冤叫屈。南亭長老非常喜好《永嘉大師證道歌》，為了寫好《永嘉大師證道歌淺解》，他翻閱了天台宗史籍《佛祖通紀》，深為該書的「門戶之見」所震驚。該書將永嘉大師列入「天宮旁出世家」，並引古德之言譏《證道歌》云：「因草菴云，……今所謂道者，藏通修證乎？別圓修證乎？若捨此而別有修證者，得非永明所謂不依地位天魔外道者乎！義神智曰：討疏尋經，分別名相，自不達耳，非經論過。不知討誰疏耶？若慈恩等疏則可耳，若天台疏，皆有方軌，攝法入心，觀與經合，非數他寶，豈可謂之分別名相而已哉！洪覺範曰：……此歌特未遭有識者焚之耳。論曰：《左溪本紀》稱真覺為同門友，……但世傳證道歌，辭旨乖戾，昔人謂非真作，豈不然乎！」〔註108〕該書引鎧菴之評譏華嚴宗云：「法界觀別為一緣，謂五教無斷伏分齊，然則若教若觀，徒張虛文，應無修證之道，至若清涼之立頓頓，浪言超勝《法華》，圭峯之釋修門，未免妄談止觀，自餘著述。矛盾尤多。」〔註109〕該書謂荊溪湛然尊者「每以智者破斥南北之後，百餘年間，學佛之士，莫不自謂雙弘定慧，圓照一乘，初無單輪隻翼之弊。而自唐以來，傳衣缽者起於庾嶺，談法界、闡名相者盛於長安。是三者皆以道行卓犖，名播九重，為帝王師範，故得侈大其學，自名一家。然而宗經弘論，判釋無歸，講華嚴者唯尊我佛，讀唯識者不許他經，至於教外別傳，但任胸臆而已。」〔註110〕南亭長老讀到此處，不禁掩卷歎息，在他心目中，自達摩以至六祖、杜順、清涼、慈恩、智者以至荊溪湛然尊者等，都是不世出而應化人間的聖人。在他看來，智者大師的五時八教形成於陳隋之際，其時禪宗正在萌芽時期，尚未廣布，故而不攝禪宗，也就難怪無法運用天台四教來攝屬純屬禪宗的《永嘉證道歌》了！但是，「天台宗人認為，天台四教中無法收攝，即認為，近於外道，甚至可以焚燒。這些大德們的胸襟或有問題，而荊溪湛然尊者，乃一等大師之地位，也將華嚴、禪宗、法相三宗的尊宿說得一文不值。千百年之後，令我們這些後生小子看到，怎能不對這些聖哲們

〔註108〕（宋）志磐：《佛祖通紀》卷10，《大正藏》第49冊，第202頁中～下。
〔註109〕（宋）志磐：《佛祖通紀》卷29，《大正藏》第49冊，第292頁下。
〔註110〕（宋）志磐：《佛祖通紀》卷7，《大正藏》第49冊，第188頁下～189頁上。

發生疑怪呢？」〔註111〕在南亭長老看來，修行中的止觀法門，在《楞嚴》、《圓覺》、《起信》、《中觀》等諸大乘經論中所在多有，智者大師固有整理之功，但天台宗卻不可據為專有品，更不可以將「有教無觀」、「妄人」等不實之辭濫施他宗，他感慨道：「常言道：賣瓜的人沒有一個不喊自己的瓜甜，但不能指他人的瓜苦。這一點人情世故，天台宗的聖哲們竟懵然不知。」〔註112〕我們認為，南亭長老對「門戶之見」的聲討，具有呼籲佛教界開拓胸襟、彼此尊重各宗獨特價值的意味。

作為華嚴宗的標幟性義理，華嚴宗的判教思想自圭峰宗密以後即日趨式微，少有突破性的進展。因此南亭長老對華嚴宗判教思想的概括、運用、發展和維護，就成為打破華嚴宗判教千餘年沈寂的空谷足音，同時也展示了華嚴宗判教在解說經典、闡發思想和考察歷史等方面仍然具有非常強大的解釋功能，為其後學運用華嚴宗判教評價當代人類的精神活動提供了一個光輝的範例。

五、融通傳統文化

在臺灣，由於當局採取親美的政治立場，因此，作為西方文化代表的天主教、基督教非常活躍。同樣，佛教也是一種外來宗教。面對紛繁複雜的宗教世界，當時的臺灣民眾，特別是各個宗教都在努力爭取的年輕人，應該選擇哪一種宗教作為自己的信仰呢？南亭長老曾經深入地思考過這個問題，他說：「我以中國人的立場作一個有主觀的論定。中國人五千年來所奉行的五常、八德，是和樂家庭、安定社會的中心力量。我們要以這一主觀心理來衡量各種宗教的教義。如果不違背我們的這一傳統思想，我們就應當接受。其次，教主們本身的行為和人格、教義中所含的哲理經不經得起科學的考驗，最初傳入我國的時候，採取什麼方式，有沒有政治背景，是不是利用宗教作侵略的工具，這都是我們有宗教信仰或興趣的人值得探討的問題。」〔註113〕也就是說，在南亭長老看來，接受外來文化，要以不違背、不破壞本民族的文化傳統為前提。實際上，南亭長老也是在中國傳統文化的宏大視域中來弘揚佛法的，在他的全集中，處處可以看到他對儒家、道家等中國固有思想觀念的融合和會通。

〔註111〕 南亭：《從永嘉大師證道歌說到門戶之見》，《南亭和尚全集》第 9 冊，臺北：華嚴蓮社，1990 年，第 81 頁。

〔註112〕 南亭：《從永嘉大師證道歌說到門戶之見》，《南亭和尚全集》第 9 冊，臺北：華嚴蓮社，1990 年，第 83 頁。

〔註113〕 南亭：《釋教三字經講話》，臺北：萬行雜誌社，2011 年，第 304 頁。

　　在南亭長老看來，佛教之所以能在中國流傳得這麼久遠，最重要的地方就在於佛教契合了中國傳統文化的思想和道德。首先，佛教契合了中國固有的孝道觀念。南亭長老指出，「我國自有史以來，就以孝為立國之大本，所以說：『先王以孝治天下。』又談：『百善孝為先。』《地藏經》有此一長。《梵網經》亦說：『孝名為戒。』所以出家佛弟子，雖別離父母，但不廢棄孝道。所以佛教到中國來，與中國人固有之思想道德一拍即合，因之而流傳永久，深入人心。」〔註114〕絕不像其他的一些宗教，要求入教者拋棄家中供養的天地祖宗牌位，甚至為了追隨教主而與父母決裂。其次，佛教與儒家思想一樣具有規範人們行為的社會作用。在南亭長老看來，「人性如水，專門喜歡向下。雖然導之以禮，齊之以刑，仍然不能使惡劣根性的人就範，所以更以善惡因果的因果定律來補其不足。《書經》上說：『作善，降之百祥；作不善，降之百殃。』《易經》上說：『積善之家，必有餘慶。』這都是聖人維持世道人心，以安定社會秩序，使大家能夠各安生理，度著平安生活的苦心。佛教最高的目標就是希望，人人皆能成佛，而其下手處，首先須要明白善惡因果，保持人格，因為人且做不好，怎能說得上學佛、成佛！」〔註115〕儒家思想是中國文化的主流，佛教與儒家一樣具有社會道德教育的功能，因而可以為社會大多數人所容忍和接受。再次，佛教在中國還充分發揮了輔助政府治理民眾的政治功能。南亭長老雖然認同中國傳統的政治思想，但是也欣然接受近代以來的民主觀念，他說：「中國上古時候的君主如堯帝，就有人民取飢餓、寒冷，等於自己受飢餓、寒冷的思想，所以自己過著最儉樸的生活，忙著為人民服務。因此，歷史上都稱堯為仁者。……孔夫子出世，……他（筆者按：應該是孟子）更發揮了民主的思想。諸如：『堯，人也。我亦人也。言堯之言，行堯之行，是亦堯而已矣。』這等於民主時代人民皆有做大總統的希望。在佛教，這就是大乘的思想。」〔註116〕古代的人主，如南朝宋文帝，就希望臣民們修行五戒十善以達到刑措的目的。職此之故，南亭和尚認為：「佛教到了中國，既適合中國人的大乘思想，又協助了政府，對人民作了道德教育的工

〔註114〕南亭：《地藏菩薩事蹟》，《南亭和尚全集》第 9 冊，臺北：華嚴蓮社，1990年，第 23 頁。

〔註115〕南亭：《地藏菩薩事蹟》，《南亭和尚全集》第 9 冊，臺北：華嚴蓮社，1990年，第 24 頁。

〔註116〕南亭：《佛教的起源與東傳》，《南亭和尚全集》第 9 冊，臺北：華嚴蓮社，1990 年，第 51～52 頁。

作。因此，很快地傳遍了中國，並且旁及同文同種的日本、朝鮮。」〔註117〕
南亭長老對佛教與中國固有文化一致性的強調和論述，實際上也是他對佛教
在中國歷史上取得巨大成就的經驗總結。正是基於這樣的認識，南亭長老在
弘揚佛法時自覺地將中國固有的儒道兩家的思想融會到佛教之中。

　　南亭長老對中國固有的道德極為推崇，他在弘揚佛法時，自覺將孝、悌、
仁、恕、誠等傳統美德融會到佛教之中。南亭長老指出，由於中國的父母為
了子女的順利成長做出了極大的犧牲，中國人對父母普遍懷有一種深切的眷
戀之情和報恩之心：「《詩經》上說：『哀哀父母，生我劬勞，欲報之德，昊天
罔極。』古時有個學者，讀到這詩，總要哭上半天，後來他的學生偷偷把這
首詩撕去。由此可見我們以前的人對父母的留戀。」〔註118〕以這種眷戀之情
和報恩之心作為基礎，就形成了中國人的孝道，「孝的定義是『善事父母』。
古人說：『百行孝為先。』《詩經・蓼莪篇》云：『父兮生我，母兮鞠我，撫我
畜我，長我育我，顧我復我，出入腹我。』孔子說：『夫孝，天之經也，地之
義也，民之行也。』我中華民族五千年來以孝為齊家、治國之大本，所以孝
為中國人之美德，非堅甲利兵之國家所能望其項背。我們應該引以為榮。」
〔註119〕在南亭長老看來，與儒家孝道相比，佛教孝道更為殊勝：「佛認清了
這人世間的痛苦太多，也太深，只以孝父母來說吧！晨昏定省，甘旨之奉，
揚名顯親，皆不足以解除父母生兒育女的痛苦。所以他成佛而後，回宮為父
王說法，昇天宮為生母說法，度姨母出家，成阿羅漢，使父母永遠離開生死
之苦，這是世間之孝所不及的。」〔註120〕而且，佛教所說的孝道也不止於此
一世生養自己肉身的父母，還包括培育了自己法身慧命的師僧、三寶以及累
世父母，因此佛教孝道才是一種最為徹底、究竟、圓滿的孝道。南亭長老認
為，儒家所說具有善事兄長之義的悌，可以擴大為社會生活中的友愛，而佛
教更將其發展成為慈悲，「愛的範圍，僅能及於兄、弟、姊、妹、親戚、朋友、

〔註117〕　南亭：《佛教的起源與東傳》，《南亭和尚全集》第 9 冊，臺北：華嚴蓮社，
　　　　　1990 年，第 52 頁。
〔註118〕　南亭：《孔子之孝與釋迦之孝》，《南亭和尚全集》第 11 冊，臺北：華嚴蓮社，
　　　　　1990 年，第 5 頁。
〔註119〕　南亭：《孝名為戒，亦名製止》，《南亭和尚全集》第 11 冊，臺北：華嚴蓮社，
　　　　　1990 年，第 8 頁。
〔註120〕　南亭：《孔子之孝與釋迦之孝》，《南亭和尚全集》第 11 冊，臺北：華嚴蓮社，
　　　　　1990 年，第 6 頁。

同鄉、同學或同一種族、同一國家而已。慈悲的範圍，能普及到十方世界、人類而外的一切眾生。」〔註 121〕這無異於說，佛教的慈悲是對儒家悌的昇華。南亭長老認為，儒家的學說，可以孔子為代表；而孔子的思想，最真切地體現在《論語》之中；而《論語》的核心，就是「仁」。那麼什麼是仁呢？南亭長老回答說：「仁不是別的東西，就是我們每一個人的本心。」〔註 122〕南亭長老將仁與孝、悌、慈、讓、禮、樂、忠、信等德目之間的關係，視為一種體用關係，「孔子的治世方針很簡單，就是上自君主，下至庶民，皆以仁為做人的總綱，而以孝、悌、慈、讓、禮、樂、忠、信為別目，更以一個恕字貫穿其間，作終身奉行的標幟。」〔註 123〕需要說明的是，南亭長老對孔子極為推崇，認為孔子具有與釋尊相近似的品格：「孔子的釣而不網、弋不射宿，是近於釋尊普及異類的慈悲；中人以上可以語於上，中人以下不可以語於上，以及答覆問仁、問孝諸章，更多同於釋尊的因材施教。尤其是，『天何言哉，天何言哉』，透露了他獨得的天機，更夠人尋味。」〔註 124〕因此他極為服膺孔子：「千百年來，千千萬萬的忠臣、孝子、義夫、節婦，矻頭顱，灑熱血，萬死而不辭者，皆孔子之言行所感召。古所謂『一言而為天下法，匹夫而為百世師』者，惟孔子足以當之。」〔註 125〕此論堪稱是佛門高僧對儒家聖哲的一種最高推崇。

南亭長老在融會儒家道德的同時，對道家的玄思，也很能欣賞。如，南亭長老認為，《道德經》上大談其道德，自然有不少可取之處，而且其所說的道，也是非常深奧的哲理，遠非燒丹煉藥、雞犬飛昇者之比，他說：「佛教徒的修行，也叫做修道。對修道者而言，『損之又損，以至於無為』，卻可以配合得上。因為在現在做一個出家人必須於佛教、社會、國家有事業的貢獻，才不被人譏為蛀蟲、自了漢。但是到了相當的年齡，你必須把那些名聞利養拋棄得乾乾淨

〔註 121〕南亭：《悌》，《南亭和尚全集》第 11 冊，臺北：華嚴蓮社，1990 年，第 14 頁。

〔註 122〕南亭：《我對孔子的認識》，《南亭和尚全集》第 11 冊，臺北：華嚴蓮社，1990 年，第 18 頁。

〔註 123〕南亭：《我對孔子的認識》，《南亭和尚全集》第 11 冊，臺北：華嚴蓮社，1990 年，第 25 頁。

〔註 124〕南亭：《我對孔子的認識》，《南亭和尚全集》第 11 冊，臺北：華嚴蓮社，1990 年，第 26 頁。

〔註 125〕南亭：《我對孔子的認識》，《南亭和尚全集》第 11 冊，臺北：華嚴蓮社，1990 年，第 27 頁。

淨，而及早作己躬下事的準備。以我的淺見，這就是『為學日益，為道日損，以至於無』的道理。」〔註126〕也就是說，在南亭長老看來，道家「為道日損，損之又損，以至於於無」的修道方式，是可以為佛教所借鑒和吸收的，當佛教徒具有充分的能力證明自己並非蛀米蟲和自了漢之後，就必須將一切外在的名聞利養逐漸拋棄乾淨，實實在在地在自己身心上開展修道的工夫，以至於將我、法二執破除淨盡，最後達到「無」的狀態。他將《道德經》上所說的「上善若水，水善利萬物而不爭」視為是「教做人的道德哲學」，他對此語加以闡發和引申：「『上善』，也是《大學》上的『至善』，更是佛經上最高的最難行的『菩薩道』。行菩薩道，就是以六度萬行，來普利一切眾生，儘管國城、妻、子、身肉、手、足，都能布施於人，而不自以為有功。」〔註127〕並引《金剛經》「無我相、無人相、無眾生相、無壽者相」作為菩薩行的基本特徵。換言之，在南亭長老看來，佛教徒如果能「善利萬物而不爭」，就是行菩薩道。南亭長老認為，「社會的紛擾，世界的禍亂，無一而非人、我知見在作祟。佛氏固然主張無我，老、莊亦說忘我。所以有人、我知見的存在，則大同世界終成夢想。」〔註128〕反過來說，若果能實行佛教的無我和道家的忘我，破除了對人、我知見的執著，那麼人類建設大同世界的理想就有可能成為真正的現實。佛教經典所說修道、行菩薩道、無我等觀念，有時難為中國人理解和接受，南亭長老以道家思想相融會，在豐富其內涵的同時，也增強了其親和力和吸引力，擴大了佛教的攝受範圍。

經過數千年的衝突與融合，中國最終形成了儒道佛三教並立共存的文化結構。但自近代以來，在歐風美雨的飄搖中，這種文化結構受到了強烈的衝擊，儒家首當其衝，而佛道兩家則不免有唇亡齒寒之感。南亭長老雖然自幼出家為僧，但與中國歷史上絕大多數高僧的成長經歷一樣，早年浸淫儒學，稍長涉獵老莊，最後歸心釋氏。作為一位對於儒道兩家具有深厚學養的高僧，他強烈地感受到中國傳統文化，特別是佛教，正面臨著來自外來宗教的巨大威脅，因此他希望通過融會儒道思想的方式，將佛教置入到中國傳統文化的發展進程之

〔註126〕南亭：《為學日益，為道日損》，《南亭和尚全集》第 10 冊，臺北：華嚴蓮社，1990 年，第 270 頁。

〔註127〕南亭：《上善若水，水善利萬物而不爭》，《南亭和尚全集》第 10 冊，臺北：華嚴蓮社，1990 年，第 271 頁。

〔註128〕南亭：《仁王護國般若波羅密多經解》，《南亭和尚全集》第 3 冊，臺北：華嚴蓮社，1986 年，第 62 頁。

中，並且能最大限度地攝受所有對中國傳統文化懷有好感的人們，共同致力於維繫中國文化的法身慧命。因此我們說，南亭長老對儒道兩家的融會和貫通，具有在歐風美雨的飄搖中建立中國傳統文化聯合陣線的作用，同時也具有將儒道兩家的思想納入到萬行因花之中以莊嚴一乘佛果的意味。

六、認同人間佛教

民國以來，在太虛等高僧大德的積極倡導和大力推動下，人間佛教逐漸成為中國佛教的發展主流。南亭長老非常認同人間佛教的發展理念，故而自覺將他對華嚴的弘揚匯入到人間佛教的發展洪流之中。

南亭長老並不是太虛大師的及門弟子，但二人在法緣上存在著多方面的關聯。如，南亭長老的剃度師智光法師曾與太虛大師同學於金陵祇園精舍，南亭長老的接法師常惺法師是太虛在閩南佛學院及中國佛教會的得力助手。1924 年夏秋，常惺法師曾邀請太虛大師到泰縣光孝寺講《維摩解經》，在當地轟動一時，使泰縣佛教界的狀況得到很大的改觀，泰縣民眾對太虛大師的尊重和景仰，對正在安慶迎江寺佛教學校就讀的南亭長老自然會產生持久的心理影響，成為他後來立志弘法的激勵因素。1936 年，南亭長老到鎮江焦山省師，恰逢其師焦山定慧寺住持、佛學院院長智光法師邀請太虛大師蒞院演說，南亭長老不僅得以聆聽了太虛大師的演講，而且還陪同太虛大師遊覽了焦山的形勝，這些都給他留下了深刻印象。抗戰勝利後，太虛大師駐錫於上海靜安寺及玉佛寺直指軒，正在沉香閣養痾的南亭長老曾經數度前往拜謁，聆聽教誨。除了這些行跡上的交往，南亭長老通過研讀太虛大師的著作，在多方面受到太虛大師的潛移默化。太虛大師圓寂十週年，南亭長老著文紀念，指出多達七百萬言的《太虛大師全書》就是太虛大師悟境的流露，太虛大師主張，「僧青年深入叢林而施格化，較之別創僧團為便」，「中國佛學之特質在禪」，並將禪分為「依教修心禪、悟心成佛禪、超佛祖師禪、越祖分燈禪、宋元明清禪」等，南亭長老據此斷定：「虛大師一生的成就是得力於禪。也就是從禪得到了佛法的根本，實踐一生中所有的行願，以及最後表示中國佛教的特質在禪，就佛教的術語來說，那是從體起用，而又攝用歸體，即以自己所獲得的無上根本法益，遺之大眾。」〔註129〕對於太虛大師一生的功業，南亭長老尤為欣賞其「八宗

〔註129〕南亭：《對現前的佛教回想當年的太虛大師》，《南亭和尚全集》第 11 冊，臺北：華嚴蓮社，1990 年，第 180 頁。

平等而並弘」的主張,讚歎其以《楞嚴》、《起信》楷定佛法的氣魄,由此認為,「其心胸之寬闊,可謂包羅萬象,無與倫比,⋯⋯大師之革命,只是去今人之偏,存古人之全而已。老僧見不及此,徒以安於舊習,為維持多數人故常的生活,忽略了佛教千百年來的慧命,事事以不合作為能,使大師齎志以歿,悲夫!」〔註130〕太虛大師圓寂二十週年,南亭長老又著文紀念,對太虛大師推崇備至,「虛大師的悟境、學問、抱負,在任何一方面說,皆足以使人五體投地。尤其是,當了幾個廟宇的住持,最後還是上無片瓦、下無懸錐。門人們雖不無派系觀念,他卻愛無偏黨,不輕後學。像這些地方,當今之世,已找不出第二個人來。」〔註131〕可以說,南亭長老對太虛大師的高度推崇和深切懷念,絕不亞於太虛大師的那些及門弟子們。

太虛大師人間佛教的設想和實踐,雖然有多方面的內容,但其核心內容和著力點,卻在於佛教教育,這也是其早年《整理僧伽制度論》、中歲《僧制今論》以及晚年《菩薩學處》中的一貫內容,而他創辦武昌佛學院、主持閩南佛學院、舉辦重慶縉雲山漢藏教理院,無不是在對其人間佛教主張的具體實踐。而南亭長老早年曾追隨應慈老法師授課於法界學院,中年曾協助常惺法師舉辦或主持泰縣光孝佛學社,知命之年,來到臺灣,往來弘法於臺中佛教會館及臺北華嚴蓮社等處,幾乎是席不暇暖,謂之為佛教教育家,誰曰不宜!針對當時臺灣佛教界的教育狀況,他曾經提出,各佛學院之間最好能組織一個聯合會,「大家聚首一堂,將佛學院定一個等級,編定課程,至少要分一個初、高中。」〔註132〕並且主張「校舍要離開寺廟而獨立」、「一如普通公私立學校分等分級」、「儘量配合教育法設立,爭取教育行政機關立案」等主張。〔註133〕及至晚年,因緣成熟,南亭長老指示徒孫成一法師,在華嚴蓮社的基礎上創立華嚴專宗學院,其目的就在於:「一、提高僧伽教育水準,培養現代弘法人才,以應時代潮流。二、為了紀念華嚴蓮社開山住持智光和尚,因其學行都專宗於華嚴,而華嚴宗主張法界緣起,頗切合現代民主科學的思潮,為當前時代所需,

〔註130〕 南亭:《對現前的佛教回想當年的太虛大師》,《南亭和尚全集》第 11 冊,臺北:華嚴蓮社,1990 年,第 181 頁。

〔註131〕 南亭:《太虛大師和我》,《南亭和尚全集》第 11 冊,臺北:華嚴蓮社,1990 年,第 187 頁。

〔註132〕 南亭:《如何健全佛教教育》,《南亭和尚全集》第 10 冊,臺北:華嚴蓮社,1990 年,第 1 頁。

〔註133〕 南亭:《如何辦好一所理想的佛學院》,《南亭和尚全集》第 10 冊,臺北:華嚴蓮社,1990 年,第 4～9 頁。

值得大力發揚。三、自民國 57 年臺灣實施 9 年國民義務教育，各科技大專院校相繼設立，加上國際性的科技進步，更一日千里，知識爆炸，僧伽教育如不及時提升，勢難應付未來發展潮流。」〔註 134〕南亭長老不顧年老體衰，親自出任華嚴專宗學院導師，主講《華嚴經》。南亭長老不僅極其關注佛教教育，對於國民教育，也非常熱心。1963 年，乃師智光法師圓寂之後，他在次年即創辦了「私立智光高級商工職業學校」。他指出，自己之所以不辭勞苦創立這所學校，其目的就在於「紹隆佛種，媲美異教，為佛法爭光」〔註 135〕。這所學校不斷獲得發展，「1986 之後，又大量增設學科，由原本的機工、電子與商科，擴充了信息處理、控制、美工、餐飲、電腦等 8 科。學生人數由 3000 餘人，增加到將近 7000 人，在全國私立學校中，排名數一數二。」〔註 136〕南亭長老及其後繼者們對國民教育所作出的貢獻是有目共睹的，而智光商工職業學校畢業的學生們，自當會對華嚴宗、對佛教懷有天然的好感，為臺灣佛教的興盛奠定了堅實的群眾基礎。

除了大力興辦教育外，南亭長老還積極從事賑災、恤貧、助學、養老等慈善活動。南亭長老以此為萬行因花，莊嚴一乘佛果，從而將華嚴的振興引入到人間佛教的洪流，使現代華嚴在莊嚴國土、利樂有情、成熟眾生、廣結善緣中發揮了前所未有的重大作用，也使自己對華嚴佛教的弘揚呈現出繁榮興盛的勃勃生機，獲得了臺灣佛教界的廣泛認同和普遍尊重。

南亭長老以弘揚華嚴著稱於佛教界，是一位地道的普賢行者，他的光輝成就對於那些立志弘揚華嚴的後學具有多方面的啟發。

其一，應當建立固定的弘法基地。無論是對於卷帙浩繁的《華嚴經》，還是對於著述眾多、歷史悠久的華嚴宗，短期研讀是難以入門的，更不用說能夠窺其堂奧了，而要長期堅持系統的研究和深入的體會，則必須有一處固定道場。民國初期，月霞大師在上海哈同花園舉辦華嚴大學，因為受到花園主人的刁難而不得不一度中止，後來遷移到杭州海潮寺才勉強完成了一屆的教學計劃。應慈老法師先是在常州辦學，後來又遷移到上海、無錫等地，無法形成有

〔註 134〕卓遵宏、侯坤宏：《成一法師訪談錄》，臺北：三民書局國史館，2007 年，第120 頁。

〔註 135〕南亭：《為智光職業中學致覺世旬刊讀者的一封公開的信》，《南亭和尚全集》第 10 冊，臺北：華嚴蓮社，1990 年，第 25 頁。

〔註 136〕卓遵宏、侯坤宏：《成一法師訪談錄》，臺北：三民書局國史館，2007 年，第195～196 頁。

效的積累，最終的成功難副所望。而南亭長老創立了華嚴蓮社，每月初二、十六兩天舉辦《華嚴經》讀誦會，積之有素，最後取得了非常顯著的弘法成就。由此對比，也可以看出具有固定道場對於弘揚華嚴的意義是多麼重大。

其二，應當具有廣博的佛學素養。華嚴學是佛教中最為高深的部分，沒有較高的文化素養，沒有一定的佛學基礎，是無法把握其基本精神的。在古代，文盲占到總人口的百分之九十多，由此注定學修華嚴只能是極少數精英的專利；近代以來，義務教育得到普及，高等教育逐漸實現了大眾化，民眾的文化程度獲得了普遍提升，但由於現代教育採取了分科教學的方式，絕大多數受教育者受限於專業，與佛學無緣。這種情況下直接講說華嚴經義或華嚴宗理的話，難免會有機教不契的尷尬。因此，立志弘揚華嚴的普賢行者應當具有淵博的佛學素養，這一方面是使自己學修華嚴的需要，另一方面也是在缺乏佛學基礎的民眾與高深的華嚴教理之間架設過渡橋樑的需要。南亭長老雖然以華嚴為專宗，但他佛學知識非常淵博，學養極其深厚，可以講說佛教的任何經典，從而將有緣眾生培養成為適宜於華嚴大教的根機。

其三，必須契合時代的基本特點。唐代華嚴宗的輝煌業績，實際上就是五位祖師結合唐王朝的大一統的政治局面與民族文化多樣性緊密結合的時代特點弘揚《華嚴經》的結果。南亭長老的重大成就，也是他結合現代社會重視科學、民主、理性、平等、自由等時代特點弘揚華嚴的結晶。因此，今天的普賢行者在弘揚華嚴的時候，必須深入研究今天的時代特點，如信息化、網絡化、數字化等，將這些嶄新的時代特點與古老的華嚴經教結合起來，才能使廣大民眾接受和喜歡華嚴，使華嚴成為廣大佛教信眾安頓身心、棲息性靈的精神家園。

其四，必須結合固有的傳統文化。佛教作為一種外來宗教，自傳入中土之日起，就受到中國固有的傳統文化，主要是儒道兩家的深刻影響，逐步實現了自身形態的中國化，乃至轉化為中國文化的重要組成部分。可以說，思想深邃、義理豐富、體系博大的華嚴宗就是外來佛教與中國固有文化實現深度結合的產物。華嚴宗的祖師們，如法藏、澄觀、宗密等，大都具有精湛的儒學素養，對老莊道家的思想也很熟悉，因而才能完成對《華嚴經》的創造性吸收和理解，發展出體大思精的華嚴教理。我們認為，即便是在今天，如果沒有一定的儒學素養，對老莊道家無所理解，要想在弘揚華嚴方面取得令人矚目的成就也是不可能的。

其五，必須走人間化的發展道路。民國以來，人間佛教逐漸成為中國佛教界的共識，中國佛教各宗派紛紛將工作重點轉移到提升人生、淨化人間的軌道上來。華嚴宗要想在當代獲得充分的發展，必須能為解決人類共同面對的許多重大問題提供可資借鑒的精神資源。換言之，當代中國的華嚴宗應當是人間佛教思想和實踐的重要組成部分。

第四節　成一法師的華嚴思想

《華嚴經》在佛入滅六百年後，即公元 2 世紀左右既已流通世間，而華嚴宗成立於初唐時期。經過一二千年的星轉斗移，人世間的幾度滄桑，這部偉大的經典如何契合當代眾生的根機？唐代祖師們開發出來的華嚴義理如何在當代綻放出絢麗的異彩？以華嚴宗為代表的中國佛教如何實現自身形態的現代化？當代華嚴學如何融入近代以來人間佛教的主流發展趨勢？當代佛教如何省思自身與中國傳統文化的關係？所有這些問題，都可以從成一法師的華嚴思想中得到答案。

一、講說華嚴經義

成一法師作為當代最重要的華嚴學傳人之一，非常重視《華嚴經》的研究和講授。他在上海中醫學院讀書時就曾經親近過有「華嚴座主」之譽的應慈大師的經筵，而他長期侍奉的智光尊者和南亭長老兩位高僧也都是以華嚴命家的尊宿，因此他在創立華嚴專宗學院的伊始，即規定「以講授華嚴大教及其他相關經論為主課」，為此他「徵得南亭老和尚同意，主講華嚴大經」〔註137〕，並且在南亭長老講說的時候助揚宣化，輔佐左右。但不幸的是，南亭長老在 1982 年 9 月 3 日法輪停傳，往生佛國，成一法師「在完成南公圓寂坐龕傳供讚頌會典禮之後，繼承佛學院的講席，多年來常在華嚴專宗學院主講《大方廣佛華嚴經》」。〔註138〕從相關文獻可以看出，成一法師對華嚴經義的理解和闡發有以下幾個重要特色。

其一，成一法師對《華嚴經》傳譯及其重大影響有著深刻的認識。成一法

〔註137〕釋成一：《華嚴專宗學院簡介》，《成一文集》，臺北萬行雜誌社，1994 年，第 8 頁。

〔註138〕卓遵宏、侯坤宏採訪，廖彥博記錄：《成一法師訪談錄》，臺北：三民書局國史館，2007 年，第 108 頁。

師滿懷深情地指出，我們雖然「宿植淺薄，生逢末世」，但卻能「手捧、目觀、心（惟、）口誦」作為「毗盧世尊一代時教中之根本法輪」的八十《華嚴》，真是「千生有幸」！印度流傳的《華嚴經》原本據說有十萬頌之多，而傳譯入華者僅得四萬五千頌，顯然是「文有未全」，但在成一法師看來，八十《華嚴》「教、理、行、果，實已完備。」因此他堅信，「吾人苟能明其教也，則毗盧興世之慈悲旨趣，無不明矣；苟能悟其理也，則法界緣起之文殊妙理，都悟得矣；苟能修其行也，則普賢菩薩之萬行因花，皆成辦矣；苟於無上佛果生渴求也，則彌勒補處之一乘極果，可證入矣。」〔註139〕換言之，《華嚴經》，特別是八十卷本《華嚴經》的傳譯，為中國的佛教信眾修學佛法提供了最為圓滿究竟的經典依據。更有甚者，《華嚴經》的傳譯還為中國佛教華嚴宗的創立提供了經典依據，促成了中國佛教華嚴宗的創立，為中國佛教信眾修學《華嚴經》及一切佛法找到了終南捷徑。因此，在成一法師的心目中，《華嚴經》在中國的翻譯和弘傳，堪稱為中國佛教發展史上一件無與倫比的「大事因緣」。

其二，成一法師對華嚴思想的殊勝價值進行了多方面的系統論證。成一法師認為，《華嚴經》的思想價值極為殊勝。首先，他從判教的角度，即判定一經在一代時教經典體系中的重要地位上彰顯了《華嚴經》的殊勝價值。為此成一法師總結出《華嚴經》在判教上的三個特質：佛陀自內證境界實為「性海果分不可說」，但為了教化眾生，佛陀「在無相法中炳現萬象，於無言說境中圓音頓演」，在初成正覺的菩提場內，為法身大士講說了《華嚴經》，這叫做「緣起因分可說」，此經唯上根利智的大菩薩可以接受，二乘在座，如聾似啞，故稱「別教一乘」，與引導中下根機的先是依本起末最後再開權顯實、會三歸一的「同教一乘」有著顯著不同；而在華嚴宗的五教十宗判教之中，《華嚴經》屬於「一乘圓教」；在華嚴宗的本末二教判釋之中，《華嚴經》也被視為是「根本法輪」。〔註140〕其次，他從教理的角度，即思想內容的豐富性上闡發了《華嚴經》的殊勝價值。成一法師指出，「《華嚴經》是佛陀在海印三昧中一時炳現的無上法」，是「物我一如」境界的「究竟的覺悟」，其當體就是「一法界心」，「在這個絕對的一法界心中，所有時間和空間性的一切無量無盡的現象，都能夠同時現出來，如大海上的風平浪靜時，天際的眾星，無不印現。」而《華嚴

〔註139〕 釋成一：《略述華嚴經之傳譯及其於中國佛教之影響》，《華嚴文選》，臺北：華嚴蓮社，1998年，第27～28頁。
〔註140〕 釋成一：《華嚴思想教判之殊勝價值》，《華嚴文選》，臺北：華嚴蓮社，1998年，第64～65頁。

經》描述的就是佛陀印現的「微妙不可思議，一即一切，一切即一，相即相入，圓融無礙」的「諸法實相境界」。成一法師認為這種華嚴法界緣起論可以稱為「事事無礙論」，又可以稱為「現象絕對論」或「現象圓融論」，這種「現象絕對論」既不是唯物論，又不是一般的唯心論，也不是一元論、二元論或多元論，「無以名之，名之為一真法界論」，「如實知見的一心宇宙論」或「佛陀海印三昧中的一心妙有論」。在成一法師看來，此一法界心是「『有』、『無』相即的，動、靜一如的，妙用無邊的」，「含攝」著「華嚴世界觀的根本原理」，「能呈現出一多相即、大小相融的微妙境界」，「無不從此法界流，無不還歸此法界」，並且由此展開了「華嚴事事無礙的境界」，「由此『一法界心』而緣起萬法事相，叫做『性起』。」〔註141〕總之，佛教一切玄妙高深的教理，都可以在這個一法界心中找到理據。再次，成一法師還從思想史，即綜合苦、空、無常、無我四法印與涅槃寂靜思想的角度上詮明了《華嚴經》為佛法大本的殊勝價值。成一法師如數家珍般的系統論述，體現出他對《華嚴經》信仰的堅定性、理解的深邃性、運用的靈活性和知識的豐富性，充分展現了一代華嚴宗師在「導遊華藏世界」時的精神風采和思想風貌。

其三，成一法師非常重視從整體上把握《華嚴經》的結構和大意。唐譯八十卷《華嚴經》字約六十餘萬，義理繁富，堪稱人類經典文獻中的鴻篇巨製，學者們不得其門而入，難免會有入海算沙的困頓之感。成一法師從志學之年至於古稀之歲，長期親近華嚴尊宿，浸淫華嚴教海，對《華嚴經》及華嚴諸大祖師的著作極為熟悉，故而他能接續南亭長老的講席，按照清涼澄觀國師的疏鈔為學者們講說《華嚴經》；又由於他受過近代高等教育，有較高的文化基礎，並長期積極從事弘化活動，對當代眾生根性與機宜的瞭解非常深入，因此他的講述不僅契理，而且契機，使交光相涉、相即相入、重重無盡、圓滿融通的華嚴境界在當代語境之中充分完整地展現出來。暮年晚景，化緣成熟，成一法師法席之盛，大有不讓古賢之勢，他或為學者們講解《華嚴綸貫》，或為學者們開示《華嚴經》的品會大意，對於經文傳譯、經題解釋、七處九會之說法、五周四分之科判、三觀五教之大意、十玄六相之妙理，不蔓不枝地娓娓道來。其駕輕就熟，頗似庖丁解牛；其刪繁就簡，有如秋樹經霜；納須彌於芥子，統多義以少法。成一法師的這些講述，對於今天修學《華嚴

〔註141〕參見釋成一：《華嚴思想教判之殊勝價值》，《華嚴文選》，臺北：華嚴蓮社，1998 年，第 65～71 頁。

經》的學者們來說，無異於標示出了一條終南捷徑。如其謂初會菩提場六品十一卷經文為「演揚如來依正果法，令眾生由欣慕而生信」；謂二會普光明殿六品四卷經文「前三品復顯所信之果法，後三品則正說十信法之解行力用」；謂三會忉利天宮六品三卷經文「十信滿心，入十住位，初發心時，便成正覺」；謂四會夜摩天宮四品三卷經文「十住既圓，續說行法，中賢十行之德，皆依佛智之所顯發」；謂五會兜率天宮三品十二卷經文「進位迴向，兼以利他。上賢十向，智德增勝；三處迴向，而無障礙」；謂六會他化自在天宮一品六卷經文「進位十地，親證真如，如來智業，漸漸增修，有如大地生成萬物」；謂七會重會普光明殿十一品十三卷經文，其中前六品「總為說等覺法」，次三品「為說妙覺之法」，接下來《普賢行品》「乃平等因」，《如來出現品》「則平等果」；謂八會仍在普光明殿《離世間品》七卷經文「依解起行，六位頓修，二千行門，一時齊起，雖處世間，而無染著」；謂九會逝多林《入法界品》二十一卷經文「如來自入師子頻申三昧，意在顯示果法界法，令諸眾會頓證法界。而以善財示範，歷位進修，是為漸證法界。頓漸不二，本末融會，皆共圓證法界法性」等。〔註142〕如此之文，古樸而不失典雅，雖然是出自祖師章疏，但無不融入成一法師自己的體驗，此足見其與華嚴經教資之深而左右逢其源也。再如他在華嚴法會上的開示，無不是信手拈來，衝口而出，以清新自然的口語，將高深玄妙的經典變成親切活潑的交流，使善財童子及其所參大德活化在當下的語境之中。

其四，成一法師對於供養和弘傳《華嚴經》的真切發願非常重視。成一法師甫一出家，當時營溪觀音禪寺的住持道如老和尚就教他念誦《華嚴發願文》，而他讀至「手捧目觀心口誦，當知宿有大因緣」時，「腦際忽然一亮，於文中諸句義，似有故人重逢之感。嗣以不終天之時間，而全文能熟背矣。」〔註143〕從此他就喜歡上了這篇願文，經過八十餘年口誦、心惟、講論、演說，我們相信，這篇願文已經完全內化為他自己的真信切願，成為他精神世界的重要內容，而古德的美妙文辭，不過是先獲其心而已。在他看來，「我們可以藉此知道，過去祖師們怎樣用心發願，來修學這華嚴大法的。把他們的經驗，當做我

〔註142〕參見釋成一：《華嚴經之傳譯經過及其內容組織》，《華嚴文選》，臺北：華嚴蓮社，1998年，第31～39頁。

〔註143〕釋成一：《華嚴發願文講記》，《華嚴文選》，臺北：華嚴蓮社，1998年，第170頁。

們修道學法的幫助。」〔註144〕因此他將這一發願文定為華嚴佛七的儀規，他認為，「發願文的文字雖然不多，但可以說，它所含攝的義理及修行的方法，都是學佛的人所最需要瞭解的，修學華嚴法門所得到的功德也都包括在內。現在人們的生活都很忙碌，想能有機會從頭到尾把八十卷的《華嚴經》念一遍，那是很少有人能辦到的事。我們念了此發願文，可以說，就等於念了八十卷《華嚴經》。」〔註145〕其實他強調《華嚴發願文》的主要目的，還是啟發後學去真誠地發願學《華嚴經》，行普賢行。發願，也就是發心。他指出：「學佛第一個就是要發心，發什麼心比較契合我們而重要呢？我們可以用這篇文章做參考的資料，如這位善知識——寂靜音海主夜神首先發起『清淨、平等、樂欲心』，『清淨』、『平等』這兩句話是佛法修行最重要的焦點。世間眾生的心都是混濁的，原因混濁才會產生無明與煩惱而不得清淨，因為一有分別妄想，就不能明白佛法真理。我們發心學佛就是要與眾生發相反的心，才能夠出離五濁惡世，才能夠證得圓滿清淨平等的一真法界心。」〔註146〕在成一法師的著作中有很多這樣的隨機開示，體現出這位老人對修學華嚴佛法必須真切發願的高度重視。

平常之人莫不好簡畏繁，喜易懼難，因此面對卷帙浩繁的八十卷《華嚴經》，極易望峰息心，知難而退。近代以來，科技發達，人們的圖便之心更加強烈。成一法師重視、推崇提綱挈領，一方面固然是對這種社會大眾心理的迎合和適應，以便使盡可能多的人們願意沾溉華嚴的甘霖，與華嚴結緣，另一方面也是引導那些愛好華嚴的人們發起廣大精進之心，不畏修學途中的艱難險阻，去勇攀這一法界之中的精神高峰。成一法師的這種努力，對於《華嚴經》由不絕如縷的傳承狀態走向繁榮旺盛的發展局面，無疑具有集聚因緣、積累話語、增上功德的重大促進作用。

二、宣揚華嚴宗理

《華嚴經》是大乘佛教共同尊奉的一部經典，並不為任何宗派所得而私，

〔註144〕釋成一：《略述華嚴經之傳譯及其於中國佛教之影響》，《華嚴文選》，臺北：華嚴蓮社，1998 年，1998 年，第 29 頁。

〔註145〕釋成一：《華嚴專宗學院先修班佛七開示》，《華嚴文選》，臺北：華嚴蓮社，1998 年，第 403 頁。

〔註146〕釋成一：《桃園僑愛佛教講堂秋季華嚴法會開示錄·上》，《導遊華藏世界》，臺北：萬行雜誌社，2005 年，第 211 頁。

但對於《華嚴經》的闡發和弘揚，卻以中國華嚴宗最為勝場。故而成一法師對華嚴宗非常推崇，在講經說法時一以華嚴宗為規矩準繩。在他看來，「華嚴大經，無盡教海，汪洋沖融，廣大悉備。初學讀之，不啻入海算沙，無法得其崖畔。幸我華嚴祖師，悉心規劃，使三十九品經文，條理分明，四十二位法門，綱舉目張。學者就路前進，寶所不難覓得矣。」〔註147〕此當是他修學《華嚴經》的心得體會，也是他接引後學的經驗之談。

成一法師對華嚴宗五祖創宗立派的豐功偉績備至讚歎。他認為，初祖杜順「根據《華嚴經》做法界三觀，以周遍含容之理，顯事事無礙之境。在各宗觀法中，允稱獨步」；二祖智儼作《搜玄記》，發明十玄，混融六相，草創五教，「為賢首國師判教之張本」；三祖賢首法藏國師「更作《探玄記》、《華嚴一乘教義分齊章》，判釋釋迦如來一代所說之教典，為三時、五教，以華嚴之法界緣起、事事無礙為別教一乘，最為尊特。五教之規模已趨為完整」；四祖清涼澄觀國師「作《華嚴懸談》、《華嚴疏鈔》，總括大、小乘，性、相、空、有，包羅萬象，不倚不偏；於華嚴要義，已發揮殆盡。華嚴宗之標識，至此已如日在天，有目共見矣」；五祖圭峰宗密大師「所作之《圓覺經》大、小疏鈔，其思想體系，皆與清涼一貫。本宗至此，基礎益臻鞏固」。〔註148〕在成一法師看來，「自法順至宗密，人稱為華嚴五祖，蓋開創並演暢此宗之五大功臣也。」〔註149〕《華嚴發願文》有云：「伏願弟子，生生世世，在在處處，眼中常見，如是經典；耳中常聞，如是經典；口中常誦，如是經典；手中常書，如是經典；心中常悟，如是經典。」成一法師認為，二祖智儼大師是「生生世世，在在處處，眼中常見」《華嚴經》的人，三祖賢首國師是「口中常誦」《華嚴經》的人，四祖清涼國師是「手中常書」《華嚴經》的人，五祖宗密是「心中常悟」《華嚴經》的人。〔註150〕實則此四大祖師無不具有眼見、耳聞、口誦、心悟之修行，但以多為勝，可以各顯其特色，成一法師如此讚歎祖師大德的功業，使後學在生起崇敬其偉大之餘，亦產生傚仿之心，故而可以收到策勵後進之功效。

〔註147〕釋成一：《華嚴經之傳譯經過及其內容組織》，《華嚴文選》，臺北：華嚴蓮社，1998年，第39頁。
〔註148〕釋成一：《華嚴宗簡介》，《華嚴文選》，臺北：華嚴蓮社，1998年，第2～3頁。
〔註149〕釋成一：《華嚴宗綱要》，《華嚴文選》，臺北：華嚴蓮社，1998年，第41頁。
〔註150〕釋成一：《華嚴發願文講記》，《華嚴文選》，臺北：華嚴蓮社，1998年，第188～192頁。

　　成一法師對華嚴宗哲理的圓融廣大條理清晰極為讚賞。在成一法師看來，華嚴宗的五教判釋不僅攝盡了一代時教，而且還為後學提供了極大的便利。他指出，「賢首國師據此大經（按，即《華嚴經》），以判釋如來一代時教，為小、始、終、頓、圓之五教，於毗盧遮那如來稱性直談之根本法輪外，一切眷屬經等，若小、若大，若半、若滿，若權、若實，若漸、若頓，乃至若偏、若圓，性、相、空、有等，條分縷析，規劃詳明，使吾人於汪洋浩瀚大法海中，任意探取一經意趣，準此宗旨以求，有如按圖索驥，無不迎刃而解，不復霧里數星、入海算沙之苦矣！」〔註151〕賢首、清涼認為，《華嚴經》以「法界理實緣起因果不思議為宗」，成一法師據此認定，「《華嚴經》的哲學基礎，是建立在『法界緣起理實因果』上面。」〔註152〕對此他解釋說：「所謂理實者，虛曠寂寥，實相無相；而緣起者，萬德紛然，莊嚴法界。……這理實與緣起，說無礙顯現的話，那麼真妄交徹，就凡夫心可以見到佛心。如果理實與緣起相成的話，那麼福慧雙修，依據根本智而求得佛正智。再者用理實來融因果，那麼互相涉入，重重無盡。假如把緣起教法，會歸到法界，那麼交映融通、隱隱難窮。所謂『理隨事變，一多緣起之無邊；事得理融，千差涉入而無礙。』所謂六相圓融、十玄緣起，實乃此一哲理的喻顯。這就是《華嚴》一經哲學思想的最高理趣。」〔註153〕成一法師此處雖然是對《華嚴經》哲學基礎進行的概括，但卻充分展現了他對華嚴宗義理高度的讚賞以及對之體會和領悟的深刻。

　　成一法師對四祖清涼國師的《華嚴經疏鈔》非常推崇。《華嚴經》在中國總共經過了三次翻譯，由此形成了晉譯、唐譯及貞元譯三部《華嚴經》。「三部《華嚴經》之中，以唐譯新經比較完備。澄觀清涼國師為著疏鈔釋義，將全經分為七處、九會、五周、四分。循此組織以讀，匪特不覺其經文組織之冗長，且有條理井然、按圖索驥之趣。」〔註154〕在成一法師看來，清涼國師的注疏大有功於華嚴宗與《華嚴經》者是不可勝言的。「學者至是，方喜欲遊華藏，

〔註151〕釋成一：《略述華嚴經之傳譯及其於中國佛教之影響》，《華嚴文選》，臺北：華嚴蓮社，1998年，第28頁。

〔註152〕釋成一：《印海法師譯日人龜川信教著華嚴學序》，《華嚴文選》，臺北：華嚴蓮社，1998年，第217頁。

〔註153〕釋成一：《印海法師譯日人龜川信教著華嚴學序》，《華嚴文選》，臺北：華嚴蓮社，1998年，第218頁。

〔註154〕釋成一：《華嚴經之傳譯經過及其內容組織》，《華嚴文選》，臺北：華嚴蓮社，1998年，第35頁。

得其津矣。」後人錄《疏》以注經，會《鈔》以入《疏》，其意雖在方便後之學人，「但因秉筆既殊其人，而著眼亦難一其義，以致文詞標列，前後失序，章段編置，疏密亦參差而有出入。」〔註155〕民國時期，徐蔚如居士等人復編《華嚴疏鈔會本》。成一法師「於習講大經之後，參考《疏鈔會本》，亦嘗苦其頭緒紛繁，難究其極，乃時興重修之念。尤其此一《華嚴疏鈔》，實乃當今修學《華嚴》大經者之唯一參考書，其難讀如此，諒必堵塞不少志願修學大經者之壯志也。思之，重思之。以為欲解此一缺失，唯有出自重修會本之一途。」〔註156〕最後「幸得高明道、徐洋主兩位教授發心成就，並由賢度住持，徵召華嚴專宗學院第三屆研究所畢業生，釋心觀、釋修德、釋自莊、釋體成、釋慧學、釋體信等諸仁者，組成『新修華嚴經疏鈔整編會』，參與工作，助成其事。開始先行修訂華嚴疏鈔，經兩年餘之集體審閱，並加新式標點符號，分章分段，搜查引文出處，編定索引、目錄等工作，務求其翔實。」〔註157〕此是嘉惠後學的千秋之業，從中也體現出成一法師對清涼疏鈔的無比推崇之意。

　　成一法師對華嚴宗五祖圭峰宗密禪教合一說十分服膺。禪教相譏，自古而然。「講教者譏參禪人，為說大話的狂者；參禪者輕講教者，為鑽故紙的書蠹。」〔註158〕此風沿襲至於今日，猶未止息。成一法師指出，講教者必須通過參禪以悟明其心地，參禪者必須通過瞭解教理以驗明其成果，二者如目之與足，相互依恃，方可安抵前程。他對宗密大師禪教合一的思想進行了深入研究。宗密大師認為禪教必須合一，理由有十：一、師有本末，憑本印末；二、禪有諸宗，互有違反；三、經如繩墨，楷定邪正；四、經有權實，須依了義；五、量有三種，勘契須同；六、疑有多般，須具通決；七、法義不同，善須辨識；八、心通性相，名同義別；九、悟修頓漸，言似違反；十、師授方便，須識藥病。成一法師引用宗密大師的文義，對這些理由進行解釋，不時加入一些自己的體會，並於文末意味深長地說，「佛性是諸佛萬德之源，亦為禪門之源。《華嚴》大經一再明示：菩薩於大方廣佛一真法界，敷演萬行因花，以嚴本性，令成一

〔註155〕釋成一：《新修華嚴經疏鈔序》，《華嚴文選》，臺北：華嚴蓮社，1998年，第210頁。

〔註156〕釋成一：《新修華嚴經疏鈔序》，《華嚴文選》，臺北：華嚴蓮社，1998年，第211頁。

〔註157〕釋成一：《新修華嚴經疏鈔序》，《華嚴文選》，臺北：華嚴蓮社，1998年，第211～212頁。

〔註158〕釋成一：《宗密大師的禪教合一說探微》，《華嚴文選》，臺北：華嚴蓮社，1998年，第75頁。

乘佛果。宗密大師剴切地指示我們：『禪，佛心也；教，佛口也。豈有心口自相矛盾者乎？』因為佛法是特重解行相應的，所以禪教合一的主張，是不容置疑的。」〔註159〕成一法師對宗密大師素有研究，他在泰州光孝寺佛學院任教時，所教授的課程就是圭峰宗密大師的《華嚴原人論》，但他對禪教合一的思想進行系統地探析和研究，我想不可能僅僅只是發思古之幽情。當前一些參禪者不肯精研教理，每以有真實的修行自矜於他人之前；而一些學教者不肯切實體究，常以孤光狂慧炫耀自己的博學多識。因此成一法師對宗密大師禪教合一思想的闡發極有可能是針對這種情況有感而發的。

　　成一法師對近代以來復興華嚴宗的高僧大德稱頌有加。近代以來，因緣際會，華嚴宗大有復興之勢，月霞、應慈、常惺、智光、南亭諸人對此都分別做出了重大貢獻，成一法師著有多篇文章稱頌他們的業績。他謂月霞、應慈「二菩薩則專演華嚴大法，弘揚一乘圓教，根本法輪。本宗始於沈寂中，一時頓甦。」〔註160〕他在歷續月霞大師生平之後說，「師為我國興辦僧伽教育之第一人。其入室弟子有：常惺、持松、智光、慈舟、靄亭等諸哲。皆繼承師志，弘化一方，大闡宗風！本宗亦因之而宗風繼振，法雨遍施。」〔註161〕因此稱其為「中興華嚴宗的月霞祖師」。他謂應慈老法師「功在華嚴宗」，著文列敘他的家世及參學過程，表彰他在「培育僧材」、「專業禪講」、「校刊法寶」、「創義解經」、「禪教圓融」等多個方面的成就，以「唐圭峰而下，不圖於今復見其人」〔註162〕讚歎之，稱其為「真正的佛教的導師」。〔註163〕他指出，常惺老和尚舉辦多處佛學院，培養了不少傑出的僧寶，其著作文字典雅，詮理精闢，而其於復興古剎尤著勞績，因此對佛教的貢獻很大。〔註164〕他認為智光尊者，「與太虛、仁山二德，共捍衛乎正法之金城，同挽教海狂瀾之元帥，當年業績，教史載冊，

〔註159〕釋成一：《宗密大師的禪教合一說探微》，《華嚴文選》，臺北：華嚴蓮社，1998年，第86頁。

〔註160〕釋成一：《中興華嚴宗的月霞祖師》，《華嚴文選》，臺北：華嚴蓮社，1998年，第5頁。

〔註161〕釋成一：《中興華嚴宗的月霞祖師》，《華嚴文選》，臺北：華嚴蓮社，1998年，第10頁。

〔註162〕釋成一：《功在華嚴宗的應慈座主》，《華嚴文選》，臺北：華嚴蓮社，1998年，第23頁。

〔註163〕釋成一：《懷念我最尊重的應慈座主》，《華嚴文選》，臺北：華嚴蓮社，1998年，第322頁。

〔註164〕釋成一：《中興華嚴宗的月霞祖師》，《華嚴文選》，臺北：華嚴蓮社，1998年，第239～242頁。

道風扇處，海內尊崇。」〔註165〕他親侍尊者四十餘年，恩深過海，故而幾番形諸夢寐之中。南亭長老圓寂三週年，他屢敘長老十德：誠實不欺，寬厚能讓，持戒謹嚴，熱心教育，弘法精勤，慈心廣被，流通法寶，勤儉惜福，愛國熱忱，尊師孝親，〔註166〕情真意切，感人至深。成一法師與上述諸德皆有殊勝法緣，因此我們也可以由此一方面理解成一法師華嚴思想的深湛與精純。

　　成一法師住持過的華嚴蓮社及創立的華嚴專宗學院，如今已成為當代華嚴宗復興的重要基地，而成一法師自己的學思及行實也已融入到波瀾壯闊的中國華嚴宗史中。我們完全有理由相信，華嚴宗祖師所闡發的精義玄理將在此處繼續煥發出奕世的光彩。

三、融會傳統文化

　　成一法師對華嚴經義與華嚴宗理的精深理解，既得益於他對中國佛教的深厚修養，也得益於他對中國傳統文化的深入領會。成一法師曾對訪問者說：「在我六、七歲兩年中，我念完了三本小書——《三字經》、《百家姓》和《千字文》，這是入私塾最基本的課程。此外，還念了《大學》、《中庸》和《論語》。」〔註167〕幼讀四書，濡首儒家經典之中，深受薰陶，為他暢遊華藏世界奠定了堅實的文化基礎；而數十年的沉浸華嚴義海，出入華藏玄門，又為他深刻理解中國傳統文化提供了獨特的思想視角。因此，他的講經說法也就展現出佛教思想與傳統文化交光相網、涉入重重的特色來。

　　成一法師對傳統文化與佛教文化之間的辯證關係有著深刻的認識。他體會到，泛國際性的佛教文化與區域性的傳統文化之間既可能相互牴觸、相互排斥，又可能相互激盪、相互促進。因此，佛教文化在中國的發展必須避免二者間的相互牴觸、相互排斥，實現二者間的相互激盪、相互促進。一方面，在中國傳統文化的激盪和促進之下，佛教實現了自身形態的中國化。「佛教自從東漢時代傳人中國之後，由於它的入世精神，有很多地方與儒家的治世之道相近似，而它的出世思想，又有許多地方跟道家相通，並且有許多道理比儒、道兩

〔註165〕釋成一：《曾師祖智光太師公法彙介紹詞》，《華嚴文選》，臺北：華嚴蓮社，1998 年，第 229～230 頁。

〔註166〕參見釋成一：《南公師祖圓寂三週年紀念》，《成一文集》，臺北：萬行雜誌社，1994 年，第 349～357。

〔註167〕卓遵宏、侯坤宏採訪，廖彥博記錄：《成一法師訪談錄》，臺北：三民書局國史館，2007 年，第 5 頁。

家更為深遠，所以佛教一傳入中國，很快地就被中國的士大夫階級所接受。後來更因為歷代帝王的崇信提倡，很快地就普及到民間。因此，佛教早已成為中國文化的三大（儒、釋、道）主流之一。」〔註168〕另一方面，也正是在佛教的激盪和促進之下，中國傳統文化實現了自身形態的重大發展。「中國文化思想到了漢代，已有如地形之老年期，江水平穩無力；佛教為中國文化思想注入了新的活力，因而有宋明新儒學之產生，它使得中國之道家思想變成道教，而成為本土的宗教。乃至印度的雕刻、音樂、文學、藝術……之傳入，對中國文化更產生了普遍的影響。」〔註169〕因此，成一法師主張，在弘揚佛教時應充分運用傳統文化中的有利因素。他對自己的弘法活動總結說：「我常關心世道，重視民族傳統文化的宣揚，我在講經的時候，常引用儒家的名言，強調世道的修治，在跟智校或佛學院的師生說話時，曾不止一次地鼓勵他們研讀四書，我強調四書是我們中國人的聖經。去年放寒假時，我曾贈送智校老師們以世華銀行所印的『論語袖珍本』每人一本，要大家有時間翻閱，或能得到其中的益世名言。我也曾選《論語》中與佛學意義相通之語句，略加譯釋，著之校刊之首，以啟發師生對儒佛一致之認識。」〔註170〕這也是成一法師法席興盛的重要原因之一。

　　成一法師在談論交友之道時就成功運用了《論語》中的相關資料。任何人都不能沒有朋友，故儒家將朋友列入五倫，但應與什麼樣的人交朋友呢？成一法師指出，「從廣義上來說，只要他是人，都是我的朋友，不管他是男人、女人、貧人、富人、老年人、年輕人、有知識的人、無知識的人、中國人、外國人、好人、壞人、善人、惡人、大人、小孩，全都是我的朋友，孔子曾說過一句話：『四海之內，皆兄弟也。』四海之內的人，尚且可以把他們當兄弟一樣的看待，那麼假如把他們當做朋友，更是順理成章的事了。」〔註171〕菩薩為眾生不請之友，這自然是大乘佛教利他精神的體現，也是對儒家四海之內皆兄弟之說的深化和提升，但對於一般人的社會交往，卻不易實行，因此從狹義上

〔註168〕釋成一：《美國華嚴蓮社成立餐會致詞》，《成一文集》，臺北：萬行雜誌社，1994年，第65頁。

〔註169〕釋成一：《漫談佛教的過去現在與未來》，《成一文集》，臺北：萬行雜誌社，1994年，第96頁。

〔註170〕釋成一：《南公師祖圓寂十週年紀念》，《成一文集》，臺北：萬行雜誌社，1994年，第380頁。

〔註171〕釋成一：《智光之友雜誌發刊詞》，《成一文集》，臺北：萬行雜誌社，1994年，第52頁。

講，人們應該與那些「與賢善好人交朋友」，而避免「與愚下不肖之人交上朋友」，成一法師引《論語》說：『益者三友，損者三友。』友直（性情爽直的人），友諒（常能體諒別人的人）、友多聞（見聞廣博的人），這是與人有益的三種朋友，不妨多交。相反的，那種友便辟（慣於逢迎的人）、友善柔（工於諂媚的人）、友便佞（口辯無實的人），這三種人絕不能交，假如不慎與之論交，那將會遭到不測的損失，這是孔子教給我們的交友標準。」〔註172〕交往對象既已明確，那麼如何與賢善好人交朋友呢？成一法師指出，「要想交到好朋友，自己本身也要注意道德修養，所謂：『德不孤，必有鄰。』『自助而後人助。』你自己沒有品德，人家從根本上就瞧不起你，哪裏還會跟你交朋友呢？」孔子講過：「巧言令色，鮮矣仁。」因此要提防那些「專門向你說恭維好聽的話的人」。孔子說過：「群居終日，言不及義，好行小惠，難矣哉！」因此也不可親近那些「生性懶惰，不務正業，專門喜歡說大話，耍嘴皮，整天說不到一句正經話的人」。〔註173〕這些諄諄告誡，充分體現出一位視眾生如一子想的老法師的苦口婆心。

　　成一法師在強調佛教戒律必要性時成功運用了禮運大同篇的資料。成一法師非常重視戒律，在他看來，「『戒』是積極的，出自內心之認同，有所不為；『律』是消極的，乃屬外加之約束與規範，有所不敢為。兩者之不同點，只是前者適用於佛教僧團兼及四眾弟子，後者適用於整個社會人類而已。」戒律不僅是「修道解脫必經的門徑」，特別是佛教戒律中的五戒，而且還是「實踐大同世界之基礎」。〔註174〕他指出，「中國禮運大同篇，實則只是一理想，而且亦只是強調在經濟上，歸結到社會福利方面，至於如何去實行，在中國則全靠儒家之禮、樂、政、刑。禮、樂、刑法則是外鑠的，其中只有『政』，才能算是政治哲學。那就是孔子所說：『政者，正也』、『子率以正，孰敢不正』。這本是一套『推己及人』的倫理道德。」〔註175〕這套理論最終的依據，就是孔子所說的「仁」或孟子所說的「良知」。但在成一法師看來，佛教的五戒較之儒

〔註172〕釋成一：《智光之友雜誌發刊詞》，《成一文集》，臺北：萬行雜誌社，1994年，第53頁。

〔註173〕釋成一：《智光之友雜誌發刊詞》，《成一文集》，臺北：萬行雜誌社，1994年，第54頁。

〔註174〕釋成一：《五戒為實踐大同世界之基礎》，《成一文集》，臺北：萬行雜誌社，1994年，第155頁。

〔註175〕釋成一：《五戒為實踐大同世界之基礎》，《成一文集》，臺北：萬行雜誌社，1994年，第156頁。

家的這套方法還要更為具體，因而也就更具有實踐價值。「儒家講政刑是從誠意、正心、修身著手，到修齊治平的理想，是謂曰『大學』；五戒就是正心、修身之具體德目，其目的不但是平治天下政治社會，而且是淨化眾生超凡入聖之深心大願。」〔註176〕他最後總結說，儒家作為實踐大同社會之方法的禮、樂、政、刑，「可以『五常』與『法治』賅括之。而『五常』與『法治』，又都可以『五戒』為其規範。因之，吾人可以大膽地認定：『五戒為實踐大同世界之基礎』。」〔註177〕儒家提出的人類遠大理想因為實踐佛教的戒律而具有了可能性和現實性，而佛教戒律因為可以促使儒家美好理想的實現而彰顯了重要性，成一法師在肯定儒家理想普遍性及儒家方法有效性的同時，也為佛教五戒的必要性做出了充分的論證。

　　成一法師撰寫的各種楹聯集中體現了他在傳統文化上的高深造詣。除了講經說法、於佛法得無礙辯才之外，成一法師在楹聯和書法上的造詣也廣為人知。他曾應邀為多處道場題寫楹聯，如，他為桃園僑愛佛教講堂撰寫的楹聯：「僑寄娑婆，厭茲五趣輪迴，修道早離煩惱去；愛棲安養，等彼三摩寶地，超塵常伴聖賢居。」他為桃園大溪靜修寺大殿撰寫的楹聯：「靜而後能安，安住菩提大道；修以彰性德，德嚴妙果法身。」他為宜蘭員山普照寺大殿撰寫的楹聯：「萬德莊嚴，五濁惡世成淨土；一心皈命，六道含靈證真如。」他為彰化佛教會浴佛節慶典會場撰寫的楹聯：「九龍吐香水，諸佛觀金身，祥光普照三千界；萬眾誦尊經，全民蒙法益，瑞靄遍覆五大洲。」他為北投佛恩寺佛殿撰寫的楹聯：「有感皆通，時錫金繩開覺路；無機不被，常浮寶筏度迷津。」他為馬來西亞吉隆坡慈明講堂撰寫的楹聯：「慧劍重揮，煩惱頓成妙覺道；明珠乍現，光環永耀古禪心。」他為美國加利福尼亞華嚴蓮社講堂撰寫的楹聯：「華藏世界，廣演法音，天龍八部常擁護；嚴淨道場，普濟含識，晝夜六時恒吉祥。」他為海安營溪觀音禪寺觀音殿撰寫的楹聯：「照五蘊皆空，知色受想行識諸法如幻；度一切苦厄，於人天獄鬼畜隨類現身。」他為泰州光孝寺撰寫的楹聯：「光明照世間，有緣眾生得遇斯光必增福慧；孝道化人倫，無分族姓能行真孝是為聖賢。」這些楹聯不僅適宜於場所，而且對仗工整，深刻凝練，是思想性和藝術性實現完美結合的傑作。有行家讀了之後評價說：「那些楹聯凝練地反

〔註176〕釋成一：《五戒為實踐大同世界之基礎》，《成一文集》，臺北：萬行雜誌社，1994年，第157頁。

〔註177〕釋成一：《五戒為實踐大同世界之基礎》，《成一文集》，臺北：萬行雜誌社，1994年，第159頁。

映了這位佛門領袖博大的精神世界，高尚的慈悲胸懷，幽深的圓妙哲理與超凡的人生修養；……是善的箴言，智的結晶，詩的座右銘。」評價他的書法說：「老法師的書法藝術造詣很深，其書作飄逸而又蒼勁，豪放而又端莊，字體大小長短呼應生動。」〔註178〕

中國佛教是中印文化交流和融合的產物。博大精深的中國傳統文化為華嚴宗的創立提供了肥沃的思想土壤，也為華嚴宗的弘揚提供了取之不盡用之不竭的思想資源。如今，中國又處於一個中外文化大交融的歷史時期，成一法師從自己弘法的經驗和體會出發，給出了在強化民族意識的基礎上吸收外來文化的建議。他說：「我們要弘揚中華文化，固然不可閉關自守，但也不宜任意隨和。因此強化本身的民族意識，使自己有了穩固的根以後，再吸取他人的東西以繁榮滋長，才是弘揚我們中華文化的正途。」〔註179〕此論無疑指出了中國文化發展的陽關大道。

四、認同人間佛教

二十世紀三四十年代以來，太虛大師提倡的人間佛教成為中國佛教的主流。佛教界的高僧大德們逐漸認識到，中國佛教只有適應時代潮流，積極舉辦教育、慈善、文化等各項社會事業，才能提高自身素質，自拔於窳敗陋劣，避免歷史的淘汰。成一法師的曾師祖智光尊者與太虛大師為南京祇洹精舍的同學，其法曾師祖常惺法師是太虛大師在閩南佛學院和柏林教理院的重要助手，成一法師在焦山定慧寺及泰州光孝寺都曾經親近過太虛大師，曾經與太虛大師在 1947 年同住於上海玉佛寺，並且最早向外界報導了太虛大師圓寂及茶毗的信息。成一法師對太虛大師的人間佛教思想非常認同，曾多次撰文回憶他與太虛法師的法緣，讚歎太虛大師那種為佛教無私忘我的精神，稱揚太虛大師八宗並弘主張的氣魄及人間佛教理念的契理契機，自覺將自己對華嚴的弘揚融入到人間佛教的時代潮流之中，在教育、慈善、文化等多個方面做出了卓越成就。

成一法師教育思想的內涵極為豐富。成一法師對僧伽教育非常重視。他考察中國佛教的歷史，發覺僧教育的模式主要有四種，即隱士型的（如三論

〔註178〕文中楹聯及評語引自范觀瀾：《成一法師傳》，臺北：華嚴蓮社，第 156～162頁。

〔註179〕釋成一：《弘揚中華文化，加速復國腳步》，臺北：萬行雜誌社，1994 年，《成一文集》，第 259 頁。

宗之僧朗、僧詮、法朗，天台宗之慧文、慧思，華嚴宗之杜順、智儼）、譯經型的（如羅什、法顯、玄奘、義淨等大師的譯場都培育了不少傑出的僧才）、叢林型的（叢林制開創了禪宗所盛行的行腳、參訪、雲遊、掛褡等特殊的教育風格）、學院型的（民國以來各地舉辦的各類佛學院）；考慮到現實的需求，他認為目前的僧教育應分為三個層次，即「先養成教育，次專業教育，後社會教育。」〔註 180〕此處所說的養成教育，就是僧眾在初出家時鞏固其努力辦道之心、斷除其世俗習氣、堅定其僧性的教育，可以理解為僧伽中的素質教育；此處所說的專業教育，就是出家僧眾在接受了養成教育之後所必須接受的有關佛教歷史、經典、因明以及普通學校文史哲與外語等方面的專業訓練，使其對佛教具有充分的瞭解；此處所說的社會教育，即提高僧眾在社會上弘揚佛法能力的教育。最後他指出，「要培植後繼人才，必須革新並提升僧伽教育，尤其須要設置僧伽養成教育機構，讓知識青年出家後，能有理想的道場，滿足其清修的意願，然後再施以專業教育及社會教育，使其能有發展抱負的能力和機會。」〔註 181〕此說高屋建瓴，對於當代佛教的僧伽教育具有非常現實的指導意義。成一法師對佛教教育的學制及課程內容還進行了探討。他認為，僧伽教育的目的在於實學、實用和實證。所謂實學，「就是培養具有高深學問之僧才」；所謂實用，「是指培養寺廟行政專才而言」；所謂實證，包括哲學的實證，即「將前面的『實學』應用於日常思想生活，行住坐臥四威儀中，一切都要依照佛陀自覺、覺他、覺行圓滿的要求而生活」，宗教的儀規修持和禪定的修證等「三種深義」。〔註 182〕為此，他曾多次撰文呼籲建立僧伽教育制度，盡快制定佛教教育的體制及方向，並曾率團參訪大陸僧伽教育道場，表現出一位老法師在推進佛教教育以傳承佛陀慧命的迫不及待的心情。

　　成一法師教育實踐的成效非常顯著。成一法師的教育思想既來自於教育實踐，又用之於教育實踐。1975 年，為了適應臺灣教育迅速發展、世界科技飛速進步的時代潮流，為了提高僧伽教育水準，培育現代弘法僧才，也為了紀念學宗華嚴的蓮社開山住持智光和尚，成一法師遵照南亭長老的指示，創立了

〔註 180〕　釋成一：《佛教後繼人才的教育問題》，《成一文集》，臺北：萬行雜誌社，1994年，第 110 頁。

〔註 181〕　釋成一：《佛教後繼人才的教育問題》，《成一文集》，臺北：萬行雜誌社，1994年，第 118 頁。

〔註 182〕　釋成一：《建立僧伽教育制度》，《成一文集》，臺北：萬行雜誌社，1994 年，第 119～123 頁。

華嚴專宗學院，並規定學院宗旨為「弘揚華嚴大教，培養弘法人才，端正佛學思想，建設人間淨土。」他自任院長，主講《大乘起信論》、中國佛教史、律學、禪學等課程，敦請南亭長老擔任學院導師，主講《華嚴經》，並將大學生應具備的通識科目，中、英、日等國語文，中外歷史及佛教史，中、印哲學等課程，均列為輔助課程，至於天台、法相、般若、禪、淨、密等各宗，也時加提示，其他諸如寫作、信息、傳媒、電腦等有利於提升學員服務能力的實用知識，也在開設之列。學院學制分預科三年、正科四年，1983 年又增設了研究所，1985 年專辦研究所碩士班，每年招生，定額十名。華嚴專宗學院舉辦四十年來，可謂是碩果累累，2003 年舉行了同學會，不計那些遠在國外聯絡不上的，仍有五十多位同學到場，其中可以講《華嚴經》的就有八位，另外創設道場、擔任當家的也有好多位。〔註 183〕成一法師不僅非常關注僧伽教育，對於國民教育也是非常熱心。1982 年南亭長老圓寂之後，他繼任智光商工董事長，大力支持該校軟硬件的提升，在原設獎學金的基礎上，出資為傾心教學的老師們設立獎教金，使該校在臺灣同類學校中成為數一數二的佼佼者。可以說，華嚴專宗學院與智光商工學校辦學成就的取得，與成一法師的教育思想是分不開的，也驗證了《華嚴經》偈頌中「心如工畫師，造種種五蘊，一切世間中，無法而不造」的真實性。

成一法師隨緣盡力地舉辦慈善活動。成一法師不僅熱衷於舉辦各項教育事業，對於撫貧恤孤的社會慈善活動也很熱心。1959 年，他應南亭長老之召回到華嚴蓮社，即實際負責冬令救濟工作。1984 年初，為了進一步落實社會救濟工作，成一法師還在華嚴蓮社成立「華嚴福田功德會」，將救助對象分為五種：1. 急難救助，當社會水災、風災及家庭災變時，立即派員前往訪問送錢，並將那些無人撫養的兒童救送到僑愛兒童村收養；2. 醫藥救助，聯絡榮民、臺大等多家醫院，隨時為無力繳付醫藥費的貧苦患者代付醫藥費；3. 貧困救助，每年救助十到二十戶政府登記的低收入家庭；4. 冬令救助，每入冬季，即發動信徒捐獻實施，行之近四十年，堅持不懈；5. 慈善救助，向孤兒院、養老院、盲啞傷殘院送去溫暖。〔註 184〕成一法師回顧他領導的諸多慈善活動時，

〔註 183〕 參見卓遵宏、侯坤宏採訪，廖彥博記錄：《成一法師訪談錄》，臺北：三民書局國史館，2007 年，第 120～133 頁。

〔註 184〕 參見釋成一：《南公師祖圓寂十週年紀念》，《成一文集》，臺北：萬行雜誌社，1994 年，第 378～379 頁。

曾不無自豪地說：「由於全體信徒，都很認同此項慈善工作，所以我們做得很有成績，常常獲得政府單位的獎匾及獎狀。」〔註185〕成一法師舉辦的這些慈善活動，是中國大乘佛教普度眾生、慈悲利他的體現，非常有利於改善和提升佛教的社會形象，促進佛教各種弘法工作的順利開展。

　　成一法師開創了文化弘教的新局面。近代以來，科學昌明，佛教必須借助發行報刊和編印書籍，走文化弘教之路，才能對主流話語產生強而有力的影響。成一法師接受過近代高等教育，是一位知識僧侶，對此有深刻的體會，因此他來臺之後所做的第一件事，就是創立覺世圖書文具社，流通佛教法寶。他推動東初長老創辦《人生》雜誌，並與張少濟居士一起創辦了《覺世旬刊》，幫助白聖長老編輯《中國佛教》，聯合演培、星雲、廣慈諸法師創刊《今日佛教》，後來又自行創刊《萬行》雜誌，擔任藥用植物學會會長時創辦《新中藥》，華嚴蓮社自 1968 年成立印經會，所印介紹信眾學佛的基本佛學著作數十萬冊，並組織人員重新編校了《華嚴經疏鈔》。他在為《萬行》雜誌所寫的發刊詞很能體現他以文化事業弘揚華嚴經教的思想。他之所以為該刊取名「萬行」，實寓「菩薩修普賢萬行因華以莊嚴一乘佛果」之深意。他將該刊的宗旨確定為：第一、弘揚大乘佛法，培養正知正見；第二、闡揚因果真理，淨化社會人心；第三，激發人性尊嚴，培養公德心；第四、提倡與興辦慈善公益事業。〔註186〕其實這也是他舉辦一切文化事業的宗旨和主張。成一法師舉辦的這些文化事業對社會的影響是潛移默化的，其對於佛教所產生的積極作用是潛滋暗長的，因此，這樣的投入是非常需要大公無私的品格和遠見卓識的見地作為基礎的。

　　成一法師並不是政治和尚，但對國家的前途和社會的發展充滿了關切之心，因此他積極參與各種社會服務工作。他曾熱切地期盼著，「現在，復興基地國富兵強、政治民主、社會安定，正和對岸中共政權，試探國家統一大計，一旦成功，則以大陸廣袤幅員，眾多的人力資源，豐富的工業礦藏，移我方科技，助祖國開發，不出十年，我中華民族，必然又一次重建世界一流強國於亞洲，這是指日可待的喜訊。」〔註187〕所有這一切，都使他對華嚴的弘揚帶上了濃厚的人間佛教

〔註185〕卓遵宏、侯坤宏採訪，廖彥博記錄：《成一法師訪談錄》，臺北：三民書局國史館，2007 年，第 159 頁。

〔註186〕釋成一：《萬行雜誌發刊詞》，《成一文集》，臺北：萬行雜誌社，1994 年，第 4〜7 頁。

〔註187〕釋成一：《慶祝中華民國建國八十週年大會致詞》，《成一文集》，臺北：萬行雜誌社，1994 年，第 312 頁。

色彩。在某種程度上我們甚至可以說，太虛大師所倡導的即人成佛的真現實論和人間佛教，在 20 世紀末和 21 世紀初就體現在成一法師對華嚴義理的弘揚之中。

五、弘傳彌勒法門

成一法師終身講說華嚴經義，宣揚華嚴宗理，在弘法中融會中國傳統文化，認同太虛大師倡導的人間佛教，經過六七十年的修學、體會、思考、探索，最終歸結於一點，那就是弘傳彌勒淨土法門。

彌勒淨土法門與人間佛教的關係。 人間佛教的創始者太虛大師也是民國時期彌勒淨土的提倡者，他不僅講過《彌勒上生經》與《彌勒下生經》，還撰寫過《建設人間淨土論》的大作。因此成一法師稱他是「恢復彌勒淨土的大功臣。」〔註188〕成一法師自述其弘揚彌勒淨土法門的因緣說：「我先前很忙，自從十年以前決定，想瞭解彌勒法門，想瞭解太虛大師。我本以為太虛大師是在標新立異，不願意和別人一樣走同路線念阿彌陀佛，但是看到他關於《上生經》、《下生經》的講解後，在我禁足之後，才有時間來整理這些，理解這些情況，我才決定弘揚彌勒淨土。現在我特別大聲疾呼，彌勒淨土才是我們的本土淨土，我們是本土人，應把本土淨土莊嚴起來。」〔註189〕很顯然，成一法師修持和弘揚彌勒淨土法門，是受了太虛大師人間佛教思想，特別是人間淨土思想影響的結果。因此他著成《彌勒淨土法門集》，特將太虛大師讚歎兜率淨土三種殊勝之語置於文前代序。太虛謂彌勒當來此土作佛，故示現兜率淨土，專攝此土眾生，可由人道修集福德成辦，亦可因人類德業增勝，社會進化，成為清淨安樂人世而早感彌勒下生，創造人間淨土。〔註190〕成一法師將此三大殊勝總結為近、易、普，並且加按語說：「太虛大師對彌勒淨土法門所提之三大殊勝，確是至理名言，值得吾人信仰奉行。」〔註191〕後來他在各種場合下提倡彌勒淨土，所舉理由大都是對太虛所說三種殊勝的發揮，如他曾指出的，基於佛弟子化娑婆為佛國的責任，基於普度多生眷屬同升淨土的效果，基於人身

〔註188〕卓遵宏、侯坤宏採訪，廖彥博記錄：《成一法師訪談錄》，臺北：三民書局國史館，2007 年，第 285 頁。

〔註189〕卓遵宏、侯坤宏採訪，廖彥博記錄：《成一法師訪談錄》，臺北：三民書局國史館，2007 年，第 287 頁。

〔註190〕參見釋太虛：《兜率淨土之殊勝》，《彌勒淨土法門集》，佛陀教育基金會，2010 年，第 1 頁。

〔註191〕釋成一：《契理契機的彌勒淨土法門》，《彌勒淨土法門集》，佛陀教育基金會，2010 年，第 127 頁。

難得而易失的機會，我們應修彌勒法門等。〔註192〕可以說，彌勒淨土法門乃是成一法師發現的華嚴義理與人間佛教之間的交集或契合點。

彌勒淨土法門與華嚴義理的關係。成一法師晚年受太虛大師的思想影響，弘揚彌勒淨土法門，但對其終身弘揚華嚴義理的職志，卻未有絲毫的動搖和改變，原因就在於他將彌勒淨土法門納入了華嚴思想體系之中。成一法師發現，彌勒菩薩在《華嚴經》中的地位非常崇高，他引《華嚴經要解》以為證明：「此經所詮，以毗盧法身為體，以文殊妙智為用，以智斷行則普賢妙行為因，習盡智圓則補處彌勒為果。……梵語彌勒，此云慈氏，在佛為補處之主，在人為數取之身，華嚴以此為果者，直欲眾生離數取而趣補處也。」〔註193〕成一法師還補充說，「《華嚴經・入法界品》善財童子蒙彌勒菩薩接引，進入毗盧遮那莊嚴藏大寶樓閣，給予善財童子五十三種偉大的佛法成就，於是善財童子由衷地讚揚，稱許如此莊嚴偉大的樓閣，是住於如是等諸功德的聖者之所住處。……這是五十三參中的第五十一參，也是最後畢業一參的故事，從此一故事，我們也就可以知道彌勒菩薩在華嚴法門中地位之崇高了。」〔註194〕在「彌勒三經」中，彌勒菩薩受佛囑咐，將在娑婆世界成佛說法，龍華三會，普度眾生，因而印成兜率淨土，以與娑婆世界的眾生結緣，凡是發願往生者，皆可以上升其國，並在彌勒菩薩成佛時與其一起下生娑婆世界，同赴龍華三會，圓成佛道。成一法師指出，《華嚴經》亦有淨土念佛之義。他引智儼《華嚴經內章門等雜孔目章》中十種淨土義，「華嚴一乘淨土之種種分齊，唯依眾生心，業行增減，定水升沉，清濁差別，即此印成佛土差別，無別差別。」〔註195〕又引《華嚴經》「一切唯心造」及《起信論》「心生則種種法生，心滅則種種法滅」之義，最終證明，「華嚴一乘淨土觀的中心思想，是要華嚴一乘行人，大家共同發心建立大乘淨土，並不積極鼓勵學者往生他方淨土。」〔註196〕換言之，華嚴一乘

〔註192〕 釋成一：《請修彌勒淨土要說的幾句要緊的話》，《彌勒淨土法門集》，佛陀教育基金會，2010 年，第 21～24 頁。

〔註193〕 釋成一：《介紹兜率淨土法門》，《彌勒淨土法門集》，佛陀教育基金會，2010 年，第 49～50 頁。

〔註194〕 釋成一：《介紹兜率淨土法門》，《彌勒淨土法門集》，佛陀教育基金會，2010 年，第 50 頁。

〔註195〕 釋成一：《華嚴一乘淨土觀》，《成一文集》，臺北：萬行雜誌社，1994 年，第 340 頁。

〔註196〕 釋成一：《華嚴一乘淨土觀》，《成一文集》，臺北：萬行雜誌社，1994 年，第 341 頁。

淨土觀對於彌勒菩薩印成的此方淨土,即兜率淨土,是充分肯定且積極鼓勵學者上生的。成一法師的相關論述,無異於將兜率淨土納入華藏世界之中,將「彌勒三經」納入《華嚴經》的眷屬之中,於是乎彌勒淨土法門就成了當代華嚴宗重要的修行法門。

　　彌勒淨土與其他淨土之間的比較。佛教修行有聖淨二門與難易二道:從聖道門入,或通達經論,或開悟心地,或積累功德,是謂難行道;由淨土門入,稱名念佛,發願往生佛國淨土,是謂易行道。中土之人,圖易好簡,故念佛求生淨土之風盛行於世。成一法師指出,各種佛教經典具體介紹的佛國淨土主要有三種:一是《阿彌陀經》、《無量壽經》及《十六觀經》介紹的西方極樂世界,二是《彌勒菩薩上生經》、《下生經》、《彌勒大成佛經》介紹的彌勒菩薩兜率淨土,三是《維摩詰經》所說的阿閦佛國妙喜淨土。他比較這三種淨土距離此土的遠近:彌陀淨土遠在十萬億佛剎之外,阿閦淨土也有千佛剎之遠,彌勒淨土則在此土兜率陀天內院。也就是說,彌勒淨土是距離此土最近的佛國淨土。他比較三種淨土往生的條件:欲生彌陀淨土,須具信、願、行三資糧,執持彌陀佛名號至一心不亂,並蒙佛接引,乃可往生,其中唯上品上生,才可一生彼土,即可見佛,中下品則須歷一生、多生乃至十二大劫始可得見;欲生阿閦淨土,只須精修六波羅蜜,稱念彼佛名號,即得往生,一生彼國,即可見佛;欲生彌勒淨土,但持五戒十善,願為彌勒弟子,臨命終時,即得往生。也就是說,往生彌勒淨土最為簡易方便。經過多方考量,成一法師判定,「彌陀淨土距離遙遠,往生條件比較嚴謹,要具修三資糧、四十八大願行等」,往生阿閦淨土「仍須具修六波羅蜜、四弘誓願、自行清淨願、佛國清淨願等」,因此都是「易行道中的難行道」;而往生彌勒淨土,「唯須眾生『薄淫怒癡』,成就『十善業道』,勤修功德,修戒定慧三無漏行,念佛發願,即得往生。此佛本願,在積極建立人間淨土,所以較適合現代人間眾生之需求。這真是最極方便的『徑中徑又徑』了。」〔註197〕他在許多場合大力弘揚彌勒兜率淨土法門,莫不以此為基調。

　　成一法師對彌勒淨土法門的弘揚,是華嚴義理與人間佛教相結合的產物,反映了這位偉大的普賢行者不捨世間、不捨眾生、重視現實、淨化人間的悲心大願,與圭峰宗密的疏鈔《圓覺經》、長水子璿的注疏《楞嚴經》、雲棲袾宏的疏釋《彌陀經》一樣,都是對華嚴宗思想、義理和修行方式契理契機的充實、

〔註197〕參見成一和尚著:《介紹兜率淨土法門》,《彌勒淨土法門集》,佛陀教育基金會,2010年,第46～48頁。

豐富和發展。

　　成一法師長期親近智光尊者與南亭長老，侍奉二公終老之後，又奉安二公舍利於泰州光孝寺祖庭，於佛門可謂尅盡孝道，全其師弟之誼，雖世俗之父子祖孫，不易見也。更有進於此者，智光尊者與南亭長老皆為近代華嚴尊宿，聲名洋溢中外，成一法師得二公傳承，受二公付囑，講說華嚴經義，宣揚華嚴宗理，維持家聲於不墜，且能契合時代機宜，融會傳統文化，融入人間佛教的潮流之中，開出彌勒淨土法門，並注意培養僧才，在色身尚稱康強之年即傳付後學，堪稱克紹箕裘之典範，光大先業之楷模。

　　成一法師平時嚴於修持，勤於度生，即便在旅途之中，也未嘗稍有懈怠。泰州學者范觀瀾先生曾經多次親近成一法師，他發覺，成一法師不僅在寺廟裏嚴格按照法務程序修行，「在寺廟外面他們也是一樣潛心敬佛、念佛，幾次是坐在車子上，正巧碰上早晚課時間。成一長老照樣帶領大家在車子上做起了早晚課，天蓮法師找了個替代的法器，敲得有板有眼，大家跟在成一長老後面也都腔圓正著。」〔註198〕他看到九十多歲的老法師從朝至暮，忙碌不停，不禁感慨不已，「一天之中連續正規場合講述半小時之久，話題要達到五次之多，可想而知要消耗多少能量！這種『超人』狀態是絕無僅有的。而成一長老在這些開示中都是契理契機的，切合實際的開示，通俗易懂，親切真實，他都是結合現代社會，生靈活現地再現了佛法，啟發了人們的善心和慧根。長老為眾多的人們帶來了歡喜心，可是當他回到下榻的賓館客房中，一倒在沙發中就睡著了。」〔註199〕這番話不僅說出了成一法師辛苦弘法的勤勞與辛苦，也道出了成一法師對眾開示的特點和魅力。

　　成一法師經過半個多世紀的艱辛探索，最終使華嚴思想實現了自身形態的現代化，在當代社會中發揮了重大作用，成為當代眾生心靈安頓和精神棲息的美好家園。

第五節　海雲繼夢法師的新古典華嚴學

　　經過兩三代高僧大德的努力探索，臺灣佛教在保持禪淨清修老傳統的同

〔註198〕范觀瀾：《感受心靈震撼——隨成一長老金秋大陸弘法之旅散記》，《成一法師傳》，臺北：華嚴蓮社，第351頁。

〔註199〕范觀瀾：《感受心靈震撼——隨成一長老金秋大陸弘法之旅散記》，《成一法師傳》，臺北：華嚴蓮社，第357頁。

時,也開出了注重慈善救濟的新風氣,走出了古典形態,完成了與現代生活的對接,實現了自身的現代化,形成了繁榮昌盛的局面。海雲繼夢法師所開創的大華嚴寺係,雖不如佛光山、法鼓山、中臺禪寺、慈濟功德會等佛教團體那樣聲勢顯赫,如日中天,但因其通過講經說法的方式,高揭「充實和提升生命質量」的宗旨,將《華嚴經》演繹為「生命的大花園」,在空虛、失衡、混亂、憂鬱、冷漠、無奈、恐懼、苦悶等現代病症非常流行的情況下,祭起「新古典華嚴」的大纛,希望以此導正人性、淨化社會、教育人心、提升質量,尤為關注青少年、健康、事業、家庭、老年等問題,保持著一股蓬勃興盛的發展勢頭,在臺灣佛教界顯得非常有特色,因而也受到人們越來越多的關注。

一、身世法脈

　　釋海雲,師俗名陳鶴山,法名昌一,字繼夢,別號海雲,故以「海雲繼夢」行世,1949 年生,祖籍臺灣省宜蘭縣,五世經商,家稱豪富,父諱榮財,母莊氏,1973 年畢業於臺灣中興大學經濟系,服役於臺灣軍方政戰部勤聯測量隊,兩年後退役並建立家庭,曾一度供職於臺灣經濟部物價會報。海雲法師於 1976 年開始接觸佛教,從此逐漸深入教海,遊心法界,兩年後甚至辭去一切俗務,專志道業,以弘揚華嚴經教為己任,1991 年底,因緣成熟,於北京法源寺依止夢參老和尚祝髮,1993 年於香港妙法寺超塵老和尚座下受具足戒,次年起開始在臺灣全省講經弘法。1999 年,海雲法師創辦大華嚴寺,為第一世,其弘法足跡逐漸遍及東南亞、北美、澳大利亞、新西蘭等地,化緣廣被,法席甚盛。

　　2004 起海雲法師開始到中國大陸講經說法,在西安得以結識體慧法師。經體慧法師的引薦,2008 年 9 月臺北樹林福慧寺欽因老和尚決定將賢首兼慈恩宗第四十二世、高原明昱(兼慈恩宗)法系第十八世的法卷傳付海雲法師。這既是臺灣佛教界對海雲法師三十多年來弘揚華嚴宗教義的肯定和讚賞,更是對海雲法師將華嚴宗發揚光大的一種期許。海雲法師對此也頗能心領神會,所以他在《賢首宗付法大事之緣起與意義》一文中不無激動地說:「此一授職禮,除了歷代祖師對此三十年遊心法界的認同,亦是此法界游子所覓得的歸宿。已然安返故園,一則迎之以殊勝禪悅之法宴,一則為肩負重整宗門基業之大任。故重光賢首宗風,欲令法乳遍流三千界,一項劃時代之『新古典華嚴』

菩薩基業的偉大擘畫即將展開，此不正是普賢行者之無盡行願乎！」〔註200〕
從老一輩祖師手中接過法卷衣缽，不僅使他頓然湧起「認祖歸宗」之感，也強
化了他本所具有的荷擔如來家業、傳承華嚴宗風的歷史使命感。

　　按，華嚴宗為中國佛教主要宗派之一，該宗以《大方廣佛華嚴經》為宗經，
奠基於初唐時期的高僧杜順、智儼，大成於武則天時期的高僧賢首法藏國師，
故而又號賢首宗。賢首之後，澄觀、宗密，師資相承，盛倡五教十宗、四種法
界、六相圓融、十玄無礙等，唐末因會昌滅佛而沈寂，入宋之後有長水子璿、
晉水淨源等名德，明代後分為高原明昱、寶通照燈、雲棲袾弘、雪浪洪恩等四
大法系，傳承至今。〔註201〕海雲法師從欽因老和尚處所接之法即屬華嚴宗中
高原明昱法系。對於法系中「賢首兼慈恩宗」，海雲法師是這樣理解的：「明昱
祖師一生號『輔慈』，可見志在慈恩，且生平皆唯識之屬，賢首宗之論述反之
闕如。換言之，高原明昱雖接賢首宗嗣（戒律的傳承世系），在義學方面卻宗
於唯識，就其個人而言，或認為接慈恩之法嗣，但傳至目前，卻唯有賢首衣缽
而無慈恩衣缽。」他猜測，「是否慈恩宗傳承為高原本人的義學偏好，如是付
囑而已！」〔註202〕這表明他所受法卷上雖然赫然寫明「賢首兼慈恩宗」，但實
際所受的只是賢首宗的衣缽而已，而他本人對於慈恩義理似乎也沒有表現出
太多的興趣來。

　　海雲法師的成長經歷可有多方面的啟發。一者，海雲法師宗取華嚴，是其
特殊的人生機緣使然，此後講經說法三十餘年，實都屬於個人偏好，而從欽因
長老接法則使他獲得了宗師地位，自然也強化了他「接續宗風」的責任感。二
者，宋明時期的華嚴宗傳承是中國佛教發展史上非常重要的環節，但人們除對
云棲一系略有所知以外，對其他各系皆知之不多，大華嚴寺在接法中披露的宗
史資料正好可以補此之不足，為今後的宋明華嚴宗研究提供了素材和思路。三
者，華嚴宗內部以「無盡藏燈」的方式傳法，有「枝葉光茂」、「含暉發焰」、
「分枝布影」三種不同，〔註203〕也為宗教研究提供了不可多得的歷史素材。

〔註200〕 大華嚴寺無盡藏燈付法會：《賢首宗付法師資記》，臺北：大華嚴寺，2008 年，
　　　　　第 3 頁。

〔註201〕 大華嚴寺無盡藏燈付法會：《賢首宗付法師資記》，臺北：大華嚴寺，2008 年，
　　　　　第 336～339 頁。

〔註202〕 大華嚴寺無盡藏燈付法會：《賢首宗付法師資記》，臺北：大華嚴寺，2008 年，
　　　　　第 19 頁。

〔註203〕 大華嚴寺無盡藏燈付法會：《賢首宗付法師資記》，臺北：大華嚴寺，2008 年，
　　　　　第 16 頁。

四者，作為獨立形態的慈恩宗雖無傳承，但作為「寓宗」，即寓居於其他宗派之中的宗派而得到了傳承，如高原法系的「賢首兼慈恩宗」即為其例。還有，臺灣是保留傳統色彩相對較多較為完整的地方，也是中國最為現代化的地方之一，與臺灣其他方面的佛教實踐一樣，海雲法師的弘法及接法實際上就是將古老傳統與現代生活實現完美結合的成功範例之一。

二、志繼賢首

　　杜順、智儼、法藏、澄觀、宗密，五葉相承，是為華嚴五祖。五祖各秉高才卓識，遊心法界，著作等身，義理精湛，形成了博大精深的賢首宗教典，這是中國佛教對人類的精神家園所作出的一大貢獻。海雲法師年未而立即與之深心相契，對之心相體信，以自己的生命體驗證明了華嚴教理在當代生活中仍具有安頓身心的普世價值，因此潛心一乘，矢志弘揚，以繼起賢首之教為己任，年逾不惑，毅然披剃，成為一代以華嚴命家的高僧大德。

　　海雲法師的親師取友可以說就是他志繼賢首之情感的具體體現。臺灣佛教十分發達，著名道場所在多有，高僧大德海會雲集，四海向風，但他之所以依止夢參長老，乃是因為夢參長老是以講說《華嚴經》著稱於世的老和尚。無論兩人在個人行履及對菩薩事業的理解上有多大的差異，有此一點，足可以使二人彼此心照，道合神契，遂定師資，夢參長老之開門收徒，為之剃度，有由然矣！夢參長老雖以講《華嚴經》而著名，但他畢竟屬於禪宗南宗臨濟派下，非是賢首的後學，其說《華嚴經》，未必取徑於賢首家判教之儀範，縱或有所資取，亦屬借鑒，最多不過是使賢首宗義寓於禪宗中以傳耳。此雖不足以妨礙他弘揚自己心儀的華嚴教理，但不可避免地要使他的弘揚缺乏華嚴宗師應有的權威，甚至被競爭對手譏為「拋卻自家無價珍」的「沿門托缽」、「拋家散走」，授人以接臨濟之法而不能專意參禪的口實，且在未來的傳承之中無法將華嚴宗義理付囑其後代學人，或者雖有付囑，因後代所受法系仍屬臨濟而將講說華嚴教理僅僅視為他個人的特殊愛好；我們知道，宗教思想的開創若無若干代人傳承不絕，弘揚發揮，最終也是最好的結果就是流為一種學說，難以對人們的精神世界形成強大而深遠的影響。職此之故，海雲法師必然會尋求機會去「認祖歸宗」，這對他而言，具有為自己數十年來弘揚華嚴教理獲取形式合理性的意義。他最終從欽因長老處接過賢首宗的法卷和衣缽，成為賢首宗的第四十二代（以賢首法藏為初祖），也就是華嚴宗第四十四代祖師（以杜順為初祖，智

儼為二祖，法藏為三祖），將自己的事業和華嚴五祖這些經典作家接續起來。由此可見海雲法師親師取友之慎重，非景慕門風、攀龍附鳳者所可比擬，其二度投師，前番使他獲得了出家比丘的身份，後次使他具有了華嚴祖師的地位，皆非從學受教，而重在證道契心，考之華嚴宗史，堪比澄觀私淑賢首而繼嗣，宗密閱讀疏鈔而定資，而澄觀、宗密也都是由禪宗而入華嚴教門的祖師大德；道未墜地，弘之在人，古今千載，相映成趣。

在五祖略傳之後，海雲法師滿懷景仰地說：「以上華嚴五祖著述為賢首一家教觀根本。帝心、雲華著華嚴觀法。賢首、清涼著《華嚴》疏鈔。後世宗者，宗此觀法；傳者，傳此觀法疏鈔耳。認清此意，則邪不能亂正，法不能滅矣！至於《華嚴》經文，乃三千世界共尊，非我賢首一家之私學也。經文之不傳，是果位菩薩羅漢之責；教觀之不明，為吾輩自利利人之事。異此則邪而已矣，何可緩其所急而急其所緩哉！」〔註204〕在海雲法師看來，《華嚴經》是佛教界的共同尊崇的佛教經典，是修行到了終極果位的佛與大菩薩們所親證的真理的直接顯現，杜順、智儼之修觀，法藏、澄觀之疏鈔，則為眾生領略《華嚴經》所展示的重重無盡、主伴具足的真理境界敷設了方便、搭建了臺階；他將率領眾生，以真實的修證，循此教法而至彼究竟，充分展現了他作為一代祖師要祖述華嚴五祖、振興華嚴義理的思想追求和堅強決心。這種決心在他所創建的道場大華嚴寺的冠名上也有體現，如其在臺北者為「草堂山」（宗密居住於終南山圭峰草堂寺），在臺中者為「雲華山」（智儼住雲華寺），在嘉義者為「清涼山」（五臺山又稱清涼山，澄觀長住此山），在臺南者為「香象山」（賢首法藏之講經，如香象渡河，故被尊為「香象大師」），在高雄者為「雲鶴山」（海雲法師俗名鶴山），此非「泥古不化」，亦非「擬聖太過」，除了寓有「取法乎上」之意外，還應當寓有將自己的生命境界進行無限充實和提升的宏願。

三、盛弘華嚴

《華嚴經》晉譯60卷，唐譯80卷，貞元譯40卷，其他支品別譯及眷屬諸經更是量逾恒沙。作為華嚴宗創宗立派的依據，《華嚴經》被推尊為「根本法輪」，「圓滿法輪」、「無上法輪」。關於此經的由來，華嚴宗的高僧大德謂為佛初成道，入「海印三昧」，在「蓮華藏世界海」中為四十二位法身大士所說，

〔註204〕大華嚴寺無盡藏燈付法會：《賢首宗付法師資記》，臺北：大華嚴寺，2008年，第44頁。

經大龍菩薩結集，藏之龍宮，由龍樹菩薩誦出，遂得以流通於人間。這就是有關《華嚴經》來歷的「三龍傳說」。此說神乎其神，在神氣氤氳的古代社會裏，固然足以神化此經，但在科學昌明的今天，則適以顯其虛無與荒誕而已。海雲法師充分吸收了學術界的研究成果，證成《華嚴經》是從人類自性中直接顯現出來的真理，是人類古代五大文明的精華，是佛教發展的思想高峰，在新的語境中重新確立《華嚴經》的崇高思想地位和重大文化價值。

《華嚴經》是從人類自性中直顯的真理。海雲法師指出，佛法的傳承可分為文化與真理兩個部分。佛教文化的傳承是指外在的表現形式，往往因時、地不同而互有差異，如佛教的三系，即漢傳佛教、南傳佛教與藏傳佛教，在服裝衣飾、飲食習慣等方面，就有著諸多的不同，由此形成樣式各異的傳統。海雲法師認為，這些都是文化，會隨著時空而變化，隨著潮流而更改。佛教真理的傳承則是對佛陀法身慧命的傳承，包括佛境界和成佛之道。在海雲法師看來，《華嚴經》是「完完全全、百分之百繼承了佛陀真理的 DNA」〔註205〕。明乎此，則可知上述的「三龍傳說」，不過是一種文化上的傳承而已，所謂的「大龍結集」、「藏於龍宮」、「龍樹誦出」等，都不過是一種表法，即表明《華嚴經》真理性的特殊方法：「大龍菩薩，乃是指有大善根器者」，「龍宮是自性海的意思，表示我們的佛性」，「龍樹指有大善根、又有建設性的人」；合而言之，就意味著「有大善根的人，把佛陀這一類的東西彙集起來，收藏起來，從自性海中把它開發出來，貢獻給大眾，這是《華嚴經》應世的因緣。」〔註206〕海雲法師堅信，「經典所講必定不離人生、不離人性，離不開生命與生活。」〔註207〕海雲法師對「三龍傳說」的解釋正是這種信念的體現，而經此一番解釋，文化傳承層面上的「三龍傳說」於是乎脫略了虛無縹緲的神話色彩，具備了在真理的維度上展示《華嚴經》殊勝的意味。

《華嚴經》是人類古代五大文明的精華。「三龍」既然只是古德們為彰顯《華嚴經》的真理性而創造出來的一種「傳說」，屬於佛教文化的範疇，那麼，這部偉大的經典到底是從何而來呢？學者們普遍認為，《華嚴經》的支品經，如《兜沙經》、《本業經》、《漸備經》等，可能是在印度北部和中國西域形成的，但全經的結集，卻可能是在中國西域的和田地區完成的。因此我們說，海雲法

〔註205〕海雲繼夢：《華嚴學導論》，臺北：空庭書苑，2009 年，第 8 頁。
〔註206〕海雲繼夢：《華嚴學導論》，臺北：空庭書苑，2009 年，第 11 頁。
〔註207〕海雲繼夢：《華嚴學導論》，臺北：空庭書苑，2009 年，第 12 頁。

師有關「《華嚴經》的故鄉在西域」的斷言，是對學界研究成果的吸收，是教界對於如何促進思想創新而進行的大膽嘗試。海雲法師從歷史地理學的視角考察，認為古代的西域「地處中國、印度、巴比倫、埃及以及希臘羅馬等人類五大古文明的中心」，在人類古代文明的交流中具有得天獨厚的地理優勢，「由於這裡各大文明圍繞在四周，因此這裡也成為了各大文明興衰的疏洪道，這五大文明之中，有任何一個文明衰敗崩潰之時，便有人民往此地避難，促進了東西方之間各大文化與文明的交流。」〔註208〕各種古代文明的思想成果在這裡相互激蕩，相互融合，為偉大經典的形成創造了良好的條件。「當時的大善根器者，將人類五大文明中的精華，將人生為人處世的原則軌則彙集起來，彙集了各文明中人類生命的精華」，由此形成了《華嚴經》這部「人生最佳指導原則的經典」〔註209〕，而結集此經真正完成的時間，「大約是在公元二世紀到三世紀之間。」〔註210〕這種將《華嚴經》放置在人類文明交流與融合的高度加以推崇的觀念，也可以為學界接受和贊同，其普遍意義在今天自較「三龍傳說」更為重大和明顯。

　　《華嚴經》是古代佛教思想發展的高峰。海雲法師認為，「經典乃是行者生命體驗與兌現的記錄」〔註211〕，因此，能夠體驗與兌現生命的行者也就成了經典形成的主觀和先決條件，而行者也由此而成為真理的化身或人格化。佛教的歷史，從形式上看是聖聖相繼，心心相印，促成了佛教思想的發展和昇華，而實質則為真理的不斷發展、豐富和完善。海雲法師將佛教思想的發展分為三個時期，而《華嚴經》就屬於第三期的集大成。海雲法師論述道：「從歷史背景來看佛教思想發展，我們可以這樣劃分：第一期佛教思想的階段，乃是佛陀對印度文明產生的革命；第二期佛教思想，是對佛教本身第二次的革命——由小乘轉變成大乘；而第三期佛教思想也是一種革命：第二次佛教興起以後又再度被印度文明所吸收，因此它必須再超越，佛教乃從印度的文化沃土中再吸收養分，形成了第三期的佛教思想，而此時的思想，整個傳承彙集到《華嚴經》中，其思想的集大成，即是在西域形成的。我們說《華嚴經》繼承了佛陀法身慧命的 DNA 的傳承，原因即在此。」〔註212〕古代的人們由於生活範圍的狹

〔註208〕海雲繼夢：《華嚴學導論》，臺北：空庭書苑，2009 年，第 12 頁。

〔註209〕海雲繼夢：《華嚴學導論》，臺北：空庭書苑，2009 年，第 13 頁。

〔註210〕海雲繼夢：《華嚴學導論》，臺北：空庭書苑，2009 年，第 14 頁。

〔註211〕海雲繼夢：《華嚴學導論》，臺北：空庭書苑，2009 年，第 20 頁。

〔註212〕海雲繼夢：《華嚴學導論》，臺北：空庭書苑，2009 年，第 24 頁。

小，在設計理想的未來時缺乏足夠的比較對象，往往只能將目光投向遙遠的古代，由此形成濃厚復古主義的思想傾向，於是乎其最主要的推崇方式就是展現事物的古老、最初，時間上的在先也就意味著真理的純正無雜；而現代人接受了發展和進化的觀念，時間上的古老、最初和在先也就具有原始、樸陋、簡單和不完備的意義。因此我們說，海雲法師以《華嚴經》為佛教思想第三期發展的集大成，既在一定程度上符合了學者們研究出來的歷史真相，又可以滿足今天的佛教信眾以最為崇高和圓滿的經典印證自我的心理需求。

當然，對於自己對《華嚴經》的新式界定和推崇，能否得到教界的認同和肯定，海雲法師還是有些擔心的。他不無自我辯白意味地說：「我們要瞭解古代的思想，祖師留給我們的這些寶藏，我們必須要重新以現代的立場來看待。我以一個華嚴宗弟子的身份，論述《華嚴經》是人類五大古代文明的精華，此中並無藐視《華嚴經》是佛陀最高境界之意。我可以跟各位肯定：這樣的表達方式絕不違背古人的旨意，而且會更符合現代主流社會以及知識分子的需要，也更顯現宗門的殊勝與榮耀。佛法在世代的交替當中，我們對古代經典的詮釋，確實有必要以現代的立場重新加以詮釋。」〔註213〕很顯然，海雲法師的努力只能算是促使華嚴宗實現當代嬗變的開端，只有這種觀點被華嚴信眾普遍接受之時，古典華嚴才能真正實現新式的發展。

海雲法師在深入教海，飽餐法味之餘，不辭勞苦，辛勤弘宣於各地。但此經卷帙浩繁，講幢一豎，動逾年歲，講者不變，聽眾已數易矣，故而海雲法師講經有一個特點，即每一講都獨立成篇。雖則海雲法師於《華嚴經》，無論80卷本還是40卷本都有通講之勞績，但為契當今一段時機，他對《華嚴經》中比較短小精悍的《淨行品》、《梵行品》及《普賢行願品》特別重視，有時單獨揭出，稱為「華嚴三品」。

海雲法師將《淨行品》視為「前行」，即修行的準備階段。在《華嚴經》中只有半卷篇幅的《淨行品》很有特色，經文為智首問如何修行，文殊回答修行之要在「善用其心」，並舉出141例，如「菩薩在家，當願眾生，知家性空，免其逼迫。…著瓔珞時，當願眾生，捨諸偽飾，到真實處。…下足住時，當願眾生，心得解脫，安住不動。…整衣束帶，當願眾生，檢束善根，不令散失。…大小便時，當願眾生，棄貪瞋癡，蠲除罪法。…以水洗面，當願眾生，得淨法門，永無垢染。」乃至「以時寢息，當願眾生，身得安隱，心無動亂。睡眠始

〔註213〕海雲繼夢：《華嚴學導論》，臺北：空庭書苑，2009年，第15～16頁。

寤，當願眾生，一切智覺，周遍十方。」無論衣食住行，還是便洗眠寤，都要求修行者保持清醒和警覺。海雲法師說，修行「不是為了展示給別人看的，也不是為了讓大家都知道，完全是為了自己的身心安詳，為使自己在這紛紛擾擾的世界中求獨立」〔註214〕，人們不能因為好玩、有意思就去學佛，「應該在感覺佛法很好的當時，讓它對我們的生命產生啟發與蛻變的作用，提升生命質量，改變生命氣質。」〔註215〕日常生活中的動靜云為無不是修行，此即「隨緣而修」。

海雲法師將篇幅更加短小、只有千餘字的《梵行品》視為「正行」，即正式的修行階段。經文以正念天子發問開始，菩薩出家，「云何而得梵行清淨？」法慧菩薩回答，「應以十法而為所緣，作意觀察。所謂身、身業、語、語業、意、意業、佛、法、僧、戒。應如是觀：為身是梵行耶？乃至為戒是梵行耶？……如是觀察，梵行不可得故，三世法皆空寂故，意無取著故，心無障礙故，所行無二故，方便自在故，愛無相法故，觀無相法故，知佛法平等故，具一切佛法故，如是名為清淨梵行。……知一切法即心自性，成就慧身不由他悟。」不執著任何法相可以說是梵行的關鍵，海雲法師對此解釋說：「『梵』字有『淨而無淨、即淨非淨』之意，所以『梵行』是指隨緣離緣、隨相離相的清淨修行。」〔註216〕禪僧常說：「金屑雖貴，入眼成翳。」服藥本為除病，執藥反會生病，邪法自然當離，正法亦不應流連。如此淨化生命，方是真正的淨化，方能達到真正清淨無染的境界，實現對生命品格的真正提升！

海雲法師將《普賢行願品》視為「妙行」，即修行有成之後繁興大用的階段，對其尤為重視。該品原是般若所譯40卷《華嚴經》的最後一卷，經文有長行、偈頌兩部分，普賢菩薩告訴善財童子，成就佛之功德應修十種廣大行願：一、禮敬諸佛，二、稱讚如來，三、廣修供養，四、懺除業障，五、隨喜功德，六、請轉法輪，七、請佛住世，八、常隨佛學，九、恒順眾生，十、普皆迴向。虛空界盡，眾生界盡，眾生業盡，眾生煩惱盡，我此行願無有窮盡，念念相續無有間斷，身語意業無有疲厭。海雲法師認為，「十大願王」就是「法界的大經」、「圓滿的大法門」，即《華嚴經》的「根本」和「最後結論」。〔註217〕只要依此「十大願王」修行，「貪、瞋、癡、慢、疑逐漸消除，戒、定、慧、解

〔註214〕海雲繼夢：《智慧一切搞定》，臺北：空庭書苑，2001年，第41頁。
〔註215〕海雲繼夢：《智慧一切搞定》，臺北：空庭書苑，2001年，第254頁。
〔註216〕海雲繼夢：《梵行清境》，臺北：空庭書苑，2003年，第PVII頁。
〔註217〕海雲繼夢：《普賢行願》，臺北：空庭書苑，2003年，第124頁。

脫、解脫知見逐漸增長，這就是生命質量的逐漸提升。」〔註218〕提升到極點，就是成佛。「這一卷經文給我們的最大啟示就是動態而永無止境的生命觀，生命沒有終點，它永遠一直前進，這叫生生不息，所以學佛的人對於前途永遠抱持著燦爛、光明、芬芳的態度。」〔註219〕

海雲法師經常將「華嚴」（原意為「雜花莊嚴」的縮略）解釋為「花園」，認為《華嚴經》就是一座使無限多樣的生命之花獲得充分綻放的大花園。他在對《淨行品》、《梵行品》及《普賢行願品》的講述中，要求人們突破「軀殼小我」的限制，「善用其心」，將自我與廣大眾生聯繫起來，永遠保持生命的自由狀態，將生命的充實和提升安置在無限廣大、永無止境的法界之中。這種思想既有《華嚴經》與華嚴諸祖的理據，也有海雲法師從當代生活體會中對古典華嚴的創新和發展，既集中體現在他對「華嚴三品」的講述中，也貫串於他對整部《華嚴經》及華嚴宗祖師的論著如《三聖圓融觀門》、《心要法門》等的講解之中。除了宣講《華嚴經》，對於流傳廣泛、深得信眾喜愛的《心經》、《金剛經》、《六祖壇經》等，海雲法師也進行了解說，形成了《非常壇經》、《非常金剛經》、《非常心經》等著作，將他重視生命解脫、淨化、充實與提升的思想滲透到當代人對這些經典的理解中，也將這些經典納入到新古典華嚴學的經教體系中來。

經過漫長的歷史積累，中國佛教諸宗派已然形成各自的弘法傳統，佛教信眾各依自己的因緣和好尚，在誦經、參禪、念佛、持咒等諸多法門中有所取捨，一門深入，希望以此能直達究竟。海雲法師遊心於法界，提出華嚴禪、華嚴淨、華嚴律、華嚴密等，廣開法門，為他開創的新古典華嚴學建立了一張「疏而不漏」的「恢恢法網」。

華嚴禪。太虛法師說過，中國佛教的特質在禪。中國佛教宗派的創立，就是將南方盛行的義學與北方盛行的禪修相互融合的結果。海雲法師非常重視禪修，以之為實踐華嚴哲學、進行生命改造、「體驗生命花園意境和存在奧秘」的偉大工程。對其具體做法，海雲法師有兩部《華嚴禪行法》。在第一部中，海雲法師以具足外緣、訶欲棄蓋、持戒調和、七支坐相為「初階」，以世間禪、出世間禪、出世間上上禪為「前行」，以數、隨、止、觀、還、淨，即安那般那行法為「正行」，禪定功深，心無攀緣，繁興大用於廣大法

〔註218〕海雲繼夢：《普賢行願》，臺北：空庭書苑，2003年，第141頁。
〔註219〕海雲繼夢：《普賢行願》，臺北：空庭書苑，2003年，第147頁。

界則為「妙行」。〔註220〕在第二部中，海雲法師提出臨濟義玄禪師的「三玄三要」之語，以「句中玄」為「摸索階段」，以「意中玄」為「正行」，以「體中玄」為「妙行」。〔註221〕在此，我們可以看出海雲法師的華嚴禪的具體行法實是在「華嚴三品」指導下對天台禪法和臨濟看話禪的綜合與融攝。

華嚴淨。自廬山慧遠以來，淨土法門即在中國流行，初唐善導提倡稱名念佛，以其簡便易行，風行海內，以至於形成「家家阿彌陀，戶戶觀世音」的局面，成為中國佛教各宗派共同宗取的修行方式。海雲法師對市井坊間流行的稱名念佛心存不滿，認為阿彌陀佛的極樂世界原是佛陀用以堅定阿羅漢們信心的，後賢不察，以執持名號了此殘生。為匡正時弊，他從40卷《華嚴經》中釐出5卷經文，組織成《華嚴淨土大念佛章》，其修法核心即是「我入法界，法界入我」，因自淨其心而得生淨土，回到「生命的故鄉」，強調信根具足（能於一切心無憍慢，於諸眾生生平等心，於諸如來修真供養），於眾生事業擇一而修，力行終身，遇有業障現前，即行拜懺，回歸三寶。〔註222〕如此則是以當世色身（穢）行法身（淨）之事，法身（淨）入於色身（穢）之中，終能轉穢為淨，具有極強的華嚴圓融特性和唯心淨土意味。

華嚴律。戒律是對佛教信眾個人行持及集體生活的約束、規範和引導，關係到佛教生活的嚴肅性和純正性，歷來為各宗所重視。海雲法師認為，戒律，用現代的話語來說，就是對僧眾的組織、制度與管理，其根本目的就是讓發心修行的人能夠盡快達到解脫的目標。在他看來，佛教的戒律是淨土與紅塵的分界線，依戒而住就是安住於淨土之中。他希望以華嚴戒法，即「普賢行者五大戒法」，包括「五戒」、「發菩提心戒」、「三昧耶戒」、「梵網菩薩戒」、「普賢戒」，勾勒出人生莊嚴亮麗、止於至善的修行藍圖，讓生命綻放出光彩和芬芳。〔註223〕這部分內容頗能看出海雲法師在現代語境中對古老戒律的變革和創制，但此為僧團內部行法，外人難知其詳。

華嚴密。唐密雖久絕於中土，但中國佛教中一直具有密法的因素，而華嚴宗與佛教密法猶有淵源，史載賢首曾修大黑天、十一面觀音等密法佐助當時的

〔註220〕 參見海雲繼夢：《華嚴禪行法一》，臺北：空庭書苑，2002年。
〔註221〕 參見海雲繼夢：《華嚴禪行法二》，臺北：空庭書苑，2002年。
〔註222〕 大華嚴寺無盡藏燈付法會：《賢首宗付法師資記》，臺北：大華嚴寺，2008年，第165頁。
〔註223〕 大華嚴寺無盡藏燈付法會：《賢首宗付法師資記》，臺北：大華嚴寺，2008年，第166頁。

軍國大事。海雲法師提出「華嚴密」的概念，認為源自《華嚴經》的華嚴密法較之唐密更有價值，為了充分彰顯華嚴密的意義，他曾系統的講授過密法修行，留下了《悠活三昧──密法修行概要》、《生命密境──曼陀羅的世界》、《深深密──密行指引》、《神聖的遊戲場──華嚴密法》等講記。在他看來，華嚴密法就是解讀生命奧秘的方法：佛曼陀羅表生命的本質，法曼陀羅表生命的軌跡，三昧耶曼陀羅表生命的動力，羯磨曼陀羅表生命的行動，其修法核心就是以毗盧遮那佛為本尊，以普賢菩薩為上師，通過身、口、意三密合一與上述四曼交融，達到「我入法界」、「法界入我」的狀態。〔註224〕

　　講經說法是中國佛教進行義理創造的基本方式。海雲法師繼承了這一傳統，建立了體系龐大、內容廣泛的新古典華嚴學，並使之不斷得到豐富、充實和發展。正是在講經說法的過程之中，海雲法師高樹法幢，廣結法緣，接受了大批的弟子和信眾，建立了自己的道場和法系，從而在臺灣佛教界中異軍突起，成為一個不可小覷的派別。

　　作為 E 時代的和尚，海雲繼夢法師的思想特色不僅在於用 E 時代的語言對佛陀的經典教法進行生活化、人性化的闡釋，使那些厚重的遠離現代社會的古代經典獲得一種新的、活潑的表現形式，更重要的，在於他依據自己獨特的人生體驗對華嚴宗義理所做的重新印證和創造發展，將佛教的本質界定為對生命的解脫、淨化、充實和提升。

　　許多人認為，佛教的「空」、「絕欲」、「出離」、「解脫道」、「出世間」等說法，都是對現實人生的否定，他們因此得出結論，說佛教的修行就是對生命的輕視和漠然。而海雲法師的觀念與此恰恰相反。他認為，佛教要否定的不是生命本身，而是遮蔽了生命光彩、對生命造成污染和破壞的各種「意識形態」，包括那些自以為是的主觀偏見和牢不可破的成見，自私自利的欲望、追求，無聊、庸俗、淺薄、浮躁的時髦、風尚等，由此形成了「世間」，生命沉淪於此，便是生死流轉的無邊苦海。佛教並不否定人生的多樣性，也不否定對幸福的追求，「人生在世生活形態各有不同，這就是『雜花莊嚴』，但是追求幸福、自在、快樂的目標卻是一致的。…任何法門都在於導引我們的生命達到止於至善的境界。」〔註225〕在海雲法師的思想意識中，生命就是法界的實相、真理、本

〔註224〕大華嚴寺無盡藏燈付法會：《賢首宗付法師資記》，臺北：大華嚴寺，2008 年，第 164 頁。

〔註225〕海雲繼夢：《普賢行願》，臺北：空庭書苑，2003 年，第 39 頁。

體，具有無遠弗屆的普遍性，渾然一體的絕對性，永恆不變的成長性，佛教經典，特別是《華嚴經》，以表法的形式揭示出生命的終極意義和最高價值，「文殊即感受生命的能力，普賢則是盡虛空、遍法界的那個生命的存在。」〔註 226〕文殊與普賢交融則是毗盧遮那佛，這意味著佛教的究竟果位就是對生命的最為完全、徹底的感受和覺醒。

若明乎此，則自然可知佛教的修行不是教人逃離現實，趨向沈寂，在海雲法師看來，真正的修行就是「淨化生命因素，訓練自己，把內在的性德引發、展現出來。……上求佛道是讓生命因素淨化，恢復本來的樣子；下化眾生則是讓自己跟外面的境界交融一體，真正能夠發揮性德，饒益眾生。」〔註 227〕「學佛修行，就是要充實生命能量，提升生命質量。當生命質量愈來愈高時，便能包容一切境界，這才是真正的殊勝，學佛最大的利益就在這裡。」〔註 228〕有些人迷信所謂的禪定修行，對那些「心如死水」、「夜不倒單」（禪僧長坐不臥）等極其崇尚，海雲法師認為，「這並不是佛法真正的修行方式，佛法鼓勵我們的是活潑、自在出入的修行方式。」〔註 229〕因此，真正的佛教修行者不但絕不否定和排斥現實，而且「盡全部生命的力量活在當下，活出本來的面目，這才是修行人的本色，而不是動不動就拿既有的意識形態來框住自己。」〔註 230〕只有破除了如許的「我執」、「法執」，使生命得到真正解脫、淨化，並隨著修行的逐步深入開展而不斷的得到充實和提升，最後獲得最大的自由和自在，即成就佛道。

海雲法師及門弟子對乃師的苦心孤詣深有體會：「華嚴的生命教育，更是以『集天下之菁英為眾生依怙，化三千穢土成極樂佛國』的立場而行。海雲和上的志業不僅在於成就行者，更展現為眾生之明燈；不但要求行者有成，更要成為眾生之領航。」〔註 231〕海雲法師雖未言及他的思想與太虛、印順、趙樸初諸人有何關聯，但人生佛教，或者說人間佛教已經成為臺海兩岸佛教發展的共同取向，海雲繼夢法師的新古典華嚴學實際上就是以生命哲學的形式從華

〔註 226〕海雲繼夢：《普賢行願》，臺北：空庭書苑，2003 年，第 87 頁。

〔註 227〕海雲繼夢：《梵行清境》，臺北：空庭書苑，2003 年，第 PⅧ頁。

〔註 228〕海雲繼夢：《普賢行願》，臺北：空庭書苑，2003 年，第 74 頁。

〔註 229〕海雲繼夢：《心要法門講記》，臺北：空庭書苑，2008 年，第 258 頁。

〔註 230〕海雲繼夢：《心要法門講記》，臺北：空庭書苑，2008 年，第 107 頁。

〔註 231〕大華嚴寺無盡藏燈付法會：《賢首宗付法師資記》，臺北：大華嚴寺，2008 年，第 146～147 頁。

嚴宗的立場上對這一趨勢的把握和彰顯。

　　無論是月霞、應慈、智光、藹亭、南亭、成一等人的一系相承，還是海雲繼夢的異軍突起，這些高僧大德均以華嚴標宗立教。他們建立了專門弘揚華嚴宗思想和義理的道場、學院和研究機構，通過講經說法，培養了一大批以弘揚華嚴為職志的僧眾和居士，成為中國近代華嚴學復興的主力，也展現了華嚴宗思想觀念和思維方式的獨特魅力，為中國近代思想的豐富和發展做出了重要貢獻。

第二章　寓宗華嚴

　　除了華嚴宗人以專門弘揚華嚴、復興華嚴為職志外，近現代不少不屬於華嚴宗系統的高僧大德，如楊仁山、弘一大師、太虛大師、淨慧長老等，他們雖然不以華嚴宗作為自己專門弘揚的法門，但仍然講說華嚴宗的經教思想義理，在客觀上豐富和發展了華嚴學的思想和義理，為近代華嚴學的復興積累了話語，也提供了諸多的便利。

第一節　楊仁山對老莊的華嚴學解讀

　　近代中國佛教振興的推動者楊仁山所著《道德經發隱》《南華經發隱》，雖然僅注解了《老子》中的三章（一、六、五十），《莊子》中的十二個關鍵詞，但卻是以佛教義理特別是華嚴宗義理詮釋《老子》和《莊子》的名篇，展現了華嚴宗思想義理作為一種經典詮釋方法的意義和價值。

　　楊仁山（1837～1911），名文會，號仁山，安徽石埭人。楊仁山自幼讀書，即不喜科舉，同治三年（1864）因病休養期間，他接觸到《起信》、《楞嚴》等佛典，由是信佛。當時剛剛經過太平天國的戰亂，江南佛教受到了嚴重的摧殘，佛經極為罕見，因此他於同治五年（1866）倡立金陵刻經處，募款重刻方冊藏經，以便佛經能夠流通民間，成為中國近代佛教復興的契機。光緒三十四年（1908），為了提高中國僧眾的素質，他於金陵刻經處設祇洹精舍，招收太虛、智光、歐陽漸等僧俗學生十餘人，開啟了中國近代僧伽教育的先河。楊仁山著有《大宗地玄文本論略注》四卷，《佛教初學課本》並《注》各一卷，《十宗略說》一卷，《陰符》、《道德》、《莊》、《列》、《論語》、《孟子》發隱各一卷，《等

不等觀雜錄》八卷,《觀經略論》一卷,《闡教編》一卷,金陵刻經處編印為《楊仁山居士遺著》。今人周繼旨點校、增輯為《楊仁山全集》,收入「安徽古籍叢書」。楊仁山自謂「教宗賢首,行在彌陀」,但他在弘揚佛法的過程中兼顧諸宗,規模廣闊,鼓勵學生深入各宗,開一代新風,影響極為深遠。

楊仁山的《道德經發隱》作於光緒癸卯(1903)季春之月,其中主要運用了華嚴宗的四法界義、如來藏義以及十玄門中的十世隔法異成門義等項義理。

一、以四法界義釋「玄妙」

華嚴宗四法界即事法界、理法界、理事無礙法界、事事無礙法界。若衡之華嚴五教,事法界重在闡明事數及名相,故為小乘及大乘始教法相宗之一部分;理法界重在闡明諸法性空之理,故屬大乘空始教;理事無礙法界以事顯理,以理成事,可為終、頓二教所攝;事事無礙法界則屬圓教,六相圓融、十玄無礙所闡釋皆其境界。

楊仁山將華嚴宗的四法界之義運用到對《老子》一章的疏釋之中。在楊仁山看來,《老子》開篇所謂「道可道,非常道;名可名,非常名」,意在「直顯離言之妙」,即直接彰顯永恆之道的不可言說,但這並不意味著不可言說的就是永恆之道。楊仁山將「有」理解為「當體空寂」的「天地萬物」,將「無」理解為「天地萬物」的「當體空寂」,如此以來,老子所說的「故常無,欲以觀其竅(一作徼);常有,欲以觀其妙」,自然也就具有了「即有以觀於無,則常有而常無」的意思,「無」代表著真理,「有」代表著事相,「二者俱常,不壞理而成事,不離事而顯理,名雖異而體則同也。無亦玄,有亦玄,度世經世,皆無二致,乃此經之正宗,可謂理事無礙法界矣。」〔註1〕換句話說,楊仁山一方面將無與有的相輔相成視為華嚴宗的理事無礙法界,判為《老子》的「正宗」,即主要的宗旨,另一方面又指出此上還有「玄之又玄」的境界,才是真正的「眾妙之門」,老子雖然將這一「重玄法門」點了出來,但因其「乃神聖所證之道,世人罕能領會」,並未予以詳細地解說,「後世闡華嚴宗旨者,以十玄六相等義,發明事事無礙法界,方盡此經重玄之奧也。」〔註2〕老子未能詳述的「眾妙之門」,後來由華嚴宗高僧運用十玄無礙、六相圓融等義理,做了

〔註1〕 (清)楊文會:《道德經發隱》,《楊仁山全集》,合肥:黃山書社,2000年,第236頁。

〔註2〕 (清)楊文會:《道德經發隱》,《楊仁山全集》,合肥:黃山書社,2000年,第236頁。

全面的闡發。楊仁山言下之意，《老子》雖然高妙，但若與華嚴宗相比，只是達到終頓教水平，尚無法企及華嚴圓教，其崇佛抑道的思想傾向顯露無遺。因此他總結說，「此章用有無二門，交互言之，以顯玄旨，為《道德》五千言之綱領，猶之《心經》用色空二門，兩相形奪，以顯實相，為《般若》六百卷之肇端。大凡載道典籍，文義雖廣，必有簡要之言，以為樞紐耳。」〔註3〕一章在《老子》全文中的地位，就如同《心經》在六百卷《大般若經》中的地位一樣，都是用以揭示核心思想的綱領性文本；一章運用有與無這對範疇，也與《心經》運用色與空一樣，都是通過二者的相輔相成和相互對立來揭示大道或實相這樣的終極真理的。

通過運用華嚴宗的四法界義理，楊仁山對《老子》一章中有與無的關係展開了全面的論述，並將有與無視為《老子》一書的綱領，充分彰顯了《老子》一書以德顯道和以道成德的思維特徵，無形中將《老子》的思想納入到他最為推崇的華嚴宗的義理結構之中。

二、以如來藏義釋「谷神」

作為真理或實相的真如在煩惱之中時，就被稱為如來藏。華嚴宗歷代祖師大德綜合《華嚴經》、《圓覺經》、《起信論》等各種經典的說法，形成了系統的如來藏思想。如華嚴宗五祖圭峰宗密就將如來藏作為人的本原。他說：「一乘顯性教者，說一切有情，皆有本覺真心，無始以來，常住清淨，昭昭不昧，了了常知，亦名佛性，亦名如來藏，從無始際，妄相翳之，不自覺知，但認凡質故，耽著結業，受生死苦。」〔註4〕由此可知，在宗密看來，本覺真心、佛性、如來藏都是意義完全相等同的佛學範疇。「初唯一真靈性，不生不滅，不增不減，不變不易。眾生無始迷睡，不自覺知，由隱覆故，名如來藏；依如來藏故，有生滅心相。所謂不生滅真心與生滅妄想和合，非一非異，名為阿賴耶識。」〔註5〕很顯然，宗密此處所說的「一真靈性」，就是佛性，當其為煩惱蓋覆，或含攝在生死流轉之中時，就被稱為如來藏，其與生滅妄想和合一處的狀態，就被稱為阿賴耶識。宗密的這些觀點可以說就是華嚴宗關於如來藏的經典論述。

楊仁山將華嚴宗的如來藏思想運用到對《老子》六章的詮釋之中。《老子》

〔註3〕　（清）楊文會：《道德經發隱》，《楊仁山全集》，合肥：黃山書社，2000年，第236頁。

〔註4〕　（唐）宗密：《原人論》，《大正藏》第45冊，第710頁上。

〔註5〕　（唐）宗密：《原人論》，《大正藏》第45冊，第710頁中。

六章云：「谷神不死，是謂玄牝。玄牝之門，是謂天地根。綿綿若存，用之不勤。」楊仁山解釋說：「谷者，真空也，神者，妙有也，佛家謂之如來藏。不變隨緣，無生而生，隨緣不變，生即無生。生相尚不可得，何有於死耶？玄者，隱微義，牝者，出生義，佛家名為阿賴耶。此二句與釋典佛說如來藏，以謂阿賴耶同意。從阿賴耶變現根身器界，或謂之門，或謂之根，奚不可者。綿綿若存者，離斷常二見也；用之不勤者，顯無作妙諦也。」〔註6〕《老子》以山谷的神奇譬喻大道的生成萬物、囊括天地、普遍永恆的特性，楊仁山以「谷」為「真空」，以「神」為「妙有」，由此將「谷神」詮釋成了佛教具有「真空妙有」之性的如來藏。真空乃實相之體，雖然具有永恆不變的本性，但可以隨方就圓，應物現形，變現為各種神奇的有，即妙有，這就是「不變隨緣，無生而生」；世間萬象，雖然是林林總總，森然羅列，但在本質上卻都是假名無實，依據因緣際會才得以幻化生起，此即是「隨緣不變，生即無生」。既然可以依據萬物生相的虛幻不實斷定萬物本質為空，那麼代表萬物毀滅的死亡自然也不能例外。《老子》又將「谷神」稱為「玄牝」。楊仁山認為「玄」為「隱微義」，以「牝」為「出生義」，「玄牝」由此變成了能夠隱藏、包含、出生萬事萬物的總根源，在佛教中被稱為第八識，即阿賴耶識。而佛經中也確實有「佛說如來藏，以為阿賴耶」的說法。〔註7〕佛教認為，人的六根暨身體，以及整個的外在世界，都是從阿賴耶識變現而出的。楊仁山據此將阿賴耶識解釋成《老子》所說的「天地根」，並認為「綿綿若存」準確表達了阿賴耶識遠離斷滅（非虛無）和永恆（可變現）的基本特性，「用之不勤」表達了阿賴耶識不假安排造作、隨緣變現萬事萬物的特性。

　　谷神、玄牝都是《老子》對道的譬喻，楊仁山運用華嚴宗的如來藏義進行詮釋，使其變成了如來藏、阿賴耶識等具有本體意義的概念，使佛道兩家的範疇實現了意義對接和思想轉換，既拓寬了華嚴宗義理的詮釋領域，又極大地豐富和深化了《老子》道論的思想內涵。

三、以十世義釋「十有三」

　　華嚴宗十世義，即十玄門中的「十世隔法異成門」。智儼解釋說：「十世者，

〔註6〕（清）楊文會：《道德經發隱》，《楊仁山全集》，合肥：黃山書社，2000年，第236頁。

〔註7〕（唐）地婆訶羅譯：《大乘密嚴經》卷下，《大正藏》第16冊，第747頁上；（唐）不空譯：《大乘密嚴經》卷下，《大正藏》第16冊，第776頁上。

過去說過去，過去說未來，過去說現在，現在說現在，現在說未來，現在說過去，未來說未來，未來說過去，未來說現在；三世為一念，合前九為十世也。如是十世，以緣起力故，相即復相入而不失三世，如以五指為拳不失指，十世雖同時而不失十世。……十世相入復相即而不失先後短長之相。故云隔法異成。」〔註8〕法藏以金獅子為喻解釋說：「師子是有為之法，念念生滅。剎那之間，分為三際，謂過去現在未來。此三際各有過現未來；總有三三之位，以立九世，即束為一段法門。雖則九世，各各有隔，相由成立，融通無礙，同為一念，名十世隔法異成門。」〔註9〕澄觀以夢為喻解釋說：「如一夕之夢，翱翔百年。」〔註10〕從華嚴宗歷代祖師的論述中可以看出，華嚴宗十世義，是指三世各有過現未來，共成九世；攝此九世為一念，合前九世，即為十世；此十世雖然互有區隔和差異，但都同時成立，以此通達華嚴甚深境界，故稱「十世隔法異成門」。可以說，華嚴宗歷代祖師的這些論述充分體現了主觀時間的無限豐富多樣性特徵。

楊仁山將華嚴宗的十世義運用到對《老子》五十章的詮釋之中。《老子》五十章云：「出生，入死。生之徒十有三，死之徒十有三，人之生動之死地者亦十有三。夫何故？以其生生之厚。蓋聞善攝生者，陸行不遇兕虎，入軍不被甲兵。兕無所投其角，虎無所措其爪，兵無所容其刃。夫何故？以其無死地。」楊仁山引「生者諸根新起，死者諸根壞沒」〔註11〕與「無不從此法界流，無不還歸此法界」〔註12〕詮釋「出生入死」，表明在他的意識裏生死不過是如來藏或法界在世間的顯現。楊仁山以「生之徒」三句最難理解，為此他闡釋了華嚴宗十世義，然後指出：「此中『生之徒十有三』，即是三世未來；『死之徒十有三』，即是三世過去；『人之生動之死地者亦十有三』，即是三世現在。」〔註13〕楊仁山還以此為據，批駁前人所釋，即舊注的不當。在他看來，舊注不僅造成了「動之死地」與「死之徒」的相互混濫，而且無法理解不用「三之一」而用

〔註8〕（唐）智儼：《華嚴一乘十玄門》，《大正藏》第45冊，第517頁上。
〔註9〕（唐）法藏：《華嚴金師子章》，《大正藏》第45冊，第668頁上。
〔註10〕（唐）澄觀：《大華嚴經略策》，《大正藏》第36冊，第707頁中。
〔註11〕原文應作：「死者諸根隱沒，生者諸根新起。」見堅慧菩薩造，（唐）提雲般若等譯：《大乘法界無差別論》，《大正藏》第31冊，第893頁中。
〔註12〕（唐）澄觀：《大方廣佛華嚴經隨疏演義鈔》卷1，《大正藏》第35冊，第504頁中。
〔註13〕（清）楊文會：《道德經發隱》，《楊仁山全集》，合肥：黃山書社，2000年，第237頁。

「十之三」，其中「十」所具有的總匯之意，同時也使三個「三」字顯得非常浮泛，因此不能算作多麼恰切的解釋。楊仁山認為，人生在世，之所以會造成「生之徒十有三，死之徒十有三，人之生動之死地者亦十有三」的狀況，就在於人們常常「以其生生之厚」的方式進行「攝生」。在楊仁山看來，「性本無生，而生生不已者，以業識恒趨於生，而背於無生也。既厚於生生，則九世相仍，流轉無極，其害可勝言哉？」〔註14〕萬法的本性就是空性，即無生，但人之煩惱之所以生生不已，就在於人們的業識總是趨向於造作，這就違背了無生本性，從而造成了九世之中的流轉無窮，其危害巨大的程度，遠遠超出了語言表述的範圍，因此這種「生生之厚」絕對不是真正的善於養生。「善攝生者，於生起之元，制其妄動也。心不妄起，則生相全無，所以謂之善攝生也。『兕虎甲兵』數語，乃其實效，不可作譬喻解。破生相無明者，內外一如，自他不二，即此幻化空身，便是清淨法身，尚何死地之有哉？」〔註15〕楊仁山語中之意，所謂的「善攝生者」，就是善於攝持住自己的那顆無明之心，使其避免輕舉妄動；只要是心不妄動，就不會形成任何的業識生起之相，故而謂之「善攝生者」。由此就可以收到「陸行不遇兕虎，入軍不被甲兵」的實效。這是因為破除了生死流轉的根本原因，即無明，證得了內外一如、自他不二的境界，體悟了「幻化空身就是清淨法身」的道理，因而也就無所謂有什麼「死地」了。

　　楊仁山在詮釋《老子》五十章時對華嚴宗十世義的運用，使老子關於養生行為複雜性的描述變而為一切眾生無不處於生死流轉之中的揭示，其將道家「攝生」與佛教「無生」的等同，則使本來差異極大的佛道兩家在終極追求上一致起來。

四、以十大義釋「鯤鵬變化」

　　《華嚴經》經常以十句為一個意義單位，華嚴宗受此啟發，以十為圓數，在講經說法中習慣以十門開列。如法藏《金師子章》即開十門分解：「初明緣起，二辨色空，三約三性，四顯無相，五說無生，六論五教，七勒十玄，八括六相，九成菩提，十入涅槃。」〔註16〕《華嚴一乘教義分齊章》亦開十門講說：

〔註14〕（清）楊文會：《道德經發隱》，《楊仁山全集》，合肥：黃山書社，2000年，第238頁。

〔註15〕（清）楊文會：《道德經發隱》，《楊仁山全集》，合肥：黃山書社，2000年，第238頁。

〔註16〕方立天：《華嚴金師子章校釋》，中華書局，1983年，第1頁。

「建立一乘第一，教義攝益第二，古今立教第三，分教開宗第四，乘教開合第五，教起前後第六，抉擇其義第七，施設異相第八，所詮差別第九，義理分齊第十。」〔註17〕華嚴宗人習慣以「十十法門，相攝相入，重重無盡」相標榜，楊仁山在詮釋《莊子・逍遙遊》「鯤鵬變化」一章時即運用了華嚴宗的十大之義。

　　《莊子・逍遙遊》描述「鯤鵬變化」，可謂極盡誇張之能事。如其云：「北冥有魚，其名為鯤。鯤之大，不知其幾千里也；化而為鳥，其名為鵬。鵬之背，不知其幾千里也；怒而飛，其翼若垂天之雲。是鳥也，海運將徙於南冥。南冥者，天池也。《齊諧》者，志怪者也。《諧》之言曰：『鵬之徙於南冥也，水擊三千里，摶扶搖而上者九萬里，去以六月息者也。』」莊子於此當然是以鯤鵬變化作為一種象徵。但對其象徵意義，歷來解說紛紜，莫衷一是。西晉時的注家郭象云：「夫小大雖殊，而放於自得之場，則物任其性，事稱其能，各當其分，逍遙一也，其容勝負於其間哉！」〔註18〕其意在以適性為逍遙。東晉高僧支遁不滿此釋：「夫桀跖以殘害為性，若適性為得者，彼亦逍遙矣。」〔註19〕在支遁看來，至人棲心玄遠，超然象外，無為事累才是真正的逍遙。而在楊仁山的理解中，「鯤鵬變化」的寓言就是關於「凡夫成佛」的譬喻，這樣一來，「逍遙遊」自然就成為一個轉凡成聖的過程，此自然是修大行、裂大網、證大果的事情，故而楊仁山從大處著眼展開了盡情發揮。

　　楊仁山認為《莊子》此章含攝「十大」：一者具大因，謂北冥為幽暗之地，潛藏其內的鯤魚隱喻根本無明，乃成就諸佛不動智的原因；二者證大果，謂鯤化為鵬，脫離陰濕的北冥而暢遊清虛之境；三者居大處，謂南冥為光明之方，天池為香水海之象；四者翔大路，謂鯤徙南冥，需水擊三千，高翔九萬，蒼蒼一色，遠而無極，此六月乃息之途程，實為法界之暢遊；五者御大風，謂鵬運南冥，須乘九萬里之大風，喻乘宏願，現身九界，普行六度，方可得證妙果；六者享大年，謂鵬至南冥，將得享無限壽量；七者遊大道，謂乘天地之正，御六氣之辨，無待於外，逍遙而遊；八者忘大我，謂至人無我；九者泯大功，謂神人無功；十者隱大名，謂聖人無名。自古解者皆將至人、神人、聖人等量齊

〔註17〕靄亭法師：《華嚴一乘教義分齊章集解》，臺北華嚴蓮社，2014年，第10頁。
〔註18〕（晉）郭象注，（唐）成玄英疏：《南華真經注疏》，中華書局，1998年，第1頁。
〔註19〕（梁）釋慧皎撰：《高僧傳》，中華書局，1992年，第160頁。

觀，而楊仁山視為法、報、化三身，堪稱是一種創見。

楊仁山對所闡「十大」之義頗為自豪，他不無炫耀地說：「以上略舉十大，為《南華》別開生面，闡《逍遙遊》之奧旨。」〔註20〕以十為數而解釋義理，是中國佛教，特別是華嚴宗講經說法的慣例。楊仁山援而用之，是他深於華嚴宗義例的表現，而經此一番「發隱」，以「鯤鵬變化」為基本象徵的「逍遙遊」也就成為菩薩以無盡行願而深入法界了。

四法界義、如來藏義、十世義、十大義都是華嚴宗的基本義理，楊仁山以之詮釋《老子》和《莊子》，自然就構成了對《老子》和《莊子》的華嚴學解讀。作為近代中國佛教復興的發起人，楊仁山不僅通過撰述《道德經發隱》《南華經發隱》的方式追求佛道兩家的一致性，而且還在自己的著述中尋找儒道兩家的協調性。有人曾經問他：「孔子既稱老子為猶龍，何以其書不入塾課耶？」他回答說：「漢唐以來，人皆以道家目之，不知其真俗圓融，實有裨於世道人心。若與《論語》並行，家弦戶誦，則士民之風可為之一變也。」〔註21〕在楊仁山看來，如果能將《道德經》作為村塾教育的基本教材，要求每一個入塾求學的人都必須熟讀其經文，從而使其像《論語》那樣普及到家喻戶曉的程度，則將使社會風氣發生極大的改變。這也充分顯示出，楊仁山對《老子》《莊子》等道家經典的佛學解讀，不僅具有振興佛教的人生追求，而且還有開啟人生智慧、改善社會風氣、提升民族素質、謀求國家富強的現實關切，因而是一種具有時代意義的文化行為。

第二節　弘一大師的華嚴思想

弘一大師雖然以研究和弘揚南山律宗為畢生志業，以往生極樂世界為終極歸宿，但是他對《華嚴經》及賢首義理亦極為傾心。我們閱讀其存世的著述，可以體會到其中所蘊含的豐富的華嚴思想。

弘一大師，俗名李叔同，祖籍浙江平湖，於清光緒六年庚辰九月二十日（1880 年 10 月 23 日）出生於天津。五歲喪父，七歲啟蒙於仲兄，除學習儒家經典外，還曾肆力於篆隸刻石。受風氣感染，主張維新，以康有為門下自

〔註20〕（清）楊文會：《道德經發隱》，《楊仁山全集》，合肥：黃山書社，2000 年，第 300 頁。

〔註21〕（清）楊文會：《道德經發隱》，《楊仁山全集》，合肥：黃山書社，2000 年，第 235 頁。

居，戊戌變法失敗後，攜眷奉母避居上海。光緒三十一年乙巳（1905）母亡後東渡日本，入東京美術學校（戰後改名為東京藝術大學）學繪畫、音樂，與學友創春柳社。曾參加徐淮賑災義演，飾茶花女。宣統三年辛亥（1911）畢業歸國，任直隸模範工業學堂圖畫教員。民國元年（1912）春至滬，初任教城東女學，未幾主編《太平洋報畫報》，為曼殊編輯發表《斷鴻零雁記》，秋間赴杭州任浙江兩級師範學校（次年改稱浙江省立第一師範學校，簡稱浙江一師）圖畫音樂教員。民國五年丙辰（1916）秋，曾在杭州大慈山定慧寺實行斷食二十餘日，自此購閱佛書，出入佛寺，有離俗之意。民國七年戊午（1918）七月十三日依杭州虎跑寺了悟上人披剃，法名演音，法號弘一，九月至靈隱寺受具足戒，馬一浮貽以《靈峰毗尼事義要集》及《寶華傳戒正凡》，披覽後遂發心學戒。居止多在浙、閩二省，弘律亦曾至於上海、江蘇、山東等地。衣單儉樸，持戒精嚴，法緣廣被，道望隆盛。民國三十一年壬午（1942）九月初四日午後八時安詳示寂於泉州不二祠溫陵養老院晚晴室，世壽六十三歲，僧臘二十五年。〔註22〕

　　弘一大師沒有專門的華嚴著述，因此他的華嚴思想也就沒有集中體現的形式，而是散見在他撰寫的序、跋和題記之中。我們對相關資料進行總結和概括，可以發現弘一大師的華嚴思想包括課誦研讀華嚴、悉心體會華嚴、隨緣弘揚華嚴等幾個方面，下面分而述之，以就正方家。

一、課誦研讀華嚴

　　《華嚴經》是中國佛教界普遍尊奉的經典，華嚴宗著述被認為是對《華嚴經》最好的注疏和詮釋。弘一大師披剃不久，即與《華嚴經》和華嚴宗著述結下深厚的因緣，遂將讀誦《華嚴經》奉為日課，由此開啟了他對《華嚴經》和華嚴宗著述的終生研讀。

　　日常修持，弘一大師將《華嚴經》奉為課誦的基本內容。1926 年十二月十一日，弘一大師在杭州致蔡丐因居士信中說：「朽人讀《華嚴》日課一卷以外，又奉《行願品》別行一卷為日課，依此發願。又別寫《淨行品》《十行品》《十迴向品》（初迴向及第十迴向章）作為常課。每三四日或四五日輪誦一遍。

〔註22〕有關弘一大師生平，可參閱新世界出版社 2013 年版《弘一大師全集》自述部分，見該書第 1 冊第 2～32 頁，及宗教文化出版社 1995 年版林子青所著《弘一法師年譜》等。

附記其法，以備參考。」〔註23〕就是說，對於唐譯八十卷《華嚴經》七處九會三十九品，弘一大師對於《行願品》《淨行品》《十行品》《十迴向品》（初迴向及第十迴向章）極為重視，他將這幾品單獨寫出，每天讀誦一卷《華嚴經》之外，再加誦這幾品中的一品。後來他發現徐蔚如讀誦《華嚴經》方法不錯，於是就借鑒過來，並推薦給弟子。1931 年四月廿八日，他在上虞法界寺致弘傘法師信中說：「徐居士說讀《華嚴經》法，讀唐譯至五十九卷《離世間品》畢，應接讀貞元譯《行願品》四十卷，共九十九卷。應日誦者為《淨行品》《問明品》《賢首品》《初發心功德品》《如來出現品》，及《行願品》末卷，又《十行品》《十迴向品》初、十二章。」〔註24〕我們據此可知，弘一大師日常讀誦的《華嚴經》是將八十卷本和四十卷本整合為一的本子。直到現在，他這一做法還被不少修學《華嚴經》的信眾奉為圭臬。通過十幾年的每日都不間斷的課誦修學，弘一大師對《華嚴經》的文句稔熟於心，乃至形諸夢寐。癸酉（1933）正月八日年，他移居廈門中山公園妙釋寺，夜間夢見自己變身為一少年，正與一位儒師同行，聽到身後有人在唱誦《華嚴經·賢首品》偈頌，非常動聽，於是就與那位儒師返回，看到十幾人席地聚坐，其中一人彈琴，一老者唱偈，「余乃知彼以歌說法者，深敬仰之；遂欲入坐，因問聽眾，可有隙地容余等否？彼謂兩端悉是虛席。余即脫履，方欲參座，而夢醒矣。」〔註25〕他連忙挑燈將夢中老者所唱偈頌書寫下來，並發願今後永遠讀誦受持和如說修行。俗話說，日有所思，夜有所夢，弘一大師夢為少年得與華嚴法席，正是現實中他希望自己能像善財童子那樣廣參善知識、廣學諸法門的心理折射。而按照佛教傳統的說法，此夢也是弘一大師修學《華嚴經》有所成就的體現。

　　課誦之餘，弘一大師依據華嚴宗諸祖的章疏建立起對《華嚴經》的理解。他對中國華嚴宗的實際創始人、三祖賢首法藏非常欽佩，故而他致信丁福保：「竊謂欲重見正法住世，當自專崇佛說始，賢首以經釋經，不為無見，佩甚佩甚。」〔註26〕在他看來，賢首法藏的《華嚴經探玄記》就是「專崇佛說」「以經釋經」的典範，因此他認定「此書極精要。」〔註27〕華嚴宗四祖清涼澄觀依唐譯八十卷《華嚴經》撰造疏鈔，為歷代疏釋《華嚴經》的集大成之作，因此

〔註23〕弘一：《弘一大師全集》，北京：新世界出版社，2013 年，第 2 冊第 87 頁。

〔註24〕弘一：《弘一大師全集》，北京：新世界出版社，2013 年，第 2 冊第 158 頁。

〔註25〕弘一：《弘一大師全集》，北京：新世界出版社，2013 年，第 1 冊第 219 頁。

〔註26〕弘一：《弘一大師全集》，北京：新世界出版社，2013 年，第 2 冊第 32～33 頁。

〔註27〕弘一：《弘一大師全集》，北京：新世界出版社，2013 年，第 2 冊第 116 頁。

深得弘一大師的重視。1921 年十一月初六他從溫州致信真如居士：「朽人於華嚴，唯略習《清涼疏鈔》，未嘗卒業。」〔註28〕此處所謂「略習」「未嘗卒業」云者，雖為弘一大師以謙遜自處，但已可充分顯示他對《華嚴經大疏鈔》的用力。1931 年四月廿八日，弘一大師在上虞法界寺致信弘傘法師：「音近數年來頗致力於《華嚴疏鈔》，此書法法具足，如一部佛學大辭典。若能精研此書，於各宗奧義皆能通達（凡小乘論、律，三論、法相、天台、禪、淨土等，無不具足）。仁者暇時，幸悉心而玩索焉。」〔註29〕多年的研讀，使他體會到，劃分經疏段落，佛教稱為「科判」，由此形成的「科文」，非常有利於修學者對經疏的理解和掌握，因此他於 1924 年十二月初三日在溫州致信丐因居士：「《華嚴經疏科文》十卷，未有刻本。日本《續藏經》第八套第一冊、二冊，有此科文。他日希仁者至戒珠寺檢閱。疏、鈔、科三者如鼎足，不可闕一。楊居士刻經疏，每不刻科文，厭其繁瑣，蓋未嘗詳細研審也。……今屏去科文而讀疏鈔，必致茫無頭緒。北京徐居士刻經，悉依楊居士成規，亦不刻科。……朽人嘗致書苦勸，彼竟固執舊見未肯變易，可痛慨也。」〔註30〕希望他能改變刻經的這一做法做些努力。1941 年十一月十八日，他在泉州致信無我、圓淨兩位居士：「《華嚴經疏科文表解》出版時，乞寄二部，致泉州承天寺交弘一收，致感！」〔註31〕此時的弘一大師已是年老體弱，但仍想著繼續深入研讀《華嚴經大疏鈔》，對於深入研讀《華嚴經》宗旨和義理表現出一種至老彌篤的堅韌和勇毅。

　　弘一法師還曾親近當時華嚴大德的講經法筵。1928 年 11 月，弘一大師為了編輯出版《護生畫集》的事情，特地趕到上海，他聽說當時以華嚴著稱於世的大德高僧應慈老法師正在清涼寺講《華嚴經》，於是特地抽空去聽。著名佛教史家蔣維喬先生（號竹莊）《晚晴老人遺牘集序》中對此有所述及：「回憶戊辰乙巳間，上海清涼寺請應慈老法師宣講《華嚴經》，余恒往列席。某日有一山僧翩然戾止，體貌清臞，風神朗逸，余心異之；但在法筵，未便通話。歸而默念，莫非弘一法師乎？既而會中有認識法師者，告我曰是也。余擬於散會時邀之談話，而法師已飄然長往矣。」〔註32〕應慈老法師是華嚴大學創辦者月霞

〔註28〕弘一：《弘一大師全集》，北京：新世界出版社，2013 年，第 2 冊第 41 頁。

〔註29〕弘一：《弘一大師全集》，北京：新世界出版社，2013 年，第 2 冊第 158 頁。

〔註30〕弘一：《弘一大師全集》，北京：新世界出版社，2013 年，第 2 冊第 65 頁。

〔註31〕弘一：《弘一大師全集》，北京：新世界出版社，2013 年，第 2 冊第 197 頁。

〔註32〕轉引自林子青：《弘一法師年譜》，北京：宗教文化出版社，1995 年，第 170 頁。

大師的師弟，也是華嚴大學最主要的教師，在月霞大師圓寂後一力承擔起主辦法界學院、弘揚華嚴經教的重任，培育了持松、常惺、慈舟、南亭等一大批華嚴宗高僧，其法譽道望深受當時佛教界的尊崇。弘一大師慕名列席應慈老法師的法筵，並且表現如此低調，絲毫沒有擺什麼名僧高人的架子，正是他極為尊崇華嚴高僧、虔修華嚴經教的集中體現。

從當時中國佛教界的實際情況來看，將《華嚴經》奉為日課的僧人與居士大有人在，但他們極少會去研讀華嚴宗著述，因而很難形成對《華嚴經》的正確理解，從而實現改造和提升自己思想境界的修行目標。學界雖然有人研讀華嚴宗祖師著述，但其主旨卻在於勾勒華嚴宗的思想體系，而非當做修行的途徑。弘一大師將這兩者有機結合起來，大有回復中國佛教興盛時期解行並進優良傳統的意味。

二、悉心體會華嚴

弘一大師在俗時，於繪畫、京劇、話劇、篆刻諸技藝無不通達，且皆能臻其玄妙，其出家後則一切摒棄，唯保留書法一藝，因為中國人比較重視書法，世人得到他所書寫的諸佛菩薩名號、經典及佛語，無不視為珍寶，張掛懸耀之際，正可引人企向佛教。他運用自己的書法藝術，手書《華嚴集聯三百》並抄寫《淨行品》《賢首品》《十迴向品》初章及十章以及《普賢行願品》等經文，為中國佛教文化的豐富和發展留下了非常寶貴的藝術珍品。而從弘一大師為這些書法作品所做的序言或跋語中，我們還可以看出他對《華嚴經》思想義理的深刻理解和悉心體會。

最能體現弘一大師對《華嚴經》的悉心體會的，當為他 1931 年手書並在上海付印的《華嚴集聯三百》。對聯作為建築裝飾的基本方式，是我國傳統文化的重要形態之一，要求內容關聯，語言警拔，對仗工整，平仄和諧，並以適當的書法藝術呈現出來。弘一大師將《華嚴經》中偈誦文句集為對聯，看似簡單，實則包含著他對《華嚴經》偈頌文意的深刻理解和悉心體會，包含著他在書法藝術上的匠心獨運。筆者不懂書法，於此略置不論，且從其著作中抄錄相關文獻二則於此。其一為《贈萬均法師華嚴集聯跋》：「去歲萬均法師著《先自度論》，友人堅執謂是余撰，余心異之，而未見其文也。今歲法師復著《為僧教育進一言》，乃獲披見，歎為稀有，不勝忭躍。求諸當代，罕有匹者，豈余暗識，所可及也。因呈拙書，以志敬仰。丁丑三月，集華嚴偈句，一音。聯曰：『開示眾生見正道，

猶如淨眼觀明珠。』」〔註33〕一音為弘一大師書法作品常用署名之一。弘一大師認為萬均法師發表的有關僧教育的論文具有為眾生開示正道的作用，而眾生認真學習閱讀萬均法師的論文，必定會有非常大的收穫，就像以清淨之眼觀看寶貴的明珠一樣真切可貴。弘一大師引用《華嚴經》偈頌文句，以贈送書法對聯的形式，向關注僧教育並有真知灼見的高僧萬均法師表達了自己誠摯的敬意。其二為《贈僧懺上人華嚴集聯並跋》：「當度眾生界，當淨國土界；普入三昧門，普遊解脫門。唐譯大方廣佛華嚴經入法界品彌勒菩薩說頌集句。僧懺上人供養，歲次甲戌五月尊勝院沙門髻目敬書。」〔註34〕髻目也是弘一大師書法作品所用署名之一，不過不如一音、演音等常用。弘一大師向僧懺法師贈送這幅對聯，意在鼓勵僧懺法師荷擔如來家業，實踐大乘佛法，下化眾生，上求菩提，為中國佛教做出自己應有的貢獻。毋庸置疑，弘一大這些墨寶的精神鼓勵作用是巨大的，其中運用之妙自然也是他悉心體會《華嚴經》的藝術成就。

弘一大師的《華嚴集聯三百》在朋友和弟子間頗得好評。他的音樂學生、《華嚴集聯三百》印行事務經理人劉質平在所撰《華嚴集聯三百跋》中說：「為太師母七十冥辰，我師緬懷罔極，追念所生，發宏誓願，從事律學撰述，並以餘力集華嚴偈為聯語，手錄成冊，冀以善巧方便，導俗利生。質平偶因請業，獲睹宏裁，鴻朗莊嚴，歎為稀有。亟請於師付諸影印，庶幾廣般若之宣流，永孝思之不匱。世界有情，共頂禮之。」〔註35〕由此可知，弘一大師印行《華嚴集聯三百》還具有為其母追念冥壽的意義。1937 年，國學大師馬一浮先生避寇桐廬北郊，遇劉質平，獲睹《華嚴集聯三百》，遂撰跋語，中云：「質平得大師片紙隻字，皆珍若拱璧。積冊至多，裝褙精絕。余為題曰：『音公雜寶。』此《華嚴集聯》，亦大師欲以文字因緣方便說法之一。非質平善根深厚，何以獨見付囑鄭重如是耶？大師書法得力於張猛龍碑，晚歲離塵，刊落鋒穎，乃一味恬靜，在書家當為逸品。嘗謂華亭於書頗得禪悟，如讀王右丞詩。今觀大師書，精嚴淨妙，乃似宣律師文字。蓋大師深究律學，於南山、靈芝撰述，皆有闡明。內薰之力自然流露，非具眼者，未足以知之也。」〔註36〕馬一浮先生也

〔註33〕弘一：《弘一大師全集》，北京：新世界出版社，2013 年，第 1 冊第 221 頁。

〔註34〕弘一：《弘一大師全集》，北京：新世界出版社，2013 年，第 1 冊第 222 頁。

〔註35〕轉引自林子青：《弘一法師年譜》，北京：宗教文化出版社，1995 年，第 188～189 頁。

〔註36〕轉引自林子青：《弘一法師年譜》，北京：宗教文化出版社，1995 年，第 189 頁。

是民國時期最為著名的書法家之一，而且其儒學與佛學造詣當世皆罕有其匹，所以他對弘一大師《華嚴集聯三百》在佛教上獨特意義以及其在書法藝術上的獨特造詣都能夠做出極為恰當、公允的評價。劉質平及馬一浮先生之評價，也可以說是因弘一大師對《華嚴經》的悉心體會而深心有得者。

弘一大師深知其中的艱難，他極為擔心有人也來倣仿自己，因此在《華嚴集聯三百序》中特別闡明：「割裂經文，集為聯句，本非所宜。今循道侶之請，勉以綴輯。其中不失經文原意者雖亦有之，而因二句集合，遂致變易經意者頗復不鮮。戰兢悚惕，一言三復，竭其努力，冀以無大過耳。茲事險難，害多利少，寄語後賢，毋再賡續。偶一不慎，便成謗法之重咎矣。」〔註37〕也許弘一大師有見於深入經藏、遊心華嚴者世罕其人，如果率爾操觚，必致人法兩損，又慈悲心重，故而如此垂誡後世。在筆者看來，弘一大師如果不是深心有會於《華嚴經》的話，何能作如此痛切之語！

三、隨緣弘揚華嚴

除了讀誦、研究、書寫華嚴，弘一大師還非常注意運用做演講、撰寫題記、回覆信函的時機，隨緣弘揚華嚴。

弘一大師高尚的道德品格得到了社會各界的廣泛尊重，因此很多地方都非常喜歡邀請弘一大師前去演講。如壬申（1932年）十月，他在廈門妙釋寺為大眾演講淨土法門時說：「至於讀誦大乘，亦是觀經所說。修淨土法門者，固應誦《阿彌陀經》，常念佛名。然亦可以讀誦《普賢行願品》，回嚮往生。因經中最勝者──《華嚴經》。《華嚴經》之大旨，不出《普賢行願品》第四十卷之外。此經中說，誦此普賢願王者，能獲種種利益，臨命終時，此願不離，引導往生極樂世界，乃至成佛。故修淨土法門者，常讀誦此《普賢行願品》，最為適宜也。」〔註38〕在這裡他將讀誦《華嚴經》，尤其是讀誦《普賢行願品》的重要性給予了特別的強調。癸酉（1933年）七月十一日，他在泉州開元寺為幼年諸學僧講：「《華嚴經行願品》末卷所列十種廣大行願中，第八曰常隨佛學。若依華嚴經文所載種種神通妙用，決非凡夫所能隨學。但其他經律等，載佛所行事，有為我等凡夫作模範，無論何人皆可隨學者，亦屢見之，今且舉七事。」〔註39〕如佛

〔註37〕弘一：《弘一大師全集》，北京：新世界出版社，2013年，第1冊第211頁。

〔註38〕弘一：《弘一大師全集》，北京：新世界出版社，2013年，第1冊第47頁。

〔註39〕弘一：《弘一大師全集》，北京：新世界出版社，2013年，第1冊第79頁。

自掃地、佛自舁弟子及自汲水、佛自修房、佛自洗病比丘及自看病、佛為弟子裁衣、佛自為老比丘穿針、佛自乞僧舉過，「如是七事，冀諸仁者勉力隨學。遠離驕慢，增長悲心，廣植福業，速證菩提。是為余所希願者耳！」〔註40〕《普賢行願品》重視發心實踐，但如何實踐呢？弘一此處以佛為例，生動展現了樸實和平凡的生活就是實踐普賢行願的最好的道場。戊寅（1934年）十月七日，他在安海金墩宗祠為大眾演講佛法各種宗派，其中說到華嚴宗：「華嚴宗，又名賢首宗。唐初此土所立，以《華嚴經》為依。至唐賢首國師時而盛，至清涼國師時而大備。此宗最為廣博，在一切經法中稱為教海。宋以後衰，今殆罕有學者，至可惜也。」〔註41〕弘一大師對華嚴宗的衰落充滿了惋惜之情，也透露出他對大眾深入華嚴教海的殷切期望。戊寅（1934年）十月八日，他在安海金墩宗祠講人天教門，就運用華嚴宗的判教思想，認定人天教是當下最為適宜的佛法。他說：「佛法寬廣，有淺有深。故古代諸師，皆判『教相』以區別之。依唐圭峰禪師所撰《華嚴原人論》中，判立五教：一、人天教，二、小乘教，三、大乘法相教，四、大乘破相教，五、一乘顯性教。以此五教，分別淺深。若我輩常人易解易行者，惟有『人天教』也。其他四教，義理高深，甚難瞭解，亦難實行。意欲普及社會，又可補助世法，以挽救世道人心，應以『人天教』最為合宜也。」〔註42〕弘一大師這些對華嚴的隨緣弘揚，自然會引起聽眾的企向之心，有利於華嚴思想的普及和深入人心。

　　弘一大師還很喜歡印施《華嚴經》並為其撰寫題記，以利於流通和學習。如，很多知識分子喜歡他的《華嚴集聯三百》，他希望大家能夠由此發心深入學習和研究《華嚴經》，遂於卷末別述《華嚴經讀誦研習入門次第》一卷，實際上是將自己讀誦和研習《華嚴經》及華嚴宗祖師著述的心得體會和盤托出。在《圓覺經如來本起清淨因地法行題記》中，他說：「圭峰宗密禪師《行願品鈔》云：『發菩提心者，謂菩提是求果德，即無上菩提。』心是現前能求之心。以發是求菩提之心，故名發菩提心也。或曰菩提名覺，即覺察覺悟也。謂了諸煩惱過患，不起放逸，達本心源，慧光內燭也。以起是心，故名發菩提心。」〔註43〕引用華嚴宗五祖圭峰宗密的論著，告訴大家什麼是發菩提心，如何發

〔註40〕弘一：《弘一大師全集》，北京：新世界出版社，2013年，第1冊第81頁。
〔註41〕弘一：《弘一大師全集》，北京：新世界出版社，2013年，第1冊第130頁。
〔註42〕弘一：《弘一大師全集》，北京：新世界出版社，2013年，第1冊第133頁。
〔註43〕弘一：《弘一大師全集》，北京：新世界出版社，2013年，第1冊第196頁。

菩提心。中國人普遍信仰觀世音菩薩，他就將貞元譯四十卷《華嚴經》中善財童子參訪觀世音菩薩一章單獨析出，別為一卷，並撰寫《觀自在菩薩章序》〔註44〕，顯然具有借助觀世音菩薩的風行而為《華嚴經》開道的意味。其《溫陵刻普賢行願品跋》云：「戊寅正月元旦始，講《普賢行願品》於草庵。二月一日始，復講此品於承天寺。三月一日始，講華嚴大意於清塵堂，並勸諸善友集合讀誦《普賢行願品》十萬部，可謂殊勝之因緣矣，於泉州先後印行《普賢行願品》共千數百冊，普施大眾隨喜誦讀。以上所有功德，悉皆迴向法界有情，惟願災難消除，身心安豫，同生極樂世界，速成無上菩提。慧水大華嚴寺沙門一音並記。」〔註45〕其《福州鼓山庋藏經版目錄序》謂鼓山所藏清初刊刻《華嚴疏論纂要》「為近代所稀見者。余因倡緣印布，並以十數部贈予扶桑諸寺，乃彼邦人士獲斯校寶，歡喜忭躍，遂為攝影鏤版，載諸報章，布播遐邇。因是彼邦僉知震旦鼓山為庋藏佛典古版之寶窟。」〔註46〕弘一大師自奉非常儉樸，但在印行《華嚴經》方面卻不吝金錢，布施法寶時也不論什麼此土彼邦，正是高僧具足無緣大慈、同體大悲的體現。

至於在回覆門人弟子的書信中弘揚華嚴的例子就更多了。如1929年八月十四日，弘一大師在溫州致豐子愷信中說：「『不請友』三字之意，即是如《華嚴經》云：『非是眾生請我發心，我自為眾生作不請之友』之意。因尋常為他人幫忙者，應待他人請求，乃可為之。今發菩提心者則不然，不待他人請求，自己發心，情願為眾生幫忙，代眾生受苦等。友者，友人也。指自己願為眾生之友人。」〔註47〕他希望他的得意弟子能夠成為《華嚴經》所說的眾生的不請之友。特別是給蔡冠洛（丏因居士）的心中，幾乎每一封都有暢談如何讀誦修學《華嚴經》、如何研讀《華嚴經大疏鈔》的內容，此處不再一一例舉。

弘一大師的華嚴思想雖然是點滴的，散見的，但由於他個人具有廣泛而持久的影響力，自然會給近代華嚴學的復興帶來極大的助力。在他圓寂五十多年之後，時任中國佛教協會會長的趙樸初居士在給弘一大師所寫的贊詩中還不忘肯定他的華嚴學造詣。1994年6月，樸老寫《華夏出版社重印弘一法師寫經，觀後敬題，次韻吳昌碩先生題弘師手書〈梵網經〉絕句二首》：「端嚴恍見

〔註44〕弘一：《弘一大師全集》，北京：新世界出版社，2013年，第1冊第213頁。
〔註45〕弘一：《弘一大師全集》，北京：新世界出版社，2013年，第1冊第220頁。
〔註46〕弘一：《弘一大師全集》，北京：新世界出版社，2013年，第1冊第208頁。
〔註47〕弘一：《弘一大師全集》，北京：新世界出版社，2013年，第2冊第106頁。

頭陀像，亂世緇門第一人。春滿花枝非忘世，悲心淚濕大千塵。華嚴梵網悉心參，賢首南山共一龕。喜見化身千百億，遍虛空界雨優曇。」〔註48〕第一首表彰了弘一大師的人格和僧格，第二首表彰了他在華嚴學和南山律方面的深厚造詣。1995 年 8 月，樸老還撰寫《弘一大師誕生一百五十週年書法真蹟文物展覽贊辭》：「猗歟大師，國族之光。丁年遊學，播譽扶桑。文藝維新，絳帳初張。教育英才，德學兼長。博聞窮理，傾心聖諦。力決世網，出家入釋。普賢行願，南山戒律。心持躬踐，畢生無斁。書道猶龍，行空御風。以順眾生，以啟盲聾。南天展示，妙跡遺蹤。甘露普施，讚歎無窮。」〔註49〕這首贊辭不但縷敘了弘一大師的生平經歷，還特意強調了他對普賢行願的努力實踐。可以說，趙樸老的絕句和贊辭也代表了中國佛教界對其華嚴思想的充分讚賞。

第三節　太虛大師的華嚴思想

　　太虛大師是中國近代史上最重要的佛教思想家，其思想觸及到中國佛教歷史與現狀的各個方面，在當時及後世都產生了非常重大而深遠的影響。因此，探討一下太虛大師的華嚴思想，對於我們理解華嚴宗的學說及《華嚴經》的義理在近代中國佛教史上的地位和作用，應當是一個不錯的視角。

　　正如某些論者所指出的那樣，太虛大師一生學問的根底在於唯識法相學說，〔註50〕而不在華嚴思想。但太虛大師自述志行，自謂「不為專承一宗徒裔」，〔註51〕因此他的思想，是無法界定為某一宗派的。太虛大師早年在西方寺閱藏，對《華嚴經》就已經產生了極為深切的感受，他在晚年憶及這種感受時，還仍然保持著鮮明生動的記憶，「旋取閱《華嚴經》，恍然皆自心中現量境界。伸紙飛筆，以似歌非歌、似偈非偈的詩句隨意抒發，日數十紙，累千萬字。……從此，我以前禪錄上的疑團一概冰釋，心智透脫無滯，曾學過的台、賢、相宗以及世間文字，亦隨心活用，悟解非凡。然以前的記憶力，卻銳減了。又前一月中，眼睛不知不覺的也變成近視了，此為我蛻脫塵俗而獲得佛法新生

〔註48〕趙樸初：《趙樸初韻文集》，上海古籍出版社，2003 年，第 657 頁。

〔註49〕趙樸初：《趙樸初韻文集》，上海古籍出版社，2003 年，第 679～680 頁。

〔註50〕參見霍韜晦：《武昌佛學院的唯識研究——並論太虛大師的法相唯識學》，《如實觀的哲學》，香港：法住出版社，2011 年，第 315 頁。

〔註51〕太虛：《優婆塞戒經講錄》，《太虛大師全書》，北京：宗教文化出版社·國家圖書館文獻縮微複製中心，2005 年，第 17 卷，第 25 頁。

命的開始。」〔註52〕早年的太虛大師通過對《華嚴經》的系統而深入的閱讀，不僅獲得了異乎尋常的宗教體驗，而且還使原來學過的各種經教義理得以融會貫通，難怪他會將這次讀經視為自己獲得佛法新生命的開始。我們認為，太虛大師作為中國佛教現代化的開創者，其思想具有非常強烈的圓融特色，這種圓融特色應該說就來自於他的華嚴思想。

總的來看，太虛大師的華嚴思想，主要包括對華嚴宗史的研究，對華嚴宗義的判攝，對華嚴經典的弘揚以及對華嚴義理的運用等幾個方面。

一、對華嚴宗學的判攝

太虛大師是如何判攝華嚴宗的呢？或者說，在太虛大師的判教之中，華嚴宗居於何種地位呢？為了回答這個問題，我們不得不先考察一下太虛大師的判教。一般來說，判教應完成三個任務，即將各種法門統合成一個有機的整體，判定某部經典、教導或法門在佛教中的地位，尋找出適宜當下的經典和教法。根據太虛大師的自述，他的判教思想大概經歷了三次比較大的轉變。他先是將佛教分為宗下和教下兩種，後來又主張八宗平等皆為究竟之說，最後形成了三期三系三級和三宗的非常具有特色的成熟的判教思想體系。在宗、教二分的判教之中，華嚴宗自然是屬於教下一門，在八宗平等論的判教之中，太虛大師自然亦允華嚴宗學為究竟之說，此皆無多深義，也不易辨明華嚴宗在佛教中的位置，不必具論，而他的三期三系三級三宗判教思想卻具有很強的創造性，頗有略加申論之必要。〔註53〕

太虛大師的三期三系判教是他對佛教的發展歷史進行的概括。他認為，佛在世時，佛為法本，法以佛為主，以佛為歸，故佛法皆一味。佛滅度後分作三期：一、小行大隱時期。初期流行的佛法，為迦葉阿難所結集的三藏，至佛滅200 至 500 年間，先分上座和大眾兩部，後來更分裂為二十部之多，此期小乘教法盛行，大乘隱沒不彰，佛弟子們仗佛威德餘勢，能依佛軌範實行，因此斷惑證果者尚復不少，所以又名之曰正法時期。二、大主小從時期。佛滅六百年，馬鳴、龍樹、提婆相繼出世，對破一切有部等法執，闡揚大乘畢竟空義，後又

〔註52〕太虛：《自傳》，《太虛大師全書》，北京：宗教文化出版社・國家圖書館文獻縮微複製中心，2005 年，第 31 卷，第 173～174 頁。

〔註53〕參見太虛：《我怎樣判釋一切佛法》，《太虛大師全書》，北京：宗教文化出版社・國家圖書館文獻縮微複製中心，2005 年，第 1 卷，第 436～447 頁。

有無著、世親興起，發揮大乘妙有之理，成立阿賴耶，遂使大乘佛法，風行於世，而小乘教義不得不處於附庸的地位，因此這一期可稱為大小並行時期，或大主小從時期。三、大行小隱密主顯從時期。佛滅千年之後，空有二宗分立，遂成空有之諍，大乘盛行達極點，而小乘幾乎沒落，佛法普遍到民間，龍智菩薩等弘揚密咒，密法發達，故此期可名為密咒盛行時期。佛滅後印度三期流行的佛教傳播於各地，就成為世界上巴利文系、漢文系和藏文系三大系的佛教。依太虛大師此判，華嚴宗應屬於第二期即大主小從時期形成的漢文系佛教宗派。

　　太虛大師的三級三宗判教是他對佛教的義理所進行的分類。在他看來，諸法實相，唯無分別智如如相應，無可建立，本來是無法形之語言的，但為了使眾生開示悟入佛之知見，故從教法上顯示為五乘共法，三乘共法，大乘不共法（亦名大乘特法）的三個層級。五乘共法就是因緣所生法，也就是因果法，此為一切科學所具有，但佛教特別注重業報因果，六趣凡夫，三乘賢聖，皆可由業果的原理說明，即便最高無上的佛陀，也不出因果範圍，此理為人、天、聲聞、緣覺和菩薩五乘眾生共同修習，故謂之五乘共法。三乘共法就是聲聞、緣覺、菩薩三種出世聖人知苦斷集，厭離世間，欣求涅槃，依四念處、四正勤以至八正道而實踐進修的佛法，諸行無常、諸法無我、涅槃寂靜三法印就是三乘共法的標準。大乘不共法或大乘特法則是菩薩所特有，不共於人天二乘的佛法，其唯一誓願、唯一事業就是以大悲菩提心，法空般若智，遍學一切法門，普渡一切眾生，嚴淨無量國土，求成無上佛果。大乘不共法或菩薩特法又可分為三宗，即法性空慧宗，以法空般若為宗；法相唯識宗，給予諸法差別相上一個正確的瞭解，適當的明白，而其所宗者即是唯識；法界圓覺宗，法界的一切法，要能圓滿覺知，唯圓覺智，故以圓覺為宗，即天台、賢首所判的圓教，禪、淨、密等都屬此宗。依太虛大師此判，則華嚴宗屬於大乘不共法或稱菩薩特法中的法界圓覺宗。

　　其實太虛大師對佛教還有一種判釋，就是民國二十三年（1934）九月他在世界佛學苑圖書館所講《世苑圖書館館員之修學方針》中，將全部佛教分為「五三共法系」、「小大律藏系」、「法相唯識系」、「般若中論系」、「中國台賢禪淨系」、「印華日藏密法系」等六大系，華嚴宗屬於「中國台賢禪淨系」。這種判攝自然具有將華嚴宗置入世界佛教語境之中並使其具有一席之地的意味。

二、對華嚴宗史的研究

太虛大師雖然沒有專門研究華嚴宗史的著作，但他在各地弘揚佛法時，卻經常涉及到華嚴宗的歷史，由此形成了他對華嚴宗史的系統化瞭解、持續性關注和全面深入的研究。這一點在他 1920 年講的《佛法宗要論》、1922 年編的《佛教各宗派源流》以及 1944 年編的《中國佛學》中得到了充分的體現。

民國九年（1920）六月，太虛大師在廣州講經會講《佛法宗要論》，全面系統的闡述了他對佛教的看法。該論分「緒論」、「純正的佛法」、「應用的佛法」、「結論」等部分，在「純正的佛法」第三章「大乘」第七節「大乘的教門派」中對三論、唯識、華嚴、天台等以教理為主的中國佛教宗派進行了簡要的介紹。他謂華嚴宗依《華嚴經》為宗本而立教義，故名華嚴宗，初祖為杜順，二祖為智儼，至三祖法藏發揮光大，當代君主贈賢首之名，故又名賢首宗。論有天親（按，即世親）菩薩所造之《十地論》，唐李棗柏大士（按，即李通玄）所造之《華嚴合論》，至四祖清涼澄觀國師著有《華嚴經玄談》及《華嚴經疏》、《華嚴經疏鈔》二書，五祖圭峰宗密禪師著有《圓覺疏》、《圓覺疏鈔》等。太虛大師還指出，華嚴宗「最精之教義」，就是「因該果海，果徹因源」，華嚴宗「所重則在依果顯行，從行證果，自十信乃至等覺妙覺共分五十二位次，乃為佛果成就」。〔註54〕太虛大師對華嚴宗史的這種概括雖然極其簡略，但還是抓住了華嚴宗史的最主要的幾個關鍵點，如所依經典、祖師傳承、主要論典、基本教義等，因此可以給人留下一個大致的梗概。當然了，我們說這種簡略主要是由於講經的題目以及講經的時限造成的，太虛大師對華嚴宗史的瞭解自然是遠不止此。

民國十一年（1922），太虛大師創辦了武昌佛學院，為了給學僧們提供適當的教材，他特地編寫了《佛教各宗派源流》一書。該書第六章「中華之大乘宗派源流」第十一節即是「華嚴宗之源流」，從宗名、宗史和宗義三個方面對華嚴宗作了概括性的介紹。就宗名來講，此宗因依《大方廣佛華嚴經》立宗，故名華嚴宗，其觀門教相至賢首國師法藏時始宏備，故亦名賢首宗；清涼國師澄觀著八十華嚴之疏鈔最為盛行，故亦名清涼宗；有時也按照該宗的宗旨，而稱其為法界宗。就宗史來說，此宗遠依馬鳴、龍樹為祖，此土以賢

〔註54〕太虛：《佛乘宗要論·純正的佛法》，《太虛大師全書》，北京：宗教文化出版社·國家圖書館文獻縮微複製中心，2005 年，第 1 卷，第 149 頁。

首為高祖，而上承至相尊者、帝心尊者。帝心尊者杜順居終南山，依六十華嚴精修觀行，製《華嚴法界觀》及《五教止觀》、《十玄章》等，傳至相寺智儼禪師；智儼著《六相章》等，傳賢首國師法藏。法藏著《探玄記》、《大乘起信論義記》及《五教章》、《金獅子章》等，著述宏多，此宗遂大盛於世；法藏歿後，弟子慧苑變亂其說，後得清涼國師澄觀遙承其意旨，著疏鈔百餘卷，傳圭峰宗密。故自杜順至宗密，稱華嚴宗此土之五祖。唐季遭會昌之厄，此宗遺風掃地，入宋有長水子璿、晉水源淨，保其餘緒，明季有續法、清代有通理等，承流未泯。就宗義而言，則以三時、五教、十宗為判教，立有四法界、十玄、六相等義。〔註55〕較兩年前所講之《佛法宗要論》為詳盡，為有興趣的學僧們指明了深入研究和探索華嚴宗的門徑。

　　民國三十二年（1943）的秋天，太虛大師在漢藏教理院為學僧們講《中國佛學》，由法舫筆錄成文，即成為系統闡述中國佛學的名作。該書「如來禪演出賢首教」一節，對華嚴宗的發展演變進行了系統的闡述。太虛大師指出，華嚴宗所依經論，主要就是《華嚴經》和《起信論》，而以慧光系地論宗與真諦系攝論宗導其先河，其根本建立則在杜順和智儼。杜順著有《五教止觀》和《法界觀門》，智儼著有《搜玄記》和《孔目章》。賢首法藏上承杜順與智儼三觀、十玄、五教、六相之學，更立十宗、三時、十儀。高足慧苑不滿五教之說，作《刊定記》，另立四教。後至清涼澄觀，全盤接受賢首之說，依八十《華嚴》作《懸談》及《疏》及《鈔》，統攝一切經論，提綱教海，將唯識、三論、天台、禪宗等，均融攝於華嚴中。圭峰宗密出身禪宗，雖承傳清涼，但趨重於禪，著《禪源都詮序》，力弘《圓覺》。華嚴宗經會昌法難衰落，宋朝雖有長水、源淨諸師宏揚，但其勢仍微，抱殘守缺而已。明清間有續法大師等，仿天台家而有《賢首五教儀》及《五教開蒙》等著作。華嚴宗學說的要點大略有五重法界、六相圓融、十玄無礙、性起等，與禪宗的關係非常密切。太虛大師將華嚴與天台加以比較，指出華嚴是「佛的自證境界到最圓滿者」，法華是「佛的教化之圓滿」，天台之圓側重於覺他方便之法，賢首之圓側重於自覺究竟之境，因此就佛法的全體大用來說，必須總攝二宗之圓義，方是智悲具足。太虛大師對天台、賢首雖不乏讚賞，但對二家立義各據一經、自贊究竟不以為然，認為二家所立斷證位次缺乏經典依據，因此希望今後能從「全藏佛教」出發作「更為根

〔註55〕太虛：《佛教各宗派源流》，《太虛大師全書》，北京：宗教文化出版社‧國家圖書館文獻縮微複製中心，2005 年，第 2 卷，第 261 頁。

本的研究」。〔註56〕

在太虛大師諸多涉及華嚴宗史的著作中，相比較而言，以他在 1943 年所講的《中國佛學》最為全面、系統和富有創見。在這部書中，他指出了華嚴宗教義建立於如來禪觀基礎之上，由杜順和智儼根本建立而非通常所謂由賢首創立，慧苑非議賢首五教而另立四教實有道理，華嚴宗的義理與禪宗的關係比較緊密等，並對華嚴與天台進行了比較等。太虛大師的這些觀點都足以啟迪後人對華嚴宗義理進行深入的思考和研究，以便在新的歷史條件下對華嚴宗歷代祖師的思想創造作出恰當的評價。

三、對華嚴義學的研究

太虛大師不僅對華嚴宗的歷史有所涉及，對華嚴宗的義學也進行過專門的研究。他在華嚴宗與攝論、地論、唯識的關係，賢首弟子慧苑四教判教的合理性，華嚴宗與天台宗的比較，以及華嚴宗的殊勝性等方面，都提出了一些很有創見的看法，有利於後來的學者和研究者對相關問題進行深入的探討。

太虛大師認為華嚴與地論、攝論同源於世親的唯識學。他在《略說賢首義》中指出，從華嚴宗的祖統上看，賢首法藏傳自云華智儼，雲華智儼傳自帝心杜順，然而一經深入的考察，就可以發現智儼是從至相寺的智正法師那兒學習《華嚴》的，而智正乃慧光律師法系下的第五代，慧光既是四分律宗的遠祖，又是少林寺佛陀扇多禪師的傳承者，他將勒那摩提與菩提流支分別翻譯的《十地經論》合為一本，開創了地論宗的南道派，並由此引起了佛教界對《華嚴經》的高度重視。太虛大師由此推出，帝心杜順應當是出自慧光法系而與地論宗極有淵源的高僧。從這個意義上，太虛大師認為華嚴宗就是由地論宗轉變而成的佛教宗派。《十地經論》與《攝大乘論》都是世親所造，因此太虛大師認為，真諦之攝論、慈恩之唯識與賢首之華嚴，三者實際上都出自於世親的唯識學，只不過各有側重。比較而言，攝論於境行果略均等，唯識多談因分識境，十地論多談行果，華嚴宗則盛談果分心境。唐以前慧光系的地論宗與真諦系的攝論宗如雙峰並峙，入唐以後攝論宗被唯識宗吸收，地論宗也被華嚴宗吞併，攝論與地論的並立變成了唯識與華嚴的對抗。在太虛大師看來，二家「其實則同一世親法流，不過唯識多談因分，而華嚴多談果分而已。多談果分亦未嘗不即果

〔註56〕太虛：《中國佛學》，《太虛大師全書》，北京：宗教文化出版社·國家圖書館文獻縮微複製中心，2005 年，第 2 卷，第 155 頁。

而明因，多談因分亦未嘗不即因而明果，得其意者固潛通無際，可於唯識之底得華嚴，亦可於華嚴之底得唯識，所謂因賅果海、果徹因源也。」〔註57〕我認為，太虛大師此文作於民國十三年（1924），其時歐陽竟無的支那內學院因盛弘唯識而與天台宗、華嚴宗等傳統宗派大起衝突，因此太虛大師的如此持論，除了向賢首學者表明自己對華嚴宗的推崇之意外，還應當具有調和當時支那內學院與華嚴宗之間聚訟紛紜的用意，是其為學主張融會貫通的思想體現。

太虛大師認為弟子慧苑的四教判釋有其合理性，不應被完全抹殺。太虛大師著有《論賢首與慧苑之判教》一文，其主要目的，就在於為埋沒千年的慧苑判教的合理性略加申辯。在他看來，華嚴宗的判教只在於推尊《華嚴》，而對於其他經典的概括，反不如賢首弟子慧苑的四教判釋更為準確。慧苑認為賢首五教乃天台四教加頓教而來，頓教既無言說，不當單立，因此他據《寶性論》立教：迷真異執教，謂外道等迷於真理廣起異計；真一分半教，謂二乘但證生空所顯真如；真一分滿教，謂初心菩薩但證二空所顯不變真如；真具分滿教，謂識如來藏者全顯隨緣不變真如。後來清涼澄觀對慧苑的判教進行了批判，在判教上恢復了賢首的舊觀。但太虛大師認為，清涼澄觀的批判，未能充分瞭解慧苑的深心所在，慧苑判教乃據《寶性論》而立，若謂慧苑判教有邪正混雜之嫌，難道《寶性論》會犯邪正混雜的錯誤嗎？判教本來就不是單純的評判佛經，為什麼不能包括世間諸教呢？太虛大師亦認可達摩的以心傳心為離於言說之頓，非言說之可及，因此認為澄觀對華嚴頓教的辯護是無力的。太虛大師對於慧苑的判教雖然有諸多的迴護之辭，但是他也承認慧苑判教對於大乘止立「真一分滿」不免失之籠統，而其分為「德相業用二重十玄，反嫌繁滯」。〔註58〕我認為，太虛大師提出應重新評價慧苑判教的價值，這是一個很有學術意義的觀念，值得肯定，慧苑的判教確為一家之言，有其合理性；但太虛大師將慧苑判教視為超出賢首五教的一種判釋，則不免太有會於慧苑之美意而不諒賢首之深心了，從經典解釋的立場來看，賢首五教對經典的詮釋空間遠比慧苑四教大得多。太虛大師何以會有此論呢？蓋太虛大師初入佛門，即在諦閑老法師座下聽講天台教義，故而於四教義頗有契心之處，而其評價賢首五教義，每不能

〔註57〕太虛：《略說賢首義》，《太虛大師全書》，北京：宗教文化出版社・國家圖書館文獻縮微複製中心，2005年，第16卷，第339頁。
〔註58〕太虛：《論賢首與慧苑之判教》，《太虛大師全書》，北京：宗教文化出版社・國家圖書館文獻縮微複製中心，2005年，第16卷，第348頁。

走進賢首語境，故有諸多的不契之處，也是在所難免的。

太虛大師認為天台宗與華嚴宗各有殊勝。民國三十二年（1943）他在漢藏教理院講《聽講五教儀拾零》，指出中國判教之風，開創於齊梁，完成於陳隋，以天台智者集其大成，而華嚴宗既屬後起，故能承其成果，並將唯識宗及空宗的三時教判，以及正在興起中的禪宗融納進來，對之加以整理和組織，因此中國佛教的判教，到華嚴宗，特別是清涼澄觀重興的華嚴宗時，發展為最充實完備的狀態，後來則不過守其成而已。他認為天台宗的殊勝之處在六即判位和十法成乘：六即判位既保證了聖凡之間高下次位的不相混濫，又闡明了佛性之理的始終一貫；十法成乘說明天台教義不僅是一種學理，而且可以依之進行實際的修行。華嚴宗長處在於十儀、十時、十玄、十觀：十時、十儀較天台宗的五時、四儀為詳細，十觀、十玄，更是此宗的精妙處，非諸宗所能及。天台與華嚴，兩家都講三觀。太虛認為，天台有析空、體空、次第、一心，比較靈活，而華嚴每觀都開為十門，較為精詳。兩家都以圓教為最圓滿，天台宗以《法華》為純圓，判《華嚴》為兼別之圓，而華嚴宗則判《法華》為同圓，《華嚴》為別圓。在太虛大師看來，從佛果自證法界說《華嚴》為最圓滿，自如來對法界一切眾生的化他大用上說則《法華》為最圓暢。但太虛大師認為兩家有共同的缺點，如，將佛法分成四教或五教有時不能切當，每教各有斷證分齊造成因行果證的不同，特別是關於佛果不同的分判，可能引起對成佛也不究竟的懷疑等。他認為佛教「只可判小乘、大乘，把大乘更判為五教四教，是兩宗共過」。〔註 59〕太虛大師對華嚴宗判教為中國判教最完備形態的判斷是符合歷史實際的，對兩家殊勝的分析也是他研究兩家教理很有心得的表現，但他因見兩家判教有所不足時就主張僅分大小乘的觀點，則不免有因噎廢食之嫌，既不符合中國佛教思想發展的歷史實際，也無法解決經典之間的衝突和矛盾。

太虛大師認為，中國的華嚴義學有地論、賢首、棗柏三派，其中以賢首為最能把握華嚴的特勝，因為《華嚴》乃佛初成道時在妙覺光中頓現的重重無盡妙嚴境界，由佛智觀之，一切皆為佛境，故眾生皆俱如來功德智慧之相，而國土皆為蓮華藏海莊嚴之剎，此現證境界非身非言，而遍一切即身即言，諸菩薩所證雖有淺深高下，所說亦有先後廣略，但皆為海印三昧中所現的影像；所謂

〔註 59〕太虛：《聽講五教儀拾零》，《太虛大師全書》，北京：宗教文化出版社・國家圖書館文獻縮微複製中心，2005 年，第 16 卷，第 358 頁。

果徹因源，因賅果海，就是說，「一塵、一毛、一剎、一身，莫非六相圓融、十玄無礙之佛法界。」〔註60〕我認為，太虛大師對華嚴宗殊勝之處的推崇，是很準確的。

四、對華嚴義理的運用

　　太虛大師對華嚴義學的研究固然具有學術的興趣，但也有實用的目的。他在各地講經和弘法的時候，就對他抉擇出來的華嚴殊勝之義時常加以運用。此處略舉數例，以概其餘。

　　民國四年（1915）太虛大師於普陀山作《法界論》，他在文中說：「以諸法空無自性，一一相待，一一無待，即一切法，妙一切法。平等不礙差別，是故常究竟常非究竟，常具德常不具德，乃至常自性性常無自性性，常安立諦常非安立諦。差別不障平等，是故有說有證與無說無證平等而安立諦非安立諦圓融；清淨功德與雜染惑業平等，是故漏無漏圓融，純惡業與不動業圓融，是故無間獄與三禪天平等。如是轉輾乃至圓融平等與不圓融平等亦圓融，而自性性與無自性性亦無不平等。一具一，一具一切，一切具一，一切具一切；一入一，一入一切，一切入一，一切入一切；常具、常入，無具、無入；無一、無一切，無一一、無一切一切，常一一、常一切一切，常一常一切；一一各位，一一交徹，重重相攝無遺，重重相涉無盡。」〔註61〕這一大段文字所包含的義理，顯然來自於從華嚴宗的學說，是對華嚴宗一真法界事事無礙思想的發展和運用。

　　民國二十二年（1933）太虛大師在廬山大林寺演說《倒果覺之下化起因行之上求》。他指出，「凡宇宙間一草、一木、一花、一葉，小而至於一毛頭許，大而至於地球、日輪，皆是由眾多的緣湊成的；既成此一草、一木、一花、一葉、乃至一毛頭許體相，他的效用，都是影響到全法界而能互攝互融的。知此、即可見到遍法界的一切事物，皆是諸緣所生而無自性，是即一攝一切、一入一切的法界緣起之真實義諦。」而人類也是眾多之緣而成，因此，在他看來，宣說佛法的目的，「就是要各人依此法界緣起之理，推而至於家庭建立，社會建立，國家建立，乃至日光所照，霜露所墜，空氣所通，皆互有關係恩德。……

〔註60〕太虛：《略說賢首義》，《太虛大師全書》，北京：宗教文化出版社‧國家圖書館文獻縮微複製中心，2005 年，第 16 卷，第 341 頁。

〔註61〕太虛：《法界論》，《太虛大師全書》，北京：宗教文化出版社‧國家圖書館文獻縮微複製中心，2005 年，第 16 卷，第 280 頁。

此華嚴法界緣起之理，亦即為宇宙人生觀之最完美者。」〔註62〕即使人悟入華嚴無盡緣起的無礙境界之中。

民國三十年（1941）八月太虛大師在重慶舉辦的超度陣亡將士的華嚴法會演講《建立人間的永久和平》。他指出，「宇宙萬有的真實相，既不是唯心，又不是唯物，更不是心物的綜合體，而是因緣和合生滅相續的事體，分析之乃為心、為物。此緣生之事體，無始無終，無內無外，一與一切互相攝入，既不落邊際，又不陷中庸，當即為華嚴的事事無礙法界。」〔註63〕如果人們能瞭解到這一點，思想上就不有各種偏執，在行為上自然也就實現了和平。華嚴宗的殊勝義理在此具有了消除世界大戰的重大意義。

對華嚴殊勝義理的運用，使太虛大師的思想超越了具體事物的限制，得以由近及遠、由己及人，乃至將當下個人的任何行為都與法界的終極意義聯繫起來，從而使人們的一切行動都具有了無比莊嚴的意義，也使人們對災難深重的現實充滿了獲得解脫的期望和信心，這也是太虛大師代表佛教界對苦難現實給出的一種精神安慰。

五、對華嚴經典的弘揚

民國時期佛教界雖然已經引入主題演講、論文撰寫等弘法方式，但對於文盲半文盲居絕大多數的普通民眾而言，傳統的講經說法仍然具有其獨特的效用。太虛大師作為那個時代公認的具有宣傳天才的高僧大德，在各地弘揚佛法時曾經講說過許多的經典，有些經典，如《圓覺》、《楞嚴》等，由於圭峰宗密、長水子璿的疏釋最為有名，所以傳統上被認為是華嚴宗的教典。《華嚴經》屬於鴻篇巨製，不適於短期講說，但其中《普賢行願品》卻非常流行，太虛大師亦曾多次講說，《大方廣佛華嚴經入不思議解脫境界普賢行願品講錄》即是民國十九年（1930）他在成都佛學社講《普賢行願品》時的記錄。這雖是一篇比較傳統的講經記錄，但其中也有一些不同以往的地方。如，傳統的講經說法，都是「懸談」加「釋文」，即首先解釋經題、闡明宗旨，然後再隨文疏釋字句，天台五重玄義、華嚴十門懸談，皆是如此。太虛大師認為，「當時聽者精熟佛典，故可如此。今則多有初聽佛經者，若先事玄談，則必致茫然莫解！故先解

〔註62〕太虛：《倒果覺之下化起因行之上求》，《太虛大師全書》，北京：宗教文化出版社·國家圖書館文獻縮微複製中心，2005 年，第 16 卷，第 302～303 頁。

〔註63〕太虛：《建立人間的永久和平》，《太虛大師全書》，北京：宗教文化出版社·國家圖書館文獻縮微複製中心，2005 年，第 27 卷，第 429 頁。

題目，次釋文義，然後乃開顯其要旨。」〔註64〕又如，他以「諸法實相不可說而說緣起之所成」為此經之要旨，他列出了因緣之緣起、所緣緣之緣起、等無間緣之緣起、增上緣之緣起等四種緣起學說，於增上緣之緣起中，又分六大緣起、十二有支緣起、法界緣起等三種，明顯具有將當時學術界關於唯識的研究成果，融攝其中的意味。〔註65〕也就是說，即便是運用比較傳統的弘法方式，太虛大師也是盡可能照顧到當時聽眾的實際狀況，儘量融入學術研究的成果，這自然非常有利於擴大《普賢行願品》的影響，增強這品經文對普通大眾乃至佛學界知識分子的攝受力。

在太虛大師的時代，雖然也有人弘揚華嚴宗的思想和學說，但華嚴宗已處於極度衰落的狀態是毋庸諱言的，如弘一大師在《佛法宗派大概》中就說華嚴宗「宋以後衰，今殆罕有學者，至可惜也。」〔註66〕太虛大師作為佛教界的領袖人物，對華嚴宗進行判釋、研究、運用和宣說，對於增加華嚴宗的話語積累，擴大華嚴宗的現實影響，促進對華嚴宗的相關研究，無疑是有積極作用的。這也給後來的華嚴宗人提供了一些有益的啟發，如，華嚴思想仍是現代的人們安頓心靈的精神家園，可以為人類解決現實問題提供一些思想借鑒的資源，人們對華嚴宗的瞭解必須放置在中國佛教整體發展脈絡之中，華嚴宗後學對華嚴宗義理的發揮和發展必須聯繫當下的社會現實，等等。

第四節　星雲大師與南亭長老

在星雲大師交往過的諸多前輩大德高僧中，南亭長老無疑是非常重要的一位，這在南亭長老的自傳和星雲大師的回憶中，都有非常充分的體現。

星雲大師與南亭長老雖然同為蘇北高僧，但二人在大陸時期應該沒有交集。星雲大師十一二歲，跟母親到南京尋找在戰亂中失蹤的父親，遂在棲霞山隨志開上人披剃出家。而此時的南亭長老，已經出家近三十年，不但完成了自

〔註64〕太虛：《大方廣佛華嚴經入不思議解脫境界普賢行願品講錄》，《太虛大師全書》，北京：宗教文化出版社‧國家圖書館文獻縮微複製中心，2005 年，第 13 卷，第 33 頁。

〔註65〕太虛：《大方廣佛華嚴經入不思議解脫境界普賢行願品講錄》，《太虛大師全書》，北京：宗教文化出版社‧國家圖書館文獻縮微複製中心，2005 年，第 13 卷，第 83～86 頁。

〔註66〕弘一：《佛法宗派大概》，《弘一法師演講全集》，臺北：天華出版社，1980 年，第 63 頁。

己的佛學院讀書生涯，而且隨應慈老法師弘法各地，其「華嚴宗大德」的法譽，早已聲名鵲起，而且更有甚者，還在蘇北首剎泰州光孝寺做過一任方丈，擔任著泰縣佛教會會長的要職。二人不但在年齡上有著相差二十七歲的懸殊，在佛教內部的地位上也相去甚遠。

但是，造化弄人。1949 年，星雲大師與南亭長老由於各自的因緣際會，相繼來到了臺灣，在這個狹小的海島之上，二人開始有了交集，並結下了深厚的道情和法誼。

一、南亭長老自傳中的星雲大師

從南亭長老的自傳中，我們可以感受到，南亭長老對星雲大師，從接觸和認識，到欣賞與讚歎，也與世俗間人們的交往一樣，是有一個過程的。

那些於 1949 年跨海入臺的高僧大德們，在度過了最初的艱難後，逐漸安頓下來，他們聚集在章嘉活佛等人的周圍，設法恢復了中國佛教會。南亭長老以其卓越的辦事和弘法能力，被委以秘書長的重任。當時對於既無名望、又無資歷但卻滿懷弘法理想的年輕的星雲大師來說，這個機構無疑是非常值得依賴和期待的。但對於正在準備在臺北購地造屋創辦華嚴蓮社的南亭長老來說，中國佛教會領導機構內部的相互推諉、扯皮和處理教務的無能為力則使他感到厭倦。就是在兩人心緒非常不一樣的時候，即 1952 年 7 月 12 日，中國佛教會召開了理監事聯席會議，決定以投票的方式選舉常務理事和理事長。「票選的結果：章嘉、白聖、悟明、星雲、孫心源、吳仲行、孫清揚、趙恒惕、劉中一當選為常務理事，而李子寬卻名落孫山矣。又票選理事長，章嘉大師以最高票數當選。」〔註67〕星雲大師的名諱，就這樣赫然出現在南亭長老的自傳中。南亭長老如釋重負，「當時有人提議，由我任秘書長，我向提議者磕了一個頭，敬謝不敏。等到提議我者任秘書長，我把一點點卷宗當眾交給他，轉過身來，向章嘉大師合個掌，轉身就跑了，如放飛鳥，如囚出囹圄也。」〔註68〕但據南亭長老年譜記載，當時當選為常務理事的有南亭長老而無星雲大師。〔註69〕其間曲折，我們雖然難得其詳，但依據常理來推測，極有可能是南亭長老確實高票當選為中國佛教會的常務理事，但他去意已定，堅決要除去自己，而按票數

〔註67〕南亭：《南亭和尚自傳》，臺北：華嚴蓮社，1994 年，第 187～188 頁。
〔註68〕南亭：《南亭和尚自傳》，臺北：華嚴蓮社，1994 年，第 188 頁。
〔註69〕陳慧劍：《南亭和尚年譜》，臺北：華嚴蓮社，2002 年，第 142 頁。

再取一人的話，即為星雲大師。這可能就是他說當選者中有星雲大師的原因。但他的請辭可能未獲批准，而且佛教會離開了他也確實難以正常運轉，因此他不得不繼續履行常務理事之職，並且不久之後還得繼續兼任秘書長之任。

南亭長老和星雲大師雖然一者心生退意，一者力謀進取，二人懷抱不同，但卻同具弘揚佛法和護持佛教的夙願，因此相互之間還是存在深入合作的深厚基礎的。1953 年 11 月 23 日下午，星雲大師、心悟法師來到華嚴蓮社，與南亭長老共同討論《人生雜誌》的相關事宜。南亭長老自述其事云：「星雲著有《釋迦牟尼佛傳》，郁仁長居士欲借給廣播組廣播，已承慨允帶來。他們傳說：有人謂講《法華》《華嚴》諸大乘經者，皆無思想。然以為東初似是有思想者，但東初著《地藏經概說》，也是無思想之人矣。以此言之，則唐宋以來，如智者、法順、智儼、法藏、清涼、玄奘、窺基等諸大師，皆無思想之人矣！」〔註70〕這幾句話文字雖然不多，但所包含的信息量卻非常豐富，我們對此可以做多方面的分析：一者，南亭長老當時是中國佛教會廣播弘法事務的主要負責人，他提出廣播星雲大師的著作《釋迦牟尼佛傳》（後來還有《玉琳國師傳》），既是對星雲大師文采和思想的認可，同時又是對星雲大師的培養和推介；借助無線電波的快速傳播，星雲大師很快就成為臺灣佛教界家喻戶曉的法師，這非常有利於他後來開創的佛光山各項事業的開展。二者，星雲大師不計報酬，慨然應允將自己的著作交給廣播組去廣播，自然也是在工作上對南亭長老的極大的支持，足以令南亭長老心生感激。三者，他們對某些人一味攻擊天台、華嚴等漢傳佛教各宗派極為不滿，對這種純粹學術的衡量標準很不以為然，同時又都對中國佛教諸宗派表露出很深的敬意。在這次討論中不僅達成了認識上的一致，還在思想情感上產生了共鳴，這就為以後兩人建立深厚的道情法誼奠定了堅實的思想和情感基礎。

在接下來的接觸和共事中，南亭長老對星雲大師的才能有了更多的瞭解和認識。1954 年，臺灣佛教界獲得了日本《大正藏》在臺灣的影印和發行權，為了徵求預訂和擴大宣傳，具體負責中國佛教會事務的東初法師請南亭長老和星雲大師組織佛教宣講團，舉行一次環島巡遊。「初四日——國曆九月十九日——全團自宜蘭出發，經花蓮、臺東、屏東、高雄、澎湖、臺南、岡山、嘉義、雲林、彰化、臺中、新竹、竹東，歷時四十日，經二十七縣、市、鎮，布教四十餘次，預約藏經二百七十餘部。國曆十月二十七日，歸來

〔註70〕南亭：《南亭和尚自傳》，臺北：華嚴蓮社，1994 年，第 188 頁。

臺北。」〔註71〕之所以選擇從宜蘭出發，是因為這個佛教宣講團的實際發起
人和組織者星雲大師彼時正在宜蘭弘法，宣講團中多其弟子，但是，星雲大師
還是推尊南亭長老為團長，並對之甚為恭敬，這肯定給南亭長老留下了深刻的
印象。一年多後，即1956年四月十八日，南亭長老受星雲大師邀請到宜蘭念
佛會講《八識規矩頌》，他不僅親眼目睹了星雲大師建造的鋼筋水泥兩層樓的
念佛堂，還親身體會到了星雲大師的信眾學習佛法的熱情。二十七至二十九
日，星雲大師的弟子們運用遊藝會的方式招待來賓，南亭長老由衷地讚歎此為
「別出心裁」，並且指出：「我以為，星雲法師善於運用青年。青年人無分男女，
都是好動的。近十天來，所有事務，都是一班青年男女居士分工合作。忙得晝
夜不息，而且多面帶笑容，而無一點不悅之色。青年人如生龍活虎，你如叫他
們死板板地盤起腿子來念佛，我想決對不受歡迎。」〔註72〕這是作為老一輩著
名大法師的南亭長老，對星雲大師弘法能力發出的由衷的欣賞和讚歎。

　　從星雲大師的經歷中，南亭長老看出了奮鬥的重要性。他說：「良好的結
果，皆從奮鬥中得來，星雲法師即其人也。據星雲法師自己說：寓居圓光寺時，
只求其以學僧看待，但既視為學僧矣，並未給以畢業文憑。初至宜蘭講經，居
雷音寺小房間，點燈、桌椅皆無。聽經者亦多敬鬼神而遠之。乃以極端耐心，
緩緩軟化，這些弟子才慢慢伏貼、受教。有今日之成果，甚非容易。」〔註73〕
南亭長老這一番話緊接著上文所說的宜蘭講經活動，當是彼時還不到三十歲
的星雲大師給他留下了深刻的印象，以至於他回到臺北後，還對此念念不忘。
後來，星雲大師將弘法的重心轉向了高雄，為此籌劃和建造了壽山寺。1963年
9月28日，南亭長老經停該寺，所見所聞，再一次給他留下了深刻印象。他
說：「壽山寺午飯。壽山寺因壽山公園而得名，寺為星雲法師同本省信徒興建，
預訂五層大樓，已至三層。星雲法師有魄力，有膽識，可佩之至。本省籍女信
徒更為可佩。她們視廟宇如家，雖有億萬財產，而身為董事或總經理之夫人，
到了廟上，外衣一脫，入廚房幫助擇菜、燒菜，事事皆做，無一毫官架子，真
乃難能可貴。」〔註74〕對於星雲大師的辦事能力和弘法成就，南亭長老是看在
眼裏，歡喜讚歎在心裏。彼時的星雲大師三十有六，可謂是春秋正富，南亭長
老也許從中看到了中國佛教光明而遠大的未來。

〔註71〕南亭：《南亭和尚自傳》，臺北：華嚴蓮社，1994年，第234～235頁。
〔註72〕南亭：《南亭和尚自傳》，臺北：華嚴蓮社，1994年，第239頁。
〔註73〕南亭：《南亭和尚自傳》，臺北：華嚴蓮社，1994年，第240頁。
〔註74〕南亭：《南亭和尚自傳》，臺北：華嚴蓮社，1994年，第318～319頁。

　　南亭長老在日記中對星雲大師的讚歎，並沒有要在將來的什麼時候拿給星雲大師看的意思，因而是真心的。俗話說，有諸內必形之於外。南亭長老是華嚴蓮社的實際開創者，以善於講經說法享譽於臺灣島，素來有著「華嚴宗大德」的美譽，他對星雲大師的欣賞、讚歎和表彰，自然是非常有利於星雲大師弘法活動的發展的。

二、星雲大師回憶中的南亭長老

　　對於南亭長老的欣賞、讚歎、提攜和幫助，星雲大師不僅有強烈的感受，銘記在心，而且還曾經投桃報李。即便是在南亭長老圓寂數十年之後，星雲大師回憶起二人之間的這段交往，還依然充滿了真摯的感激之情和崇敬之意。

　　星雲大師非常敬佩南亭長老的高尚品格。他說：「我覺得南亭長老實在是佛教裏很令人尊敬的一位老和尚。他正直、坦誠，對佛教熱心。……南亭長老創建華嚴蓮社，每月都有華嚴法會，偶而到華嚴蓮社時，聽到他唱誦『華嚴字母』，真是盪氣迴腸。南老也是江蘇泰州人，生於 1900 年，在 1960 年代的時候他已經六十多歲，應該稱為老法師了。在華嚴蓮社裏面，達官貴人很多，他也做過善導寺的住持，也當過中國佛教會的秘書長，在當時的臺北，他的聲望無人超越。」〔註75〕現在的佛教界，星雲大師的聲譽正如日中天，可說是無人不知，但對於南亭長老，則知之者甚少，通過星雲大師的這段敘說，我們至少可以瞭解如下幾個方面的信息：一者，南亭長老是一位正直、坦誠、熱心、修持嚴謹的老法師；二者，南亭長老法緣廣被，前來受他教化的達官貴人非常多；三者，南亭長老曾經是臺北最有聲望的老和尚。如果我們對照南亭長老的自傳或者年譜，也可以得出如上所說的結論，但這對於我們畢竟是屬於「所傳聞世」的事情了，難免會流之於浮泛之論。而星雲大師其生也早，曾經與南亭長老有著數十年的交往遊從，南亭長老的所作所為，在他屬於「所見世」的事情，因此他對南亭長老的評價，無不來自於其親身經歷的真實感受。而對於信眾來說，星雲大師的人格魅力已經令人高山仰止，他所欽佩的人物，在各方面的造詣上，自然是天高地厚，可以引起他的聽眾和讀者們對南亭長老發自內心世界的無限尊崇和真誠敬仰。

　　星雲大師高度評價南亭長老的弘法事業。南亭長老曾經擔任過著名佛教

〔註75〕星雲大師口述：《百年佛緣·07·僧信篇》，高雄：佛光出版社，2013 年，第206～207 頁。

刊物《人生》雜誌社的社長，而星雲大師則曾經擔任過該雜誌的編輯，二人因此在工作上時常發生關聯。星雲大師回憶說：「在外省的很多長老中，跟東初長老一樣，跟我有深厚法情的，就要算南亭長老了。因為他是《人生》雜誌的社長，我是編輯，所以關於內容、編務，我不得不經常跑到華嚴蓮社去請其開示。」〔註76〕我們由此可以看出，星雲大師固然對這本著名的佛教刊物付出了諸多的心血和勞動，而南亭長老同樣也投入了很多的關注，並不只是擔任一個空頭的社長榮銜而已。南亭長老在五十年代曾經發起廣播講經，對於推動中國佛教在臺灣的復興和傳播發揮了非常明顯的積極作用。星雲大師對此也有深刻的體會：「他發起在電臺講說佛法，那時候在民本、民聲等電臺都有佛教節目，如開闢『佛教之聲』，這應該歸功於他的提倡。後來慈惠法師、慈容法師等人，在宜蘭的中廣電臺、民本電臺也主持節目，也算是電臺響應他的號召了。」〔註77〕我們知道，慈惠、慈容二位法師都是星雲大師手下的得力幹將，在星雲大師開山立宗的過程中都立下了汗馬功勞，而她們都曾經受到過南亭長老的影響，這也是南亭長老講經說法的活動曾經惠及佛光山的證明。與星雲大師一樣，南亭長老也意識到佛教的未來在於青年人身上，因此他非常重視在青年人中培養學佛的骨幹力量。星雲大師對南亭長老的這一功績也很推崇：「臺灣早期的『大專青年學佛基金會』，帶動青年學佛，他也有功勞。他鼓勵周宣德居士等，說動詹勵吾先生把重慶南路的一棟四層樓的房子賣出，所有的錢都捐做大專青年獎學金，那就是後來的《慧炬》雜誌社的前身了。」〔註78〕由此我們可以看出，在星雲大師的心目中，南亭長老就是一位為了弘揚佛法、續佛慧命而盡心盡力的得道高僧。

　　對於南亭長老的栽培和提攜，星雲大師也曾經有過投桃報李的義舉。其最為顯著者，要數邀請南亭長老出任永和智光商工職業學校創辦人了。當年一幫供職在臺灣電力公司的福建老鄉，如陳秀平、陳信銘等，因為曾經聽過星雲大師講經說法的因緣，邀請星雲大師共同購置地皮創辦學校。星雲大師意識到此事體大，以他當時的實力，似不太容易。他說：「那個時候在臺北開辦學校，

〔註76〕星雲大師口述：《百年佛緣‧07‧僧信篇》，高雄：佛光出版社，2013年，第206頁。

〔註77〕星雲大師口述：《百年佛緣‧07‧僧信篇》，高雄：佛光出版社，2013年，第207頁。

〔註78〕星雲大師口述：《百年佛緣‧07‧僧信篇》，高雄：佛光出版社，2013年，第208頁。

我自知在臺北沒有道場為根據，也沒有財力當後盾，就提議華嚴蓮社的南亭老，以及善導寺的監院悟一法師共同來創辦。那些福州的同鄉都同意，後來過了一段時期，學校要開辦了，南亭老說，你辦這個學校，都是邀一些在家人做董事，哪裏像個佛教的學校？最好讓那些福州的老鄉退出，請出家人來做。他那樣說我就照做，這些福州老鄉真好，像蔣師佑等人我跟他們講過之後都全部退出，由南亭老提名華嚴蓮社的人擔任董事。」〔註79〕辦學這件事，在南亭長老的自傳裏也有很詳盡的敘述。原來南亭長老的剃度師智光尊者威望很高，他圓寂之後，皈依弟子有建智光醫院進行紀念的動議，但各方面的反映並不熱烈。星雲大師為了在臺北辦學，兩度邀請南亭長老擔綱其事，但都未獲允。到了 1963 年 10 月 4 日，星雲大師與悟一法師聯袂往訪南亭長老，第三次邀請他擔任中學董事會董事長，最終獲得南亭長老的應允，並初步擬定校名為太虛中學。〔註80〕到了 12 月 30 日，正當籌辦中的智光醫院徹底無望的時候，「星雲法師自高雄來，又談及辦中學事，擬易名智光中學，以智老人去世不久，尚有信眾，可資助力。我亦可為作有力號召，且免有人以為，太虛是他們的，我們不應利用云云，囑我下午去開會。」〔註81〕我們於此可以看出，星雲大師不光是南亭長老出任創辦人和董事長的邀請者，還是擬定校名為「智光」的倡議者。至 1964 年 9 月 6 日，南亭長老自記云：「我受星雲、悟一二位之邀，受任智光職校董事會董事長職務。星雲本允許我不問一事，但我以為，智校事，尤以錢為重要。我若不管，弄下差錯來，董事長不能以不管卸責。所以惟有挺身而出。」〔註82〕無論是星雲大師的回憶，還是南亭長老的自傳，都反映出星雲大師對於智光商工學校確有首倡之功，對於南亭長老的出任董事長，又有擁戴之勳，確實值得在智光校史上大書一筆。只是由於當時佛光山正在開創之中，星雲大師財力可能有些緊張，所以到了 1966 年，「一月九日上午九時，開智校第三次董事會議，關於擴建校舍問題。歸來接星雲信謂：本身負擔太重，無力擔負智校建費。」〔註83〕自此以後，星雲大師作為最早的動議者和促成者，就從智光商工學校的校史上消失了蹤影，而智光商工學校也逐漸演變成華嚴蓮

〔註79〕星雲大師口述：《百年佛緣‧07‧僧信篇》，高雄：佛光出版社，2013 年，第209 頁。

〔註80〕參見南亭：《南亭和尚自傳》，臺北：華嚴蓮社，1994 年，第 331 頁。

〔註81〕南亭：《南亭和尚自傳》，臺北：華嚴蓮社，1994 年，第 335 頁。

〔註82〕南亭：《南亭和尚自傳》，臺北：華嚴蓮社，1994 年，第 341 頁。

〔註83〕南亭：《南亭和尚自傳》，臺北：華嚴蓮社，1994 年，第 344 頁。

社一家舉辦並由南亭長老及其後繼者全力負責的教育事業了。

星雲大師對南亭長老的回憶，並不總是高興的事情，有時也有些許的不愉快。如，他作為《人生》雜誌的編輯，為了向時任社長的南亭長老彙報工作，大老遠地從外地跑到臺北華嚴蓮社，但南亭長老從不安排他吃飯，而當時華嚴蓮社的素齋在全臺北都是非常有名的，這不免讓星雲大師覺得南亭長老有些小氣。〔註84〕再如，上文說到智光商工職業學校的創辦，星雲大師無疑是最初的動議者和擁戴者，但經過五十多年的人事代謝，現在華嚴蓮社董事會裏已經沒有了星雲大師熟悉的人們，他為此感到不無遺憾。另外，星雲大師有時也會與南亭長老發生劇烈的爭執，他後來每每憶及，感到非常的不應該，覺得對不住南亭長老。他不無悔愧地說：「今天寫到南老，不禁深深覺得有對不起的地方，因為他是那麼樣的有地位、有權威，而我自己是後生小輩，常常為了佛教的事情和他力爭不諱。」〔註85〕1960 年代，沈家楨先生設立了一個「密勒學人獎學金會」，面向社會有獎徵集佛學論文，第一名獎金 5000 元。南亭長老與星雲大師都是這個獎學金的評委，他們在一起評議論文時，星雲大師按照當時行情，主張提升獎金額度，所有評委都覺得有道理，但南亭長老就是不同意，他告誡大家：「不可以聽信星雲的話，不要睬他，不要聽他的。」而且還一連說了多次。這令星雲大師非常惱火，終於忍不住拍案而起：「你怎麼可以倚老賣老？我也是拿了六百塊的車馬費，從高雄來這裡開會，你能不讓我發言嗎？」乍看之下，無論是誰，都會覺得南亭長老實在是仗勢欺人，而星雲大師的大為光火則屬忍無可忍，但事過五十多年，星雲大師對這件事有了更多的想法，他說：「我想，大概不曾有人忤逆過他吧！一時，他也愣住了，因為不曾有過晚生後輩，或者一般信徒敢這樣對他講話。後來他跟我認錯，現在想想真是慚愧，想到這許多老人叫我不要講話，也只把我當是徒子徒孫，現在想來，對南老真是深深的懺悔。」〔註86〕我們今天看來，當初南亭長老對待星雲大師可能確實有點家長作風，但也反映出他沒有把星雲大師當作外人，而他的道歉，則等於意識到和承認了星雲大師在佛教內外的獨立地位。

〔註84〕參見星雲大師口述：《百年佛緣‧07‧僧信篇》，高雄：佛光出版社，2013 年，第 206～207 頁。

〔註85〕星雲大師口述：《百年佛緣‧07‧僧信篇》，高雄：佛光出版社，2013 年，第 211 頁。

〔註86〕星雲大師口述：《百年佛緣‧07‧僧信篇》，高雄：佛光出版社，2013 年，第 212 頁。

　　總之，在星雲大師的心目中，南亭長老是一位學識淵博、德高望重的老和尚，他對佛教做出了諸多的重大貢獻，值得後人給予永久的懷念和尊重。

三、兩位高僧交往中的思想基礎

　　星雲大師並不是南亭長老的徒子徒孫，我們也查不到他從學於南亭長老的記錄，但兩位高僧之所以能夠維繫數十年的交往，並建立了深厚的法誼，兩人的華嚴思想無疑扮演了思想基礎的重大作用。眾所周知，南亭長老是非常著名的「華嚴宗大德」，而星雲大師思想中具有非常豐富的華嚴因素，考慮到星雲大師初識南亭長老時只有二十歲略多，尚在學地，因此他在形成自己的華嚴思想的過程中，極有可能在有意無意間受到了南亭長老的薰陶。從星雲大師口述的《百年佛緣》中，我們可以約略感受到他對華嚴的法界與行願具有深湛的理解和獨特的體會。

　　星雲大師在弘法過程中自覺運用了華嚴宗的法界思想，特別是其中的理事無礙觀和事事無礙觀。他回憶起自己早年在廟口講演的情形，前來聽他講經說法的人們雖然很多，但卻像潮水一樣波動不已，很難安穩下來，他總結出一條在弘法中非常有用的經驗：「每逢我講到故事，群眾就會慢慢向我集中，故事講完之後要講道理，大家又慢慢散去，一場講演約兩個小時，人慢慢聚合而來，或者人慢慢解散而去，常常都要幾個回合。我從那個地方學到一個經驗，有時要『以事顯理』，有時要『以理明事』，理事要圓融，要契理契機，思考如何將故事與佛學結合，才是一場最好的弘法講演。這也是我後來一直很用心佛經裏的故事，或人間社會生活小故事的原因。」〔註87〕也就是說，星雲大師在弘法實踐中對華嚴宗的理事圓融觀獲得了切身體會，並自覺將其運用在自己的弘法實踐之中。佛教內部有諸多的傳承和派系，世界上也有多得數不清種類的宗教信仰，星雲大師作為著名的佛教領袖，不可避免地要與不同派別和不同宗教發生交往，對此他的看法是：「我一生倡導人間的融和，如在佛教裏，我主張南北傳要融和、顯密要融和、禪淨要融和、僧信要融和、傳統與現代要融和。在國際佛光會成立後的第一屆會員大會中，也以『融和與歡喜』為大會主題，雖然各宗教大家信仰不同，但是安定社會、淨化人心的心意是一致的。所以對於各宗教，一直以來我都是抱持著積極友善的態度，和大家保持友誼的往

〔註87〕星雲大師口述：《百年佛緣‧02‧生活篇》，高雄：佛光出版社，2013年，第18頁。

來。」〔註88〕這是佛教內部各傳承和派系之間的圓融無礙。「我很贊成宗教之間要和諧、尊重，彼此要包容、交流；然而宗教之間，應該尋求『同中存異，異中求同』。『同』者，宗教都是勸人為善，目標一致；但是在『同』的當中，也有不同，即各個宗教各有教義，彼此說法也各有不同，因此不可一味地說它們都是一樣。」〔註89〕此則為世界不同宗教之間的圓融無礙。因此，對於星雲大師不同宗教求同存異互不妨礙的思想觀點，我們完全可以做出華嚴宗周遍含融觀或者說事事無礙法界觀的解釋。星雲大師曾經引領天主教的安澤霖樞機主教參觀佛光山博物館，「當他看到『華藏世界』裏，層層疊疊的影像和重重無盡的燈光時，不僅發出驚歎的聲音：『簡直太神奇了。』我當初設計『華藏世界』，是以《華嚴經》的『須彌納芥子，芥子藏須彌』的理念建構而成，沒想到會讓所有來參觀的人，都留下深刻印象。」〔註90〕在建造佛光世界過程中，星雲大師創造性地運用了華嚴宗的事事無礙法界觀，取得了非常理想的效果。

星雲大師認為《華嚴經·普賢行願品》的「十大願」就是非常高明的管理學。星雲大師指出，《華嚴經》的「十大願王」是菩薩們為了普度眾生，發願長久修持的十大法門，如果能夠運用到今天的人事管理中的話，必然會產生微妙而高超的功效。星雲大師以現代語言將其轉化到今天的管理學範疇之中，他說：「禮敬諸佛，是人格的尊重；稱讚如來，是語言的讚美；廣修供養，是心意的布施；懺悔業障，是行為的改進；隨喜功德，是善事的資助；請轉法輪，是真理的傳播；請佛住世，是聖賢的護持；常隨佛學，是智者的追隨；恒順眾生，是民意的重視；普皆迴向，是功德的圓滿。身為主管的在身、口、意上，若能依此十點待人處事，相信定能成為讓部屬真心愛戴的領導者。」〔註91〕星雲大師此處所強調的，是管理者對部下和員工應懷有一種菩薩般的悲憫之心和服務態度，甘心為自己所追隨的聖賢和追隨自己的員工做出無私的奉獻。這也是星雲大師在弘揚佛法、開創佛光山的過程中，能夠統理大眾、實現一切無

〔註88〕星雲大師口述：《百年佛緣·04·社緣篇》，高雄：佛光出版社，2013 年，第 240 頁。

〔註89〕星雲大師口述：《百年佛緣·04·社緣篇》，高雄：佛光出版社，2013 年，第 44 頁。

〔註90〕星雲大師口述：《百年佛緣·04·社緣篇》，高雄：佛光出版社，2013 年，第 48～49 頁。

〔註91〕星雲大師：《人間佛教語錄》中冊，臺北：香海文化事業有限公司，2008 年，第 209 頁。

礙的經驗總結。

　　由於種種原因，可能會有一些人不太願意承認星雲大師在佛學思想上曾經受到過南亭長老的影響。但在筆者看來，一位長者與一位小他二十七八歲的年輕人能夠維持長達數十年的交往，其間如無思想情感交流的發生，則是不可想像的。南亭長老對星雲大師的欣賞、讚歎乃至稱揚，除了星雲大師的精明、幹練、有想法、有魄力之外，必然還有其深厚的思想基礎。而星雲大師對南亭長老的敬仰、感恩和推崇，除了因為南亭長老在佛教中具有非凡的成就和崇高的地位，還應有感於南亭長老在華嚴思想和義理方面的深湛造詣。因此，我們認為，星雲大師和南亭長老的華嚴思想是他們兩人長達數十年之久的深厚道情法誼的思想基礎。

第五節　聖嚴法師與南亭長老

　　聖嚴法師與南亭長老之間的因緣非常深厚。作為 1949 年因形勢變化來到臺灣的名山老和尚和大德高僧，臺北華嚴蓮社的創始人南亭長老對於佛教界的後進時常加以關心、照顧、獎掖和提攜，對於臺灣佛教的代際傳承和持續發展發揮了重要的積極作用。法鼓山的開創者聖嚴法師在回憶自己成長經歷的著作中，也多次談到南亭長老對他的關心和照顧。我們依據相關資料，對他們二人之間的法緣關係略作探討，不僅有利於我們瞭解這兩位高僧大德的生平行實，理解法鼓山和華嚴蓮社這兩座臺灣重要佛教道場之間的相互關係，而且還可以將這兩位輩分不同的高僧以及他們所代表的道場作為具體事例，幫助我們理解臺灣高僧的成長以及臺灣佛教界內部的生態狀況。

一、南亭長老自傳中的聖嚴法師

　　南亭長老有寫日記的習慣。1949 年來臺灣之前的手稿盡失，他抽空補寫了自己前半生的回憶錄。到臺灣後，基本上每天都有日記。後來高明道先生就以此為據，整理成《南亭和尚自傳》，作為《南亭和尚全集》的最後一卷即第十二卷，由臺北華嚴蓮社印行出版。就在這部學術界研究南亭長老最為可靠的第一手資料中，筆者能夠查到的有關聖嚴法師的記錄卻只有三條，而且每條也僅是寥寥數語。

　　第一條記於 1969 年：「三月十四日，聖嚴法師去日本留學。」〔註92〕雖然只是短短一句話，卻表明南亭長老對這件事是極為關心的。不過這事說來話長，此處頗有加以說明的必要。由於曾經留學日本的慧岳法師的全力促成，又經正在日本東京留學的吳老擇先生的接洽，聖嚴法師獲得了日本東京立正大學的入學許可。但在嚴格奉行僧服、獨身、素食傳統的中國佛教界看來，日本佛教界的僧侶們食肉娶妻，形同世俗，已失佛教真義，因此普遍認為隨從日本僧侶是學不到佛教修行的奧妙的。再加上此前臺灣佛教界到日本留學的僧侶，多有受日本佛教的影響而還俗的，因此對於聖嚴法師赴日留學，臺灣佛教界多不看好，其師東初長老尤其反對。南亭長老既與東初長老是好朋友和當時中國佛教會的同事，又非常關心聖嚴法師的學習和成長，處於這一對師徒激烈對立的矛盾漩渦之中，不得不擔當和事佬，做一些緩頰的工作——既然不能阻止聖嚴法師留學，那麼自然是勸說東初長老放行。聖嚴法師最終於 1969 年 3 月 14 日成行，也算是對南亭長老一椿心事的了結，因此南亭長老將此鄭重記錄在自己的日記之中，只是來龍去脈有非一言難盡之處，故而僅此一句。然而南亭長老對於聖嚴法師的留學，應當還是支持的，因此他才會在聖嚴法師成行之前，贈之以川資，甫至日本之際，即行去函，為聖嚴指點學習目標，並期望聖嚴法師能夠為中國佛教帶回一套復興計劃來。〔註93〕這既是南亭長老作為老一輩高僧大德所具有的開明之處，同時又是他對華嚴宗恒順眾生之普賢行願的智慧實踐。

　　第二條記於 1975 年 6 月：「二十九日，得聖嚴函，囑為證明其父母姓名，以便在日本辦理去美證件。如法照辦。」〔註94〕聖嚴法師當年於日本東京立正大學獲得博士學位之後，並未立即返回臺灣，而是去了美國，這不免頗令關心他的臺灣佛教界諸位長老感到失望。當時僑居加拿大的詹勵吾居士想將自己的一塊農地捐出，建成龍山國際佛教中心，因此請聖嚴法師前去加拿大幫助他籌劃建造事宜，聖嚴法師應允了此事。但由於進入加拿大的簽證非常難辦，聖嚴法師就寫信請居住在美國的沈家楨居士幫忙，看能否先到美國做數月研究訪問，再去加拿大，沈家楨居士則請他直接辦理宗教師移民。但要辦成此事除了必須有相當機構證明其為僧侶及具有佛教傳教師資質之外，還需有相當機

〔註92〕南亭：《南亭和尚自傳》，臺北：華嚴蓮社，1994 年，第 367 頁。
〔註93〕參見林其賢編著：《聖嚴法師年譜》，臺北：法鼓文化，2016 年，第 248 頁。
〔註94〕南亭：《南亭和尚自傳》，臺北：華嚴蓮社，1994 年，第 429 頁。

構為其開具出生父母姓名的證明。聖嚴法師與印順長老雖然交情篤厚，與東初長老雖然有師徒之誼，但他們對於聖嚴法師獲得博士學位之後不能返回臺灣無不感到失望。聖嚴法師之不首先返回臺灣，也有他自己的打算，他考慮到臺灣佛教界的狀況，認為自己回到臺灣不能立即在臺灣佛教教育方面發揮作用，與其蹉跎歲月，還不如先到美國住上幾年，學好英語，為將來弘揚佛法奠定基礎。〔註95〕聖嚴法師可能考慮到白聖、印順、東初等諸位長老對於他的移民美國未必願意助成，因此寫信求助南亭長老，希望南亭長老為自己出具證明。這一次南亭長老又本著恒順眾生的普賢行願為聖嚴法師出具證明，「如法照辦」，由此成就了聖嚴法師以宗教師身份移民美國的重要助緣。

　　第三條記於 1976 年 1 月 2 日：「接聖嚴寄來《中國佛教之研究》，實際是『蕅益大師之研究』。是聖嚴博士論文，用日文寫的。參考之富，用力之久，允稱傑作。『新書寄我自東瀛，想見為學用力勤，他日乘機歸國日，光明遍照九重天。』」〔註96〕聖嚴法師實際上已於 1975 年 12 月 10 日從日本東京飛赴美國舊金山，他可能是在臨行之前將自己的著作寄出，因此南亭長老要到年後方才收到。這本書是聖嚴法師在日本東京立正大學所撰的博士學位論文，全文係用日語寫成。聖嚴法師通過深入研讀蕅益智旭大師的《靈峰宗論》達二十餘遍，並通讀了蕅益智旭大師的全部著作，最後論定蕅益大師在修行上尊崇《梵網經》，在信仰上奉持《地藏經》，以思想上推崇《楞嚴經》，不僅以學問富博稱雄於明末佛教界，而且對近代以來的中國佛教思想產生了切實而深遠的影響。〔註97〕聖嚴法師將自己的這部著作寄呈南亭長老，是由於南亭長老對於這部著作的出版曾經給予一定的資助，因此當寓有報德和感恩之意。而南亭長老認為這部著作參考的文獻非常宏富，顯然是作者長時間研究蕅益大師的智慧結晶，因而允其稱其為傑作，並賦詩讚歎，同時也描繪了聖嚴法師他日乘機返回臺灣必然造成佛教興盛的美好景象，委婉地表達了他對聖嚴法師最終應當回國弘法的殷切期望。我們說，正是南亭長老等人對聖嚴法師這種殷切期望，成為故國故土時刻牽繫海外游子的那根線。

　　無論從聖嚴法師的自述中，還是從臺灣佛教界知情者的口述中，我們都可以看到或者聽到許多南亭長老關心和支持聖嚴法師的事例。我們這裡需要思

〔註95〕參見林其賢編著：《聖嚴法師年譜》，臺北：法鼓文化，2016 年，第 315～316 頁。
〔註96〕南亭：《南亭和尚自傳》，臺北：華嚴蓮社，1994 年，第 445 頁。
〔註97〕參見林其賢編著：《聖嚴法師年譜》，臺北：法鼓文化，2016 年，第 325 頁。

考的是，在南亭長老的日記或者說自傳中，相關記載為什麼這麼少呢？也許我們只能給出這樣一種回答，即南亭長老對於聖嚴法師的支持和愛護可能只是他關心下一代的習慣性做法，而他本人並沒有意識到這有什麼值得特別稱道的地方，因此也就沒有將其一一記錄在案。我們說，南亭長老施恩於人而忘之，不圖任何回報，既是中華民族博施濟眾這一優良傳統的體現，又是對佛教修行布施波羅蜜多時必須「三輪體空」的具體實踐。

二、聖嚴法師回憶中的南亭長老

與南亭長老自傳中涉及聖嚴法師僅有寥寥數條短短數字不同，在聖嚴法師的自傳中，對於南亭長老的照顧則有比較詳盡的記述，我們由此不僅可以全面瞭解二位高僧大德之間的深情厚誼，還可以體會到聖嚴法師具有受恩不忘知恩報恩的高尚品格。

聖嚴法師與南亭長老其實早在大陸時期就已經結緣相識了。民國三十六年（1946）春，聖嚴法師十三四歲時被家人送至南通狼山廣教寺法聚庵出家為僧，法名常進，因為汪偽統治區民生凋敝，山門香火寥落，不得已隨侍朗慧師祖來到南通狼山廣教寺設在上海的下院大聖寺，希望通過趕經懺維持基本的生活。而此時的常進法師通過自己的努力爭取，得以進入當時的上海靜安寺佛學院插班讀書，南亭長老亦曾受聘到該學院講說《大乘起信論》，二人於是發生了關聯。不過，那時常進法師雖然可以講說南通話、常熟話和上海話，但是對於「南亭法師的泰州話，白聖法師的湖北話，我都不能完全聽懂，這是最急人的事了。課講得最好的卻是南亭法師，最希望聽的又是白聖法師的精神講話。」〔註98〕南亭長老是將課講得最好的老師，因此可以給年幼的常進法師留下深刻的印象，但是又因南亭長老濃重的泰州口音而聽不懂他講的什麼，著實令常進法師感到著急。不過，「幸好，他們上課，多半有寫黑板。……我是不敢放鬆的，我的要好心很強，上課時除了用心的聽，也不放棄黑板上的每一個字，下課之後，乃至到了晚上自修，我便整理筆記，不懂的便請教老同學。」〔註99〕同學們總是樂意親近他們敬佩的優秀老師的，即便是佛學院也不例外，因此到南亭長老當時駐錫的上海沉香閣聽南亭長老講經說法也就成了靜安寺佛學院非常有意思的郊遊活動。「我們曾去沉香閣聽

〔註98〕聖嚴：《歸程》，臺北：法鼓文化事業股份有限公司，2001 年，第 125 頁。
〔註99〕聖嚴：《歸程》，臺北：法鼓文化事業股份有限公司，2001 年，第 125 頁。

南亭法師講《法華經》，……南亭法師之對我留下深刻的印象，就因為去聽了一次經，他見我年紀最小，就在下座之後，特地問了我幾句話。」〔註100〕南亭長老的這次關懷，成為聖嚴法師終身難忘的精神激勵。我們說，上海時期的常進法師雖然出家已有數年，但對於佛教的經典、思想、義理並無實質的接觸，因此在靜安寺佛學院的聽課，實具有佛學啟蒙的意味。因此我們可以以此為據將南亭長老列為常進法師最重要的佛學啟蒙導師之一。

即便是聖嚴法師在戰亂之際還俗從戎，由常進法師轉變成軍中的張采薇，南亭法師仍然給予他力所能及的關心和照顧。解放軍進攻大上海的隆隆炮聲，終於使常進法師不能再安心於上海靜安寺佛學院研究班的讀書學習了，他必須思考自己的去向，「聽說南亭法師和智光老和尚也離開了上海」，〔註101〕他於是主動脫下僧服，投入兵營，改名張采薇，跟隨國軍撤退到了臺灣，成為一名通信兵。1950 年的冬天，他與駐錫在臺北市善導寺的南亭長老取得了聯繫，南亭長老給他寄來一些佛書，鼓勵他為國為教，多努力多學習。此後，他們之間時常相互通信，「偶而，他也在信中寄給我十元、二十元的新臺幣，說是給我買糖吃。」〔註102〕要知道，那時的南亭長老也是初到臺灣，尚且是居無定所，也是在艱難之中。1951 年春天，張采薇因為眼睛近視日深的緣故，不得已到臺北就醫，他於是去拜謁南亭長老，「南老人見到我的模樣，與上海時已大不同，不禁有黯然神傷之感。他給我介紹了眼科醫生，並且給了我四十元新臺幣，送了我四罐煉乳。自此以後，南老人一直很關心我，每次去臺北，他總要送我一些錢，送我幾罐煉乳。在當時的士兵，能有福氣吃煉乳，實在稀有難得的事，所以大家也都羨慕我有這樣好的一位老師。」〔註103〕南亭長老對於張采薇的關懷和照顧，非常有利於這位曾經出家為僧的年輕士兵繼續保持他的佛教信仰，聖嚴法師後來自己也承認：「由於南老人的鼓勵，我對佛教的信心，也就日漸懇切起來，往往在行軍途中，也能常念觀音聖號，我在今天仍能對佛法有不移的信心和一點成就，南老人的鼓勵是一大原因。」〔註104〕毫無疑問，當時對於舉目無親又沒有經濟能力的張采薇來說，南亭長老已經成為他精神上的依靠。

〔註100〕聖嚴：《歸程》，臺北：法鼓文化事業股份有限公司，2001 年，第 136 頁。
〔註101〕聖嚴：《歸程》，臺北：法鼓文化事業股份有限公司，2001 年，第 140 頁。
〔註102〕聖嚴：《歸程》，臺北：法鼓文化事業股份有限公司，2001 年，第 190 頁。
〔註103〕聖嚴：《歸程》，臺北：法鼓文化事業股份有限公司，2001 年，第 190 頁。
〔註104〕聖嚴：《歸程》，臺北：法鼓文化事業股份有限公司，2001 年，第 190 頁。

正是在南亭長老等老一輩高僧大德的關懷和照顧下，張采薇才得以從軍中退役，由一名下級軍官實現華麗轉身，轉變為一代著名的大德高僧聖嚴法師。由於身體病痛的原因，也由於佛教信仰的推動，張采薇很想從軍中退役，重新出家，復返為僧。這一艱難過程，自然也少不了南亭長老的有力助緣。聖嚴法師後來回憶說：「先與病痛苦鬥，最後七個月則為退役的問題苦鬥，再三再四的走到了山窮水盡，又再三再四地發現了柳暗花明，其間以南亭、悟一兩位法師，特別是東初老人給我的協助與安慰，使我永遠難忘。」〔註105〕經過艱辛的努力，張采薇最終如願退役，但要隨哪一位老和尚重新出家呢？「以我的看法，從關係及情感上說，應該去請南老人成就；從恩義的觀點上來說，應該去請東老人成就。雖然這兩位大德法師，於德於學，各有所長，都是當今教界不易多得的大善知識。」〔註106〕於是他找到南亭長老，南亭長老表態說，「他極願成就我，只是他老的徒孫成一法師已四十多歲，不能新收一個徒弟，年齡小於徒孫，而且華嚴蓮社的規模，也不準備成為度人出家的門庭。」〔註107〕南亭長老所說的也是實情。成一法師出生於1914年，隨南亭長老的徒弟春遠法師出家，論輩分乃是南亭長老的徒孫一代；張采薇出生於1930年，比成一法師年輕16歲，如果他拜南亭長老為師並隨之出家的話，就會形成徒子比徒孫年輕十好幾歲的尷尬局面，與中國傳統的倫理觀念極不協調。南亭長老這一番合情合理的話語，也等於婉拒了張采薇隨其出家的請求，但也由此成就了他追隨另一位高僧大德，即東初長老出家修道、成為著名的聖嚴法師的大事因緣。

聖嚴法師再度出家之後，從南亭長老這位老前輩那裏得到的護持，既有經濟上的無私的捐助，又有佛法修持上的嚴格要求。聖嚴法師決心東渡留學時，南亭長老出於協調他們師徒矛盾的初衷，表示反對，但當聖嚴法師真正成行之時，他又贈以路費，並且時常通信鼓勵聖嚴法師為國為教認真讀書，好好學習。聖嚴法師每逢假期回到臺灣，向南亭長老禮座，南亭長老總是滿心歡喜地拉起他來，對他說：「今人不行古禮，你能在留學期間，念念不忘祖國，還來探望於我，已使我高興萬分了。假如我再年輕二十歲，也想學點日文和英文哩！如

〔註105〕聖嚴：《歸程》，臺北：法鼓文化事業股份有限公司，2001年，第204頁。
〔註106〕聖嚴：《歸程》，臺北：法鼓文化事業股份有限公司，2001年，第210頁。
〔註107〕聖嚴：《紀念南亭長老》，華嚴蓮社編：《華嚴蓮社第二代住持南亭和尚紀念集》，1983年，第153頁。

今不懂外文，非常不便。」〔註108〕這實際上也委婉地表明了他對聖嚴法師留學日本的支持。1975 年春天，南亭長老聽說聖嚴法師準備自籌資金在日本出版自己的博士論文，「南老便自動捐助了一萬元臺幣合二百五十美金」。〔註109〕在聖嚴法師的心目中，南亭長老「他老人家是一位慈祥又保守的長老；他愛護後輩，但從不輕易作一種使他感到吃力的承諾，謹慎、自持，對於三寶的護持，具嫉惡如仇的熱心，但對事不滿而不會對人憎怨。」〔註110〕因此，他對聖嚴法師的支持是非常實在的，但對於聖嚴法師有可能做得不好的地方，其批評也是非常嚴厲的。如 1963 年 8 月，聖嚴法師因為閱讀律藏的原因，在《海潮音》上發表了一篇題目為《中國僧伽與僧律》的論文。「南老讀了，便給我寫了一封長信，開頭即說該文使他過去愛護我的熱忱降至冰點，責我自毀毀教，自掘墳墓！我立即回他一信，說明原委，並自承認粗疏，他馬上來信說：『你肯覆我一信，足見你的涵養，我很喜歡。』」〔註111〕在某種程度上我們甚至可以說，南亭長老等老一輩高僧大德的嚴格要求和密切關注，形成了聖嚴法師深入經藏嚴謹治學的精神動力。

　　1982 年 9 月 3 日，南亭長老圓寂，得壽八十三歲。聖嚴法師得知消息時，正因重病而住在醫院，他立即擬了輓聯：「上海沉香閣靜安寺聽經受益余年最小；海外閉關期留學時獎勉鼓舞您老尤多。」〔註112〕讓人撰寫並送到華嚴蓮社，表達了自己對南亭老人的感激之意和哀悼之情。後來，聖嚴法師在佛教教育事業上，特別是在舉辦華崗佛學研究所方面，受到南亭長老的徒孫成一法師的大力支持，他將此視為南亭長老護持恩澤的延續。

三、聖嚴法師著作中的華嚴思想

　　南亭長老教宗華嚴，長期講說《華嚴經》，在臺灣佛教界有「華嚴宗大德」

〔註108〕聖嚴：《紀念南亭長老》，華嚴蓮社編：《華嚴蓮社第二代住持南亭和尚紀念集》，1983 年，第 152 頁。

〔註109〕聖嚴：《紀念南亭長老》，華嚴蓮社編：《華嚴蓮社第二代住持南亭和尚紀念集》，1983 年，第 152 頁。

〔註110〕聖嚴：《紀念南亭長老》，華嚴蓮社編：《華嚴蓮社第二代住持南亭和尚紀念集》，1983 年，第 153 頁。

〔註111〕聖嚴：《紀念南亭長老》，華嚴蓮社編：《華嚴蓮社第二代住持南亭和尚紀念集》，1983 年，第 153 頁。

〔註112〕聖嚴：《紀念南亭長老》，華嚴蓮社編：《華嚴蓮社第二代住持南亭和尚紀念集》，1983 年，第 153 頁。

的美譽。聖嚴法師作為受過現代學術訓練的義學高僧，一直都非常關注漢傳佛教的發展演變，再加上南亭長老對他的深刻影響，他自然深知華嚴宗在中國佛教史上的地位極其重要，其影響也極為廣大而深遠，因而對之持續加以研究和關注，最終著成《華嚴心詮》一書，通過對華嚴宗五祖圭峰宗密的《原人論》展開深入細緻的研究和解讀，全面展現了他的華嚴思想。在筆者看來，其以下三點尤其值得注意。

其一，聖嚴法師將《原人論》視為中國華嚴學和華嚴宗思想發展的頂峰。中國華嚴學肇始於後漢支婁迦讖對《兜沙經》（相當於六十華嚴的《名號品》及《光明覺品》）的翻譯，其後吳支謙譯出《菩薩本業經》（相當於六十華嚴的《名號品》、《光明覺品》《淨行品》《十住品》等），西晉竺法護譯出《漸備一切智德經》（相當於六十華嚴的《十地品》）、《等目菩薩經》（相當於六十華嚴的《十定品》）、《如來興顯經》（相當於六十華嚴的《性起品》）、《度世品經》（相當於六十華嚴的《離世間品》），東晉祇多密譯出《菩薩十住經》（相當於六十華嚴的《十住品》），後秦鳩摩羅什與佛陀耶舍共同譯出《十住經》（相當於六十華嚴的《十地品》），等等，隨著諸多華嚴部類經典的相繼譯出，特別是東晉佛陀跋陀羅譯出六十華嚴，唐實叉難陀譯出八十華嚴，貞元間般若譯出四十華嚴，中國佛教界逐漸興起了一股讀誦、注疏、講解、修持華嚴經的潮流，由此形成了蔚為大觀的中國華嚴學。在中國佛教界風起雲湧弘揚華嚴學的情況下，神僧杜順依六十華嚴修禪觀、得神通，智儼從六十華嚴中衍出六相、十玄之義，法藏復立五教十宗而集華嚴學之大成、創立華嚴宗，其師徒祖孫，前後接踵，三葉相繼，奕世勝芳，其後澄觀、宗密又侈大其學，遂使華嚴一家，成為中國佛教非常重要的宗派。聖嚴法師在詮釋《原人論》之前，特設緒論一編，縷敘中國華嚴學及華嚴宗的發展脈絡，顯然具有將《原人論》視為中國華嚴學和華嚴宗思想發展頂峰的意味。

其二，聖嚴法師將《原人論》視為佛教大乘三系可以相互融通的證明。大乘佛教中最先興起的是講「緣起性空」的中觀一系，繼中觀一系而起的是講「無境唯識」的瑜伽行派，即唯識一系，而在中國最為盛行的卻是如來藏一系。近代以來，佛學研究昌明，歐陽竟無站在唯識的立場上判定如來藏一系為「相似佛法」，而印順法師則站在中觀派的立場上認為無論阿賴耶和如來藏都是中期大乘的方便說，一時聚訟紛紜，以如來藏為基礎的中國佛教如天台宗、華嚴宗和禪宗的真實性、究竟性和終極性受到了重大的挑戰，但卻不能在學術上對如

上二說給予有力的反駁，同時對中國佛教的合理性給出令人信服的解釋。太虛大師對於大乘佛法雖然有法性唯名宗、法相唯識宗和法界圓覺宗的三宗分判的善巧和八宗並弘的宏願，但給人的感覺是信仰的成分大而學理的解說少。聖嚴法師認為，《原人論》所說的大乘法相教就是唯識派，大乘破相教就是中觀派，顯示真心即性教就是如來藏派，宗密從相破的角度認為後後勝於前前，正是三者之間互相矛盾的體現；宗密又從相成的角度認為後者是前者的依據，而前者是對後者的展現，則是三者之間可以相互融通的證明。而這也正是聖嚴法師所要努力追求的境界，所以他說：「《原人論》是一部大格局、大架構的佛學導論，論主撰寫它的目的，是對儒、道二家、佛教的人天善法、小乘法、大乘的法相宗、中觀學派，一一評論，逐層引導，最後攝歸於直顯一乘的佛性如來藏；乃是會通世間出世間的各派宗教、各派哲學、各派佛教的差異點，而成其一家之說。我的任務，是將內外大小的各家觀點，中觀、瑜伽、如來藏三系的思想脈絡，一一查出原委，一一予以貫通，一一釐清其思想史的軌跡，一一還歸其功能作用，一一導歸於佛陀的本懷。」〔註113〕換言之，聖嚴法師雖然承認如來藏是大乘佛教的方便說，但他同時又承認《原人論》是足以引導眾生回歸佛陀本懷的傑作，此說堪稱歷史上對《原人論》做出的最高評價。

聖嚴法師將《原人論》視為大乘佛教與中國儒道思想的完美結合。佛教在傳入之前，中國早已確立了儒道兩家對立互補的文化格局，佛教的輸入，即便是在佛教達到極盛狀態的隋唐之世，儒家仍然穩居於中國思想文化領域的主流地位，對國家政令和社會風俗發揮著精神和思想的主導作用，而道家和道教的教主老子也被李唐皇室奉為先祖，道教甚至取得了國教的地位。圭峰宗密作為對儒道兩家思想學說深有研究的佛學大師，對儒道兩家的社會地位和功能一定有著極為深刻的體會。他在追尋終極真實的角度上雖然否定了儒家的天命時運論和道家與道教的大道自然說，但又從會通本末的立場上對二家之言做出了肯定。聖嚴法師由此聯想到了現代的思想界，他可能意識到，現代佛教雖然也很興盛，但佛教之外還有著眾多流派的宗教和哲學，佛教要想與如此眾多的宗教哲學和思想流派和諧相處同時又不失自家特色，那麼《原人論》無疑提供了一個光輝的範例。也許正是職此之故，聖嚴法師指出：「此論是站在漢傳佛教的立足點上，統攝諸宗，融合內外，有其消融性和包容性的示範功能。今後的世界佛教趨勢，必定要從消融性及包容性的視角，

〔註113〕聖嚴：《華嚴心詮》，北京：宗教文化出版社，2006年，第5頁。

來完成回歸佛陀本懷的整體性。」〔註114〕我們由此看出，有著豐富的海外弘法經歷的聖嚴法師，對於《原人論》所具有的消融性和包容性視角的意義和價值，實際上也可以說是華嚴宗乃至中國佛教視角的意義和價值，已經具有了無比切身的體會。

實際上，重視《原人論》的不僅是聖嚴法師，南亭長老及其法眷們也都非常重視《原人論》，華嚴蓮社歷代高僧都將《原人論》作為最基本的華嚴宗典籍之一，給予重點研究和講解。在筆者看來，聖嚴法師與南亭長老，與南亭長老所創辦的專門弘揚華嚴的道場華嚴蓮社，長期保持著親密的法緣，聖嚴法師在自己的著作中所體現出來的豐富的華嚴思想為此提供了堅實的思想基礎。

第六節　淨慧長老生活禪中的華嚴思想

淨慧法師提倡的生活禪在社會上的影響十分巨大，反響非常強烈，在探索傳統佛教實現當代轉型方面積累了許多寶貴的經驗，大有執中國佛教復興之牛耳的氣勢。淨慧法師對《華嚴經》非常重視，在他看來，「《華嚴經》是一部闡述宇宙萬物和諧共存、圓融無礙的經典，是一部高揚人性、眾生與佛平等，眾生如何通過親近善知識、發菩提心、修菩薩道、莊嚴國土、利樂有情，從而達到人格完善、究竟成佛的經典。」〔註115〕在黃梅老祖寺中興後的首次禪七法會上，他對眾開示，說《華嚴經》「是佛教氣勢最恢宏的一部經典，境界最高尚的一部經典，指導修行次第最明確的一部經典。」〔註116〕對《華嚴經》的讚歎和稱揚可以說達到了無以復加的地步。筆者撰寫此文，意欲對生活禪與《華嚴經》的關係略作探討，以就正方家。本文以「雜花莊嚴生活禪」為題目，包含兩層意思：一者指《華嚴經》為生活禪提供了經典依據（「雜花莊嚴」簡稱「華嚴」，故《華嚴經》又稱《雜花》）；二者指生活禪可以包含在《華嚴經》以「雜花莊嚴」所譬喻的「萬行紛披」之中。易言之，筆者認為，生活禪與《華嚴經》相互之間具有圓融會通的關係，這在淨慧法師及其弟子們對《華嚴經》的《淨行品》、《普賢行願品》以及華嚴宗義理的重視和引用上有著非常充分的體現。

〔註114〕聖嚴：《華嚴心詮》，北京：宗教文化出版社，2006年，第3頁。

〔註115〕淨慧：《生活禪鑰》，北京：三聯書店，2011年，第272～273頁。

〔註116〕淨慧：《禪在當下》，北京：方志出版社，2010年，第245頁。

一、生活禪與《淨行品》

　　淨慧法師及其弟子們將《淨行品》視為《七佛通誡》中「眾善奉行」的具體化，將其當作在日常生活之中落實佛教和禪宗宗旨的一部教科書，當作生活禪的經典依據和思想淵源，也是將修行安住於當下的經典表述。

　　《淨行品》在晉譯《華嚴經》第六卷之中，為全經第七品；在唐譯《華嚴經》第十四卷之中，為全經第十一品；別行本有吳支謙所譯《佛說菩薩本業經》一卷、西晉聶道真所譯《諸菩薩求佛本業經》一卷。此品經文篇幅短小，以智首菩薩問如何修行開始，而以文殊師利菩薩回答修行者應「善用其心」為主要內容。文殊師利菩薩舉了 141 例，如「菩薩在家，當願眾生，知家性空，免其逼迫。…著瓔珞時，當願眾生，捨諸偽飾，到真實處。…下足住時，當願眾生，心得解脫，安住不動。…整衣束帶，當願眾生，檢束善根，不令散失。…大小便時，當願眾生，棄貪瞋癡，蠲除罪法。…以水洗面，當願眾生，得淨法門，永無垢染。」乃至「以時寢息，當願眾生，身得安隱，心無動亂。睡眠始寤，當願眾生，一切智覺，周遍十方。」〔註117〕就是說，所謂「淨行」，就是修行者無論衣食住行，還是便洗眠寤，都要時刻保持清醒和警覺，以便於善用其心，真正能善待一切。

　　淨慧法師依據《華嚴經·淨行品》提出了「善用其心，善待一切」的理念，將其作為對生活禪宗旨的必要補充。他說：「提倡讀《淨行品》，提倡『善用其心，善待一切』，也許能夠為大眾提供更為廣闊的思想空間。『生活禪』的宗旨是覺悟人生、奉獻人生，《淨行品》中深刻、生動地體現了這種大智慧、大慈悲的崇高的菩薩精神。具體來說，善用其心就是用大智慧覺悟人生，善待一切就是用大慈悲奉獻人生。通過時時刻刻的善用其心，就能不斷提高自身素質；通過事事處處的善待一切，就能不斷和諧自他關係。通過自身素質不斷提高和自他關係的不斷和諧，人類世世代代夢寐以求的那種高度文明、和諧康樂的社會生活，就有可能從理想走向現實，從文字描述變成實實在在的生存環境。」〔註118〕這一大段文字，可以說是對《華嚴經·淨行品》實踐意義的最好的概括。按照《華嚴經》的基本結構，《淨行品》是屬於「十信位」的修法，即經文中所說的「菩薩」對佛教的教理與教義具有了比較完整、系統、準確的瞭解，

〔註117〕（唐）實叉難陀譯：《大方廣佛華嚴經》卷 14，《大正藏》第 10 冊，第 69～72 頁。

〔註118〕淨慧：《生活禪鑰》，北京：三聯書店，2011 年，第 274 頁。

因而樹立起牢固、堅定的佛教信仰。換言之,《淨行品》在《華嚴經》中只是入門工夫,與後面十住、十行、十迴向、十地等高位深心無法比擬。但在淨慧法師,《淨行品》則是通向究竟的基礎,「不斷提高自身素質,就要不斷提高覺悟,自覺、覺他、覺行圓滿;不斷和諧自他關係,就要廣修四攝六度,使我們的人際關係在祥和、和諧、友善的氣氛中,不斷淨化和改造,使人類真正趨於和平,使人生真正充滿幸福和光明。」〔註119〕這就意味著修行《淨行品》具有終極的意義。

淨慧法師還將《華嚴經·淨行品》視為實踐觀音法門的要領。2008年3月26日,為觀世音菩薩聖誕,當陽玉泉寺舉行祈福消災法會,淨慧法師對眾開示,要求信眾們向觀世音菩薩學習,發菩提心,行菩薩道。他說:「發菩提心要有廣泛的內容。《華嚴經·淨行品》二百四十多首偈子,教導我們從日常生活起居做起,時時處處,心心念念都不要忘記眾生,就是菩提心的具體落實。」〔註120〕淨慧法師認為,眾生們學佛,最主要的,就是要學習佛的心態,「我們要在學佛的過程中,逐步改變自己的心態,改變那些比較狹隘的想法,要時時刻刻想到眾生。像《華嚴經·淨行品》所說的那樣:吃飯要『當願眾生……』,睡覺要『當願眾生……』,走路要『當願眾生……』,一天當中的每一件事都不要忘記眾生。我們只有做到和眾生的苦難聯繫在一起,和眾生的命運聯繫在一起,和眾生的需求聯繫在一起,那才可以說是學習佛法,是在學習觀世音菩薩的精神。」〔註121〕淨慧法師的此番開示,具有將《華嚴經·淨行品》納入觀世音法門的意味,使生活禪在「藉教悟宗」時具有更為豐富的經典依據和更為飽滿的義理形態。

《淨行品》無論順逆都當願眾生善用其心,與生活禪要求人們「在生活中落實修行,在落實修行中生活」非常一致。在這個意義上,我們完全可以說,《淨行品》為生活禪提供了非常契機的經典依據,而生活禪也使《淨行品》在更加廣闊的時空中獲得了實踐的機緣。

二、生活禪與《普賢行願品》

中國佛教非常重視發菩提心,而《華嚴經·普賢行願品》所說十大願王常

〔註119〕淨慧:《生活禪鑰》,北京:三聯書店,2011年,第279頁。
〔註120〕淨慧:《禪在當下》,北京:方志出版社,2010年,第155頁。
〔註121〕淨慧:《禪在當下》,北京:方志出版社,2010年,第158頁。

常被中國佛教界作為真實發心的典範。生活禪繼承了這一優良傳統，淨慧法師不僅明確將《華嚴經・普賢行願品》列入「教典所依」，與禪宗的傳統經典《心經》、《金剛經》及《六祖壇經》、《永嘉證道歌》等共同構成了生活禪的經教體系，還在生活禪修中多次對《普賢行願品》的豐富內涵進行解說和開示，鼓勵和指導大眾將《普賢行願品》的理念體現在當下的生活實踐之中，依之而真修實證，從而將生活禪引入廣大浩瀚的法界海中。

　　《普賢行願品》為唐貞元間般若三藏所譯 40 卷《華嚴經》的最末一卷，異譯本尚有東晉佛陀跋陀羅譯《文殊師利發願經》1 卷，唐不空譯《普賢菩薩行願讚》1 卷等。經文有長行和偈頌兩部分，普賢菩薩告訴善財童子，欲成就佛之功德，應修十種廣大行願：一者禮敬諸佛，二者稱讚如來，三者廣修供養，四者懺除業障，五者隨喜功德，六者請轉法輪，七者請佛住世，八者常隨佛學，九者恒順眾生，十者普皆迴向。虛空界盡，眾生界盡，眾生業盡，眾生煩惱盡，我此行願，無有窮盡，念念相續，無有間斷，身語意業，無有疲厭。〔註 122〕此品經文流傳非常廣泛，直至現在，對普賢十願的誦持，仍然是中國一般佛教寺院的常課。我們知道，40 卷本的貞元譯《華嚴經》其實是 60 卷本的晉譯或 80 卷本的唐譯《華嚴經・入法界品》的異譯本，清涼國師將此品視為整部 80 卷《華嚴經》的流通分，而以「十大願王」為主要內容的《普賢行願品》其實又是 40 卷《華嚴經》的流通分。因此，《普賢行願品》無疑乃是全部《華嚴經》流通品的核心。淨慧法師將《普賢行願品》列入生活禪的教典依據，就使生活禪與《華嚴經》之間建立了深層次的交互相關。

　　淨慧法師將發菩提心視為佛菩薩的題中應有之義，如無利他度生的菩提心，便不能成佛作祖。他說：「所謂菩提心，就是一種上求佛道下化眾生的廣大。它的核心就是大悲心。……這種大悲心，在《普賢行願品》中，被視為菩提樹王的『根』和『水』。可見，利他度他的悲願，在個人解脫和成佛作祖的道路上，是何等重要。沒有利他之心，就等於大樹沒有根、沒有水。」〔註 123〕這是據《華嚴經・普賢行願品》來闡明發心的重要性。發心既然如此重要，那麼，發什麼心呢？淨慧法師指出，中國佛教平常講的四宏誓願就是「菩提心的具體體現，也是菩提心的實質內容。還有普賢菩薩十大願王：一者禮敬諸佛，

〔註 122〕（唐）般若譯：《大方廣佛華嚴經入不思議解脫境界品》卷 40，《大正藏》第 10 冊，第 844～850 頁。

〔註 123〕淨慧：《生活禪鑰》，北京：三聯書店，2011 年，第 86 頁。

二者……十者普皆迴向。這也是菩提心的內容。」〔註124〕也就是說，發四宏誓願，發十大願王，都是發菩提心，內容不同，只是表述有別而已。淨慧法師告誡人們：「學佛要修大行。普賢菩薩有十大願王，我們每天早上做早課，都要念這十大願王。十大願王的具體內容，就是菩提心的全面展開。」〔註125〕因此，淨慧法師將《普賢行願品》視為生活禪修的重要內容，建議他的追隨者，不論是早入佛門的老修行，還是初入佛門的新發意者，在生活禪修中，如果不能打坐的話，「可以誦經，早上《普賢菩薩行願品》，晚上《金剛經》，平常可以看看《六祖壇經》。」〔註126〕發心學佛學菩薩，就要具有《華嚴經·普賢行願品》所說的「不為自己求安樂，但願眾生得離苦」的思想追求，這就是佛菩薩的精神，將此精神貫徹到我們的日常生活當中，成為我們日常生活的自覺，這就是生活禪的精髓。

淨慧法師對《華嚴經·普賢行願品》與《金剛經》都很重視，多次要求弟子們將這二種經典同時修習。我們知道，《華嚴經》屬於講「真如妙有」的經典，而《金剛經》則屬於說「一切皆空」的經典；前者重在「安立法界」，主要用表詮，即肯定表述，而後者重在「破斥執著」，主要用遮詮，即否定表達。淨慧法師將這兩種經典並列為生活禪的教典依據，就具有將「安立法界」與「破斥執著」結合起來的意味。《金剛經》教導人們「應無所住而生其心」，引導眾生「隨相而離相」，實際上是在淨化人們的生活，解脫人們的各種束縛、執著和障礙，使人們獲得自在和灑脫。擺脫了日常生活的煩惱，人們就可以按照《普賢行願品》的要求，全副身心地投入到自覺覺他、自利利他的修行中去，使人們的日常生活與無窮無盡的廣大法界發生關聯，從而擺脫庸俗、自私、無聊而進入光明、無私的「法界」之中，稱性而起，獲得十方三世一切佛的殊勝功德，直接進入涉入重重、交光相網、無窮無盡的法界緣起之中，提升生命品質，直至成就圓滿無上的佛果。

三、生活禪與華嚴宗義理

中國佛教華嚴宗是以《華嚴經》為宗經建立的一個宗派，該宗推尊杜順禪師為初祖，智儼法師為二祖，而實際創立者則是武則天時期的三祖賢首法藏國師，賢首之後有清涼澄觀國師與圭峰宗密禪師，華嚴諸祖通過闡釋《華嚴經》，

〔註124〕淨慧：《生活禪鑰》，北京：三聯書店，2011年，第176頁。
〔註125〕淨慧：《禪在當下》，北京：方志出版社，2010年，第154頁。
〔註126〕淨慧：《禪在當下》，北京：方志出版社，2010年，第184～185頁。

提出了「一真」、「三觀」、「五教」、「十宗」、「六相」、「十玄」等說，建立一個思辨精巧、廣大悉備、圓滿融通的理論體系，形成了中國佛學的巔峰。其勝義迭見，對中國佛教，尤其是宋明禪宗發展的影響十分巨大。淨慧法師在闡釋自己的生活禪理念時，曾多次引用華嚴宗的義理，充分表明了生活禪與華嚴宗之間具有一種緊密的關聯。

淨慧法師將清涼澄觀國師的「一念不生，前後際斷，照體獨立，物我皆如」作為修習禪定的口訣。他指出，修行者「如果能慢慢體會這四句口訣，就能夠掌握修禪定的要領」。這四句口訣是清涼澄觀在《答皇太子心要法門》中說的，是以精練的語言和簡短的篇幅對華嚴宗觀修方式和理論的概括，深受佛教界的重視。淨慧法師結合自己的禪修體驗，對此四句口訣加以解釋，「所謂『一念不生』，就是沒有第二念，只有一個念頭。就像四祖所說的『守一不移』。比如說，我們是數呼吸，念頭在呼吸上，只有呼吸這個念頭，沒有第二念，這也是『一念不生』；如果我們是參話頭，參『無』字公案，只有這個『無』字的念，沒有第二念，這也是不生第二念；參『誰』字公案也是一樣，只有『誰』字這個疑情，在這個時候，用得著平常的一句成語，對這個話頭『耿耿於懷』，放捨不下，就是一念不生；再如念佛號，念到『念而無念，無念而念』，沒有第二念，那也是一念不生。……當下這一念一直向下延續，不同前面的或者說過去的念頭相聯繫，也不同未來的念頭相聯繫，過去既滅，未來不生，所以就『前後際斷』，前際和後際都不相聯繫。既然是前後際斷，那就只有當下這一念，歷歷孤明。」〔註127〕這當下一念的「歷歷孤明」，也就是「照體獨立」。淨慧法師認為，達到了這個境界，就可以「物我一如」了，也就是可以將「主觀的世界與客觀的世界融為一體了」。淨慧法師對這四句口訣可以說是推崇備至，「清涼國師是一位了不起的高僧大德，他以他修行的親身經歷，把修行的過程、修行的方法、修行的要領、修行的結果，總結為這四句話：『一念不生，前後際斷，照體獨立，物我皆如。』對於這四句話，雖然很多祖師有所發揮，但是最終還是清涼國師這四句話比較能概括全部的修行過程。」〔註128〕我們說，淨慧法師的這個解釋非常清晰明瞭，也很親切自然，非親到其境，難以言之如此之詳盡，其中不乏對清涼澄觀思想的運用和發展。

淨慧法師還曾用華嚴宗以文殊表智、普賢表行的思想來闡釋「覺悟人生，

〔註127〕淨慧：《禪在當下》，北京：方志出版社，2010年，第242頁。
〔註128〕淨慧：《禪在當下》，北京：方志出版社，2010年，第246頁。

奉獻人生」的生活禪宗旨。他說：「生活就是禪，『色不異空』，是為文殊的大智法門；禪就是生活，『空不異色』，是為普賢的大行法門。以文殊之大智法門覺悟人生，以普賢之大行法門奉獻人生。這就是生活禪、禪生活的精微妙義、全體大用。」〔註129〕「色不異空，空不異色」是《心經》的核心思想，文殊表智、普賢表行散見在華嚴宗的諸多章疏中，在清涼澄觀國師的《三聖圓融觀門》中有集中的表述。清涼國師認為：文殊表示「能信」而普賢表示「所信」，文殊表示「解」而普賢表「行」，文殊表「智」而普賢表「理」，文殊菩薩與普賢菩薩分別代表著不同的法門；就文殊所表示的信、解、智而言，必須具有對佛教的真誠信仰，方能成就正確的理解，只有信仰真誠和理解正確，才能徹底究盡諸法的本原，成就最終極、最高級的佛教智慧；就普賢所表示的體、行、理來說，依據眾生本具的如來藏法界之理發起修行，必然與如來藏法界之理相符合；二聖所表的法門不僅各自融通，而且還相互融通。〔註130〕淨慧法師採清涼之成說，更融入《心經》般若之空觀，來闡釋自家生活禪的宗旨，不僅體現出他對佛教經論文字的熟悉、理解的通透、運用的靈活，而且還反映出他說法教化的思辨善巧與高度概括來。

俗話說，「不讀《華嚴》，不知佛家之富貴」。按照筆者的理解，此「富」，是指《華嚴經》卷帙的浩繁宏大、義理的宏富圓滿和詞句的華美典雅，此「貴」，則是指《華嚴經》作為「根本法輪」在佛教經典體系中其地位的重要，作為「稱性而起」的法界映像其內容的重大，以及作為運載一切眾生離世間而入法界的「一佛乘」其作用的偉大。合而言之，《華嚴經》通過宏大的篇幅和華麗的文句引導眾生出離生死世間而進入稱性而起、重重無盡的法界之中，從而使諸佛世尊教化眾生的根本目的和終極關切得以完全的實現。而禪宗由於標榜「教外別傳」，主張「不立文字」，固然獲得了簡潔明瞭的好處，能使利根上智單刀直入，但在化導中下根機的人時卻缺乏必要的方法和步驟，給人一種無所適從、無可把捉、老虎吃天、無從下口的感覺，遂難免於「窮禪客」之譏。「我這裡無此閒家具」，既可以視為是祖師們對脫略淨盡之境界的一種形象表述，也可以看作是對由於禪宗大德們「單提向上一句」而使「法堂外草深三尺」的一種慨歎。因此，生活禪對於包括《華嚴經》在內的經教的重視，可以很好的改變中國佛教在明清時期的籠統和顢頇。

〔註129〕淨慧：《生活禪鑰》，北京：三聯書店，2011年，第204頁。
〔註130〕（唐）澄觀：《三聖圓融觀門》，《大正藏》第45冊，第671～672頁。

　　從歷史上看，禪宗與《華嚴》就素有淵源。如六祖慧能門下高弟南陽慧忠國師在向人解釋「青青翠竹，盡是真如；鬱鬱黃花，無非般若」時，就引用了華嚴宗義及《華嚴經》，他說：「此蓋是普賢、文殊大人之境界，非諸凡小而能信受，皆與大乘了義經意合。故《華嚴經》云：『佛身充滿於法界，普現一切眾生前，隨緣赴感靡不周，而恒處此菩提座。』翠竹既不出法界，豈非法身乎？又《摩訶般若經》曰：『色無邊故，般若無邊。』黃花既不越於色，豈非般若乎？此深遠之言，不省者難為措意。」〔註131〕下開曹洞、雲門、法眼三宗的石頭希遷所著的《參同契》一文，為禪宗名篇，亦是通過對華嚴宗「理」、「事」範疇及圓融無礙思想的運用與發展。略檢《燈錄》，即可發現，精通《華嚴經》及華嚴宗義理的禪宗祖師大德大有人在，此不煩一一列舉。淨慧法師對《華嚴經》及華嚴宗義理的重視與引用可以說是中國禪宗史上這一優良傳統的繼承和發展，也為生活禪的義理創新建立了堅實的思想基礎，可以保證禪的實踐永遠不會逸出於佛教的範疇之外。

　　《華嚴經》自譯入之後，一直為中土佛教界所重視和尊崇，在唐代更是以該經為宗經創立了體大思精、影響深遠的華嚴宗。近代以來，無論是提倡人間佛教的太虛大師，還是盛弘南山戒律的弘一法師，無論是臺灣風生水起的星雲法師和聖嚴法師，還是在大陸倡導生活禪的淨慧長老，我們從他們的佛學思想之中，都能很輕易地發現諸多的華嚴學因素。這充分表明，在促使傳統佛教實現自身形態現代化的過程中，中國古老的華嚴學仍然是非常寶貴的思想資源，為中國佛教的健康傳承提供了深厚的思想和文化的滋養。

〔註131〕淨慧：《何處青山不道場》，河北省佛教協會虛雲印經功德藏出版，2001 年，第 17～18 頁。

第三章 研究華嚴

　　華嚴宗也是中國近現代學術發展的重要資源。如馬一浮、方東美、唐君毅、
牟宗三等人作為現代新儒家的代表，他們大量吸收華嚴宗的思想義理，展開思想
創造，將傳統儒家發展為現代新儒家。方立天、魏道儒、董群等則站在馬克思主
義的立場上審視華嚴宗思想，將華嚴宗提升為中國現代學術研究的重要內容。限
於各方面的原因，本文未遑對學術界的華嚴學研究做出全面的論列，僅就馬一
浮、唐君毅與牟宗三、方立天等人的華嚴研究作一概要性的考察，以概其餘。

第一節　馬一浮對儒家經典的華嚴學解讀

　　作為現代新儒家的開山鼻祖之一，馬一浮（1883～1967）在華嚴宗義理方
面具有非常深湛的造詣。他曾經說過：「天台家釋經立五重玄義：一釋名，二
辨體，三明宗，四論用，五判教相。華嚴家用十門釋經，謂之懸談：一教起因
緣，二藏教所攝，三義理分齊，四教所被機，五教體淺深，六宗趣通局，七部
類品會，八傳譯感通，九總釋經題，十別解文意。其方法又較天台為密。儒者
說經尚未及此，意當來或可略師其意，不必盡用其法，如此說經條理易得，豈
時人所言科學整理所能夢見？」〔註1〕他還曾經說過：「《華嚴》可以通《易》，
《法華》可以通《詩》。苟能神會心解，得意忘言於文字之外，則義學、禪宗
悟道之言，亦可以與諸儒經說大義相通。」〔註2〕對華嚴宗講經說法的方法可

〔註1〕　馬一浮：《孝經大義》，《馬一浮全集》，杭州：浙江古籍出版社，2013 年，第 1
　　　　冊，第 190 頁。
〔註2〕　馬一浮：《語錄類編·儒佛篇》，《馬一浮全集》，杭州：浙江古籍出版社，2013
　　　　年，第 1 冊，第 672 頁。

謂是讚歎有加，特別是對華嚴義理與儒家思想可以相互融通深有體會。因此他在與門下弟子講說和討論儒家經典時，時常引用《華嚴經》的經文，運用華嚴宗的一真法界、四法界、三聖圓融、五教、六相圓融等義理，從而促成了儒佛兩家思想的相互融通，使他所闡發的儒家思想展現出一多相即、長短相入、大小相攝、重重無盡、主伴圓融、交光相網的華嚴特色來。

一、引《華嚴經》義

馬一浮引《華嚴經》義與儒家經典相互印證之處頗多，但集中體現在 1943 年 12 月份他所寫的《華嚴經淨行品寫本自跋》和《大方廣佛華嚴經普賢行願品寫本自跋》中。作為民國時期最重要的書法家之一，馬一浮的書法作品常為富貴之家所收藏。從 1941 年起，為了籌措刻書經費，馬一浮開始標價鬻字，為此他抄寫了《華嚴經》中的《淨行品》和《普賢行願品》兩品經文，並為之撰寫跋語。

馬一浮以《淨行品》中的「善用其心」詮釋《論語》《孟子》所說的忠信篤敬、踐形盡性。他在《華嚴經淨行品寫本自跋》中說：「此品廣說諸行相，念念不忘眾生。自儒者言之，乃是忠信篤敬，蠻貊不棄，踐形盡性之事也。人惟不知性分內事，故不能善用其心。念念不忘己私，言行何由而謹哉。若能於此薰習，亦足增長善根。」〔註3〕儒家經典如《論語》中曾經講到言忠信，行篤敬，可行之於蠻貊，言不忠信，行不篤敬，不可行於州里；《孟子》也曾強調由仁義行就是踐形盡性，即在日常實踐中將人的本性充分體現出來。《論語》《孟子》都是從原則上來說的，雖然並不難懂，但終究不免於籠統。而《淨行品》則就日常生活說起，於舉足下足之際，提撕眾生務須「善用其心」，較之儒家經典，實具有簡便、真切、易於實踐的特點。馬一浮將《淨行品》視為儒家的忠信篤敬與踐形盡性之事，一方面使《淨行品》成為詮釋和解說儒家經典的注疏，另一方面也借助於《華嚴經》的周密繁富提升了儒家經典的實踐品格。

馬一浮以《普賢行願品》中的普賢行願詮釋《論語》中所說的「無終食之間違仁」。他在《大方廣佛華嚴經普賢行願品寫本自跋》中說：「儒者無終食之間違仁，造次必於是，顛沛必於是，言行動天地，孝悌通神明。自佛氏言之，皆普賢行也。躬行君子，則吾未之有得。三災彌綸，而行業湛然。人能志普賢

〔註3〕馬一浮：《華嚴經淨行品寫本自跋》，《馬一浮全集》，杭州：浙江古籍出版社，2013 年，第 2 冊，第 119 頁。

之所志，行普賢之所行，庶可以踐形盡性矣。」〔註4〕在馬一浮看來，儒者對仁的堅守和踐履，與《華嚴經》所說的普賢行，並無二致。孔子非常欣賞顏回「簞瓢屢空，而不改其樂」的學養，孟子極力稱讚伊尹「一夫不獲，若己推而納諸溝中」的志趣。馬一浮認為，伊尹之志即「普賢行願之旨」，顏回之學即「文殊妙智之力」，儒家聖賢由此獲得了佛門大菩薩的位格。「知禹、稷、顏子易地則皆然，則知普賢、文殊一體而非異；知成己、成物為一事，則心、佛、眾生無差別。故曰：『盡性至命，必本於孝悌；窮神知化，由通於禮樂。』如普賢、文殊者，乃可謂孝悌、禮樂之人矣。夫豈於心外求之而可見哉！『吾有知乎哉，無知也。』『天何言哉，四時行，百物生。』於此薦得，文殊在汝面門；『老者安之，朋友信之，少者懷之。』如是用心，普賢在汝腳下。」〔註5〕馬一浮通過對儒佛兩家經典的融會貫通，將佛教思辨的玄妙和修行的篤實貫注到儒家經典之中，極大地提升了儒家在日常生活中實踐孝悌和禮樂的神聖性。

馬一浮引用《華嚴經》以詮釋儒家經典的地方還有不少，此處不再贅引。筆者認為，《華嚴經》是中國佛教界最為尊崇的經典之一，但由於該經包含七處九會長達三十九品經文，具有長達八十卷的篇幅，可謂是卷帙浩繁，因此真正深入人心的，實際上也只有這部大經之中的《淨行品》和《普賢行願品》兩品，這也當是馬一浮抄寫這兩品經文的主要原因。《華嚴經》特別重視發廣大心，發菩提心，親近善知識，利益無邊眾生。馬一浮在跋語中對儒家經典與華嚴經義理所作的融會，實具有將《華嚴經》的修行精神注入儒家經典之中的意味。

二、一真法界義

一真法界是華嚴宗的最高範疇，代表著從本以來不生不滅、非空非有、離名離相、無內無外、惟一真實、不可思議的諸佛平等法身。馬一浮對這一範疇有著深切的體會，他於 1957 年撰寫《法界頌》云：「一真法界，事事無礙。金翅飛空，牯牛逐隊。蚊虻過前，日月相代。當生不生，成即是壞。何將何迎，非內非外。優哉游哉，無乎不在。」〔註6〕一真法界作為諸佛法身，與各種各

〔註4〕馬一浮：《大方廣華嚴經普賢行願品寫本自跋》，《馬一浮全集》，杭州：浙江古籍出版社，2013 年，第 2 冊，第 119 頁。

〔註5〕馬一浮：《大方廣華嚴經普賢行願品寫本自跋》，《馬一浮全集》，杭州：浙江古籍出版社，2013 年，第 2 冊，第 120 頁。

〔註6〕馬一浮：《法界頌》，《馬一浮全集》，杭州：浙江古籍出版社，2013 年，第 2 冊，第 283 頁。

樣的事物都可以相互容攝即入，故可謂之為事事無礙。金翅鳥王翱翔於廣闊的
太空之中，水牯牛成群結隊地行走於大地之上，一群群的蚊虻在眼前飛來飛
去，日月往來輪轉不息，在生生不息的表象之下，這個世界具有其永恆的穩定
性。所有這些現象，都是一真法界的展現。而一真法界則是無處不在的，其與
萬事萬物之間並沒有先後、內外的差別。筆者認為，馬一浮對一真法界的這種
理解和體會是非常準確的，這是他對中國佛教，特別是對華嚴宗義理深造有得
的體現。

　　馬一浮經常運用佛教的一真法界詮釋儒家經典中的最高範疇。儒家經典
中表示最高範疇的概念，有太一、太極等。在馬一浮看來，儒佛兩家對於最高
範疇表述的不同主要是著重點的差異造成的。他指出：「《禮》所謂太一，即《易》
所謂太極也。語其不二，則以一表之；語其至極，則以極表之。所以明萬事萬
物同出於一原，而同歸於一致，猶佛氏所謂一真法界也。」〔註7〕其言下之意，
《禮記》中所說的太一，是在表達這一範疇的獨一無二性；而《周易》中所謂
的太極，是就其作為最高標準和法則來說的。因此與佛教的一真法界具有大致
相同的地位和內涵。當然了，儒家這一範疇也代表著萬事萬物的終極歸宿。因
此他又說：「《易》言三才，又言三極。才者，物之初生也。極者，物之終際也。
是謂『原始反終，故知死生之說』。又極言其體之寂，才言其用之神，三才之
道，總為太極，故《洪範》曰：『會其有極，歸其有極』也。在佛氏則謂之一
真法界。」〔註8〕以此為基礎，他對中國傳統文化追求的天人合一之說提出了
不同於已往的看法。他說：「言天人合一者，猶剩一合字，方為究竟了義。是
義唯佛氏言一真法界分齊相當。自佛氏言之，總該萬有，即是一心；自儒者言
之，通貫三才，唯是一性。彼言法界有二義：一是性義，無盡事法同一性故，
即理一也。於一理中見分殊，於分殊中見理一，即是一即一切，一切即一，如
性融通，重重無盡。全事即理，全人即天，斯德教之極則也。」〔註9〕當人們
講天人合一時，實際上仍然具有將天與人加以區分的意味，但在運用一真法界
或太極等範疇時，則沒有了這種區別，更有利於人們進入那種重重無盡的圓滿

〔註7〕馬一浮：《太極圖說贅言》，《馬一浮全集》，杭州：浙江古籍出版社，2013年，
　　　　第4冊，第5頁。
〔註8〕馬一浮：《孝經大義》，《馬一浮全集》，杭州：浙江古籍出版社，2013年，第1
　　　　冊，第203頁。
〔註9〕馬一浮：《孝經大義》，《馬一浮全集》，杭州：浙江古籍出版社，2013年，第1
　　　　冊，第203～204頁。

境界之中。因此他又說：「知《易》『冒天下之道』，即知六藝冒天下之道。『無不從此法界流，無不還歸此法界』。故知六藝之教終於《易》也。」〔註10〕也就是說，正如（一真）法界是佛教對世出世間一切法的總括一樣，《易》也是儒家對萬事萬物運行和變化規律的歸納和總結。

　　《易傳》中有「形而上者謂之道，形而下者謂之器」的說法，具有極強的將現象和本質加以二分的思想傾向。但在華嚴宗一真法界觀念的參照之下，馬一浮更為重視道與器之間的統一性或一致性。他說：「此以器為道之流形，唯是一真。……若《般若》明色空不二，《華嚴》顯一真法界，則與此分齊無差。」〔註11〕馬一浮對華嚴宗一真法界範疇的借鑒和運用，在某種程度上克服了儒家經典詮釋中將理想與現實對立起來的思想傾向，為使儒家經典與現實生活打成一片奠定了堅實的理論基礎。

三、四法界義

　　從華嚴宗的立場上來看，一真法界作為諸佛的平等法身，具有本體的意味，可以統攝世出世間一切法。但在現象世界中，則表現為事法界、理法界、理事無礙法界、事事無礙法界等四法界。馬一浮時常運用華嚴宗的四法界義詮釋儒家經典，從而將他主張的儒家之理貫徹到日常事為之中。華嚴宗每以四法界之說作為自家的勝場，但在馬一浮看來，此義亦為儒家經典所具有。他在論述「舉六藝明統類是始條理之事」時說：「事物古今有變易，理則盡未來無變易，於事中見理，即是於變易中見不易。若捨理而言事，則是滯於偏曲；離事而言理，則是索之杳冥。須知一理該貫萬事，變易原是不易，始是聖人一貫之學。佛氏華嚴宗有四法界之說：一事法界，二理法界，三理事無礙法界，四事事無礙法界。孔門六藝之學實具此四法界，雖欲異之而不可得，先儒只是不說耳。學者雖一時輳泊不上，然不可不先識得個大體，方不是舍本而求末，亦不是遣末而言本。」〔註12〕馬一浮此論一方面闡明了理與事的一致性，強調了不能離事而言理和捨理而說事的基本原則，另一方面又以儒家經典原本具足四法

〔註10〕馬一浮：《觀象卮言》，《馬一浮全集》，杭州：浙江古籍出版社，2013年，第1冊，第342頁。

〔註11〕馬一浮：《觀象卮言》，《馬一浮全集》，杭州：浙江古籍出版社，2013年，第1冊，第391頁。

〔註12〕馬一浮：《泰和會語》，《馬一浮全集》，杭州：浙江古籍出版社，2013年，第1冊，第21頁。

界之義的方式，巧妙地為自己及弟子們今後光明正大地援引其義做了辯護，在某種意義上將宋明理學原來就很重視的理事關係論提高到了一個嶄新的程度。

馬一浮在向弟子們解釋《易傳》《洪範》《孝經》《孟子》時都不同程度地援引了華嚴宗的四法界義。如《易傳》有「簡則易知，易則易從」之說，馬一浮解釋說：「全提云者，乃明性修不二，全性起修，全修在性，方是簡易之教。性以理言，修以氣言。知本乎性，能主乎修。性唯是理，修即行事，故知行合一，即性修不二，亦即理事雙融。」〔註13〕換言之，華嚴宗四法界之中的理事無礙法界，就這樣成了現代新儒家理氣論或者理事論的理論依據。《尚書·洪範》有「皇極」之義，馬一浮論證道：「以佛義言，皇極是事事無礙法界。愛憎取捨情盡，則無漏真智現前，是即『無有作好』，『無有作惡』。然後莊嚴萬行，大用繁興，無不從此法界流，無不還歸此法界，即『會其有極，歸其有極』也。」〔註14〕儒家修養所追求的最高目標，就是將儒家的基本精神充分體現在各種各樣的事為之中。《孝經》有「三才之」說，馬一浮解釋說：「三才合言，總為一法界也。若配四法界，則行是事法界，經是理法界，義是理事無礙法界，合而言之，則是事事無礙法界也。《華嚴》以法界緣起不思議為宗，《孝經》以至德要道順天下為宗。今說三才，亦即三大，亦即三德、三身，總顯法界緣起順天下為教，亦是不思議境界。非特《華嚴》可以準《易》，《孝經》亦準《華嚴》。此非執語言、泥文字者所能瞭，心通於道者自能得之。」〔註15〕儒家所倡導的孝道，由此具有了法界理體的內涵。《孟子》有「窮則獨善其身，達則兼善天下」之說，馬一浮指出：「緣起則形，緣離則息，是無相之身，無知之智，如水中月，如空谷響，垂跡即言用捨，達本實無行藏。窮達獨兼，義亦準此。達乃非兼，窮亦無獨，非兼者天下在身，無獨者身捨天下。以天下攝歸一身，似《華嚴》以理奪事門，故獨義得成，猶云『盡大地只是諸人自己』也；以一身遍應天下，似《華嚴》事能顯理門，故兼義得成，猶云『無剎不現身』也。」〔註16〕窮、達為緣，兼、獨乃隨緣而起之行，其間所展現的，無非就是孟子主張的人之善性。

〔註13〕馬一浮：《泰和會語》，《馬一浮全集》，杭州：浙江古籍出版社，2013年，第1冊，第34頁。

〔註14〕馬一浮：《洪範約義》，《馬一浮全集》，杭州：浙江古籍出版社，2013年，第1冊，第201頁。

〔註15〕馬一浮：《孝經大義》，《馬一浮全集》，杭州：浙江古籍出版社，2013年，第1冊，第302頁。

〔註16〕馬一浮：《蠲戲齋雜著·希言》，《馬一浮全集》，杭州：浙江古籍出版社，2013年，第4冊，第96～97頁。

四法界說是華嚴宗總結出來的從真如法身到萬事萬物的世界結構。馬一浮援引此說以釋儒家經典，也就使儒家思想與華嚴義理獲得了某種同構性。但馬一浮所說的理，則不同於佛教所說的真如、法身，而是儒家所倡導的生生不息的萬物一體之仁。那麼如此一來，儒家修養中的各種事為，如孝順父母，如研究經典、尊崇聖賢、效忠國家等，也便獲得了與佛法修行同等嚴格和重要的意義。

四、三聖圓融義

文殊菩薩、普賢菩薩、毗盧遮那如來合稱「華嚴三聖」，其中文殊菩薩代表著智慧，普賢菩薩代表著修行，二位菩薩屬於因地，毗盧遮那如來則代表著覺行圓滿、獲證法身，已居於究竟終極的果地，文殊智與普賢行相互融通而無礙，共臻究竟圓滿之佛地，此為華嚴宗的三聖圓融觀，實則以宗教信仰的方式詮釋了知（智）與行之間的相互關係。

在詮釋《中庸》時，馬一浮喜歡以「三達德」比附於華嚴三聖。《中庸》「三達德」即知（智）、仁、勇，其具體含義不難瞭解，因此馬一浮所要重點解說的，是三者之間的相互關係。他指出：「《中庸》以明、行對言。『道之不明』，『知者過之，愚者不及也』。『道之不行』，『賢者過之，不肖者不及也』。賢知分屬知行，可見知德為智，行仁為賢，猶《華嚴》以文殊表智，……普賢表行也。」〔註17〕對儒家仁道的明察覺悟屬於知（智），對儒家仁道的實踐屬於行，以知（智）導行，希聖希天，知（智）、行、聖之間的關係與華嚴三聖具有極大的一致性。《中庸》說知（智）舉古帝大舜為典型，說仁、勇以孔門高足為範例。馬一浮對此解釋說：「《華嚴》以文殊表智，以普賢表行，猶《中庸》智、仁、勇三達德，以大舜表智，顏淵表仁，子路表勇。勇者所以行仁、智也。證文殊智者，必修普賢行。普賢萬行，悉是悲心。悲心即仁，運之即智也。如來念念不捨眾生，故謂能仁。二乘人不發大心，只有智而無悲，是見性，未能盡性。盡性者，本與天地萬物渾然一體。聖人無己，靡所不已，不見有眾生可捨，亦不見有眾生可度，蓋莫非自己性分內事也。」〔註18〕在馬一浮看來，《中庸》以古帝大舜表知（智），以孔門高足顏淵與子路表仁而能行，就意

〔註17〕馬一浮：《孝經大義》，《馬一浮全集》，杭州：浙江古籍出版社，2013 年，第 1 冊，第 189 頁。

〔註18〕馬一浮：《爾雅臺答問續編》，《馬一浮全集》，杭州：浙江古籍出版社，2013 年，第 1 冊，第 456 頁。

味著在知（智）的引導之下踐形盡性，最終達到成己、成物、與天地萬物渾然一體的狀態：「成己，仁也；成物，智也。物我不二，仁智相成，在儒方為盡性，在佛氏謂之成佛。故至誠者合仁與智為一體，佛者合文殊、普賢為一人。王陽明『知行合一』之說，見得此意。」〔註19〕如果改用佛教華嚴宗的話來說，就是智、行圓滿融通，最終成就毗盧遮那法身。

在詮釋儒家提倡的各種德目時，馬一浮時常比附於華嚴三聖。如他在論述《禮》、《樂》與《易》之間的關係時指出：「《禮》主別異，是行布；《樂》主和同，是圓融。《易》則兼統二門，故向以《易》統《禮》《樂》二教。乾知坤能，乾德坤業，乾樂坤體。如此分配，亦是行布，《易》行乎其中，乃是圓融，即知能、德業、禮樂皆為一矣。」〔註20〕這種詮釋也從側面透露反儒家禮、樂教化應隨時變易的思想觀念來。馬一浮對於自己將佛教《華嚴》與儒家經典相互比附的做法非常自信，在他看來，「《華嚴》所言，『行布』即是『禮主別異』，『圓融』即是『樂主和同』，『文殊表智』即是『惟深也，故能通天下之志』，『普賢表行』即是『惟幾也，故能成天下之務』。彼此印證，固無往而不合也。」〔註21〕禮樂相須而成教化，正如華嚴宗中文殊之智與普賢之行圓融具足而證毗盧遮那如來之法身一樣。知（智）與行的圓融不僅表現在二者的相互依賴上，還表現在二者的相互包含上。馬一浮認為，「禪家以文殊表智，普賢表行。普賢萬行皆修，而無眾生相，無功德相。『由仁義行，非行仁義』，無煦煦孑孑之態，故云『一亙晴空』。行布是禮，不礙圓融，故表行即該禮樂。仁則渾然，義有差別，故表智即該仁義也。」〔註22〕換言之，華嚴宗知（智）、行之間的相互包含關係表現在對儒家經典的理解上，就是儒家之行包括了禮樂的內容，儒家之智含攝了仁義的內涵。

知行關係是儒家特別是宋明理學非常關注的一個問題，儒家內部針對二者間的先後、輕重、主從、一異等展開了長期的爭論，也由此促成了儒家義理的異彩紛呈和學派分化，可謂是中國儒學發展的內在動力。馬一浮援引華嚴宗

〔註19〕馬一浮：《爾雅臺答問續編》，《馬一浮全集》，杭州：浙江古籍出版社，2013年，第 1 冊，第 456～457 頁。

〔註20〕馬一浮：《爾雅臺答問續編》，《馬一浮全集》，杭州：浙江古籍出版社，2013年，第 1 冊，第 495 頁。

〔註21〕馬一浮：《語錄類編·儒佛篇》，《馬一浮全集》，杭州：浙江古籍出版社，2013年，第 1 冊，第 662 頁。

〔註22〕馬一浮：《語錄類編·儒佛篇》，《馬一浮全集》，杭州：浙江古籍出版社，2013年，第 1 冊，第 669～670 頁。

的三聖圓融之義對此進行論述，強調二者之間的相互依賴、相互含攝，皆是成賢成聖不可或缺的因素，實際上是委婉地表達了一種知（智）行合一的思想傾向。

五、五教義

華嚴宗將所有的佛教經典判釋為小、始、終、頓、圓五教。小教又稱愚法聲聞教，指諸部《阿含》、各種毗曇等小乘佛教的經論。始教既包括宣說諸法緣起性空的般若類經典，又包括主張唯識無境的法相類經典，因其為進入大乘佛教之初始，故稱初教或始教。終教指教導一切眾生皆能成佛的如來藏類經典，是為佛法之終極，故稱為終教。頓教則無須言說，當下頓證佛果，因其不歷漸次，故稱頓教，如《維摩詰經》中三十二菩薩各說不二法門，維摩詰居士默然不語。圓教指《華嚴經》等最為圓滿的經典，十十法門，主伴具足，如帝釋網珠，交光相網，相即、相攝、相入，重重無盡，圓融自在。此一判教體系具有非常廣闊的詮釋空間，故而得與天台宗的五時八教相併而成雙峰對峙之勢。

馬一浮運用華嚴宗五教解說儒家經典的功能和作用。馬一浮在講解《論語》首末二章之義時說：「首章是始教，意注於善誘，此章（筆者按，即末章）是終教，要歸於成德。」〔註23〕將其置於華嚴始、終二教義中。馬一浮謂《詩經》：「聖人始教，以《詩》為先。《詩》以感為體，令人感發興起，必假言說，故一切言語之足以感人者皆詩也。」〔註24〕儒家啟蒙，《詩》為先導，故謂其為儒學始教。馬一浮謂《書》：「敘帝、王、霸，虞、夏、商、周各以其人，自彼教言之，即是示行位之分圓也。」〔註25〕屬於華嚴終教義。馬一浮謂《春秋》：「《春秋》實兼《詩》《書》二教，推見至隱，撥亂反正，因行事加王心。自彼教言之，即是攝末歸本，破邪顯正，即俗明真，舉事成理也。終、頓之義亦可略攝於此。」〔註26〕將《春秋》安放在了華嚴終、頓教中。馬一浮謂《禮》

〔註23〕馬一浮：《泰和會語》，《馬一浮全集》，杭州：浙江古籍出版社，2013 年，第 1 冊，第 26 頁。

〔註24〕馬一浮：《論語大義》，《馬一浮全集》，杭州：浙江古籍出版社，2013 年，第 1 冊，第 136 頁。

〔註25〕馬一浮：《書札·蔣再唐》，《馬一浮全集》，杭州：浙江古籍出版社，2013 年，第 2 冊，第 447 頁。

〔註26〕馬一浮：《書札·蔣再唐》，《馬一浮全集》，杭州：浙江古籍出版社，2013 年，第 2 冊，第 447 頁。

《樂》:「樂主和同,即是平等一心;禮主別異,即是差別萬行。萬行不出一心,一心不違萬行,故有禮不可以無樂,有樂不可以無禮。禮樂皆得,故謂之德。此即攝圓教義。樂由中出故靜,不動真常湛寂之本也。禮自外作故文,不壞功德業用之相也。樂者天地之和,禮者天地之序。和,故百物皆化,剎土塵毛,身悉充遍,所謂化也。序,故群物皆別,行布圓融,重重無盡,所謂別也。此皆圓教義也。」〔註27〕禮樂並用,即是行布不礙圓融,圓融不礙行布,屬於華嚴圓教義。馬一浮謂《大學》《中庸》:「《大學》明德、新民、止於至善,先後有序,是禮教義;依性說相,即性之相也。《中庸》大本、達道,一於至誠,天人合言,是樂教義;會相歸性,即相之性也。《大學》攝終,《中庸》兼頓,合即成圓。故先儒雙提二篇以顯聖道也。」〔註28〕《大學》《中庸》二者和合,於義圓滿,故成華嚴圓教之義。

在馬一浮看來,儒家經典中的《周易》與佛教的《華嚴經》所開顯的圓教義理在境界上最為相似。他說:「天地者,法象之本。乾知大始,即表心真如門,所謂一大總相法門體也。坤作成物,即表心生滅,出生一切法,能攝一切法也。終、頓、圓三教並用此義。乾坤成列而《易》行乎其中,性相交融而覺周於無際。體用一源,顯微無間。故聖道可得而立,佛法由是而現。天道、地道、人道一也,苦身、法身、煩惱、般若、結業、解脫一也。此圓教義也。」〔註29〕也就是說,《周易》既包含了終、頓二教的義理,也具有圓教的境界,而且對圓教境界的開顯更為充分、徹底。他說:「《易》無方無體,無思無為,而盛德大業,開物成務,原始反終,窮神知化,寂而常感,感而常寂,以言乎遠則不禦,以言乎邇則靜而正。孔子歎《易》之德曰:非天下之至精至變至神,其孰能與於此!此猶《華嚴》之稱大方廣矣。故謂圓融具德,緣起無礙,無盡法界,相即相入。如來不思議境界者,正是《易》教所攝也。」〔註30〕如來不思議境界,自然也是佛教追求的最高境界,即為《周易》所含攝,那麼與《華嚴經》居於佛教經典體系的最高點相似,《周易》在儒家經典體系中也佔有最

〔註27〕馬一浮:《書札·蔣再唐》,《馬一浮全集》,杭州:浙江古籍出版社,2013年,第2冊,第447~448頁。

〔註28〕馬一浮:《書札·蔣再唐》,《馬一浮全集》,杭州:浙江古籍出版社,2013年,第2冊,第448頁。

〔註29〕馬一浮:《書札·蔣再唐》,《馬一浮全集》,杭州:浙江古籍出版社,2013年,第2冊,第448頁。

〔註30〕馬一浮:《書札·蔣再唐》《馬一浮全集》,杭州:浙江古籍出版社,2013年,第2冊,第449頁。

高的位置。

通過運用華嚴宗的五教判釋之義，馬一浮闡明了每一部儒家經典的功能、作用及基本特徵，頗多新奇之思及聞所未聞之論，極大地豐富和拓展了人們對儒家經典體系的理解和認識。

六、六相圓融義

華嚴宗又有六相圓融義，謂緣起諸法，皆具六相，即一總相，二別相，三同相，四異相，五成相，六壞相，凡夫於此六相，觸處見礙，聖人則見此六相之間，相互圓融，無所障礙，是謂六相圓融。

馬一浮甚至將六相圓融義視為準確理解《周易》的思想基礎。有人借助佛教唯識宗的四緣之義以解《周易》，馬一浮則認為：「以四緣說《易》，只在變易一邊，不如以《華嚴》六相義說，即變易，即不易，於義始為圓足。」〔註31〕《周易》之「易」，具有三義：一者變易義，二者簡易義，三者不易義。在馬一浮看來，以四緣之義解釋《周易》，只是闡明了「易」所具有的變易之義，不曾涉及其不易之義，因此不如運用華嚴宗六相圓融之義，可以將變易與不易二而不二的道理清楚地表達出來。但到底如何解說，馬一浮於此並未明言，但他在詮釋周敦頤的《太極圖說》時則有比較詳細的分疏。他說：「已知法界緣起一多相即，更須明六相一相義，然後於《太極圖說》方可洞然無疑。六相者，總、別、同、異、成、壞也。一含多德為總相，多德非一為別相，總為別之所依，離總無別，亦為別之所成，離別無總。同相者，多義不相違，同成一總故；異相者，多義相望，各各異故。成相者，由此諸緣和合成故；壞相者，諸緣各住自位，不相到故。六相同時而具，在《太極圖說》所顯《易》教義中，前二義顯，後二義隱，此亦學者所當知也。」〔註32〕其言下之意，謂《周易》詮釋從世界變易中探討其不易之理，此如華嚴宗所說法界一多相即之義，如果能更進一步，瞭解到華嚴宗的六相一相、圓融相即的道理，那麼對於《太極圖說》就可徹底明白，無復疑議。他認為，總、別二義在《太極圖說》中至為顯然，成、壞二義則比較隱晦。我們知道，周敦頤的《太極圖說》建構了宋明理學宇宙論，馬一浮運用華嚴宗六相圓融義對之進行詮釋，無形中提升了《太極圖說》所具有的形而上意味。

〔註31〕馬一浮：《爾雅臺答問續編·示張德鈞》，《馬一浮全集》第1冊，第465～466頁。

〔註32〕馬一浮：《濠上雜著·太極圖說贅言》，《馬一浮全集》第4冊，第6頁。

馬一浮在詮釋《論語》時時常運用六相圓融中的總相與別相義。如其論「《論語》首末二章義」時說：「《論語》記弟子之言，隨舉一章，皆可以見六藝之旨。然有總義，有別義，別義易見，總義難知。果能身通六藝，則於別中見總，總中見別，交參互入，無不貫通。」〔註33〕孔子號為至聖，集六藝之大成，故其一言一行，皆為六藝境界的體現。馬一浮此論意在引導人們讀《論語》時不徒記誦辭章而已，要在能夠體會到聖人境界，從別中見總，然後知至聖之人之如何說話辦事，由總而知別。如此學習，自可對治學者們的泛泛悠悠膚淺之論。《論語》謂「堯舜之道，孝悌而已矣」，又謂「夫子之道，忠恕而已矣」。馬一浮解釋說：「忠者自孝而推之，不獨親其親；恕者自悌而推之，不獨長其長。孝悌、忠恕亦仁而已矣，仁是總相，孝悌、忠恕是別相。」〔註34〕以仁為諸德之總相，以忠恕、孝悌等為別相，與理學家之說「理一分殊」一般無二。

或謂馬一浮之說《太極圖說》，明確運用華嚴宗六相圓融之義，而其詮釋《論語》，唯以總、別二相為論，實乃是說一般、特殊之關係，不一定有取華嚴宗六相之義。但在筆者看來，華嚴宗六相中之總、別二相，亦具有一般、特殊之意義，既然馬一浮深通於華嚴宗六相圓融之義，又常常以佛教的華嚴境界等視儒家的六藝之道，故而其論總說別，必然是在華嚴宗六相圓融的意義上對儒家經典所作的一種闡發。

通過研究馬一浮對儒家經典的華嚴學解讀，既可以增進我們對馬一浮之為現代新儒家的理解，又可以提升我們對華嚴宗義理的把握。

從儒學發展史上來說，以董仲舒為代表的兩漢經學，以程朱陸王為代表的宋明理學，以及以馬一浮、熊十力等為代表的近現代儒學，相對於其前的儒學，都可以獲得新儒學的稱謂。其中兩漢經學之為新儒學，是因為董仲舒等人站在儒家立場上，綜合了陰陽家、道家、法家、墨家、名家的思想因素，將儒學的發展推進到一個嶄新的階段。宋明理學之為新儒學，是因為程朱陸王等人站在儒家立場上，暗中吸收佛道兩家的思維方式，為儒家主張的人倫之理建立起形而上的依據。無論是漢代的董仲舒等人，還是宋明時期的程朱陸王等人，他們在吸收和汲取其他諸家的思想資源時，都未曾顯說，甚至表面上還要擺出一副攘斥異端的架子，而馬一浮、熊十力等則公開闡明自家思想的佛道來源，並對佛道兩家，特別是佛教義理表現出異乎尋常的愛好和推崇，同時還吸收一些西

〔註33〕馬一浮：《泰和會語》，《馬一浮全集》第1冊，第23頁。
〔註34〕馬一浮：《蠲戲齋雜著·希言》，《馬一浮全集》第4冊，第96頁。

方的思想因素，自覺地將自己對孔孟儒家的推尊置入到儒道佛深度融合和中西會通的大環境之中。因此，較之孔孟的原始儒家，較之董仲舒等為代表的漢代新儒家，較之程朱陸王為代表的宋明新儒家，馬一浮等人所開創的對儒學的第三期發展就被稱為現代新儒學。

從華嚴宗義理來說，很多人很多時候是將華嚴宗的教義教理視為一種固定的思想體系，但卻忽略了其作為思想方法的意義。筆者認為，華嚴宗的一真法界義、四法界義也好，三聖圓融義、五教義、六相圓融義也罷，其實都是華嚴宗的祖師們用來詮釋和解讀《華嚴經》的思想方法，而非是一種結論性的觀點或主張。而且這種思想方法的意義不僅僅局限在佛教經典詮釋方面，在對儒家經典的解說中也具有非常重要的價值。我們說，華嚴宗義理的這一功能在馬一浮對儒家經典的華嚴學解讀中體現得最為充分。

第二節　唐君毅與牟宗三的佛學觀比較

現代新儒家的第二代人物唐君毅與牟宗三均以中國哲學大家著稱於世，而且二人都對佛教，特別是中國佛教思想具有很深湛的研究。但二人對於佛教哲學的看法和理解又有著諸多的差異，其中最為顯著者，是唐君毅對華嚴宗的哲學思辨非常欣賞，而牟宗三卻對天台宗的判教思想極為推崇。職此之故，比較一下二人的佛學觀，對於我們從中國哲學和中國佛教的宏觀視域中理解天台與華嚴的差異和特色將不無幫助。為了敘述上的便利，筆者於此自設賓主，採用問答的方式，對這一問題略作宏觀探討，不再對二人的著作進行一一的引述。

問：你很喜歡探討儒家代表人物的佛學觀，這也是瞭解儒佛關係的一個不錯的切入點。在佛學觀上，我感到現代新儒家與傳統儒家相比具有更大的開放性。傳統儒家中，即便是那些對佛教有好感的儒生，如顏之推、柳宗元等，也盡可能地保持儒佛兩套話語系統的各自獨立性。而那些對佛教保持排斥態度的儒生，如韓愈、張載、程頤、朱熹等，則往往是嚴守儒學的壁壘，動輒將佛教視為異端，必欲除之而後快。而現代新儒家的代表人物，第一代如馬一浮，早年曾以居士身份組織般若學會，晚年講學也多引佛教義學以發明儒家性理；梁漱溟早年甚至於希望能出家為僧，在其「三路向」之論中，佛教也是被放在了比儒學更為高明的境界之中，到了晚年，他曾經公開宣稱前世為禪宗僧人；

熊十力早年就學於南京之內學院，受歐陽竟無大師之陶鑄，其學平章華梵，雖歸本於儒家大易生生之道，但佛學對其影響至為巨大，其代表作《新唯識論》實際上就是佛教唯識學與儒家性理之學在新時代的綜合創新，而且他對大乘佛教中的空宗、中國佛教中的華嚴宗和禪宗，都是非常欣賞的；第二代如唐君毅、牟宗三等人，都曾經系統地研究過佛教，而且都對佛教給予了非常高的評價。對此，你是如何理解的呢？

答：我想，現代新儒家與傳統儒家佛學觀上的這些差異，主要是由於儒學在不同歷史時期社會地位的變遷引起的。自漢代以來，儒學被立於學官，作為歷代王朝最基本的統治思想，儒家的禮樂教化成為架構君臣上下、朝野內外的法則，推行國家政令的依據，維繫社會人心的紐帶，以至於家族婚慶喪祭以之為規範，個人立身行事以之為準則，行之既久，漸漸化民成俗，以至於「百姓日用而不知」。即便是在道教獲得重大發展、佛教不斷輸入中國的魏晉南北朝隋唐時期，佛教、道教聲勢煊赫，其影響如日中天，但在國家政治、社會生活中長久地起著主導作用的，還是儒學。佛教、道教雖然具有勸善佐治、陰助王化的作用，但因為終極追求的出世性、非政治性，出家僧眾太多、寺院經濟過於龐大都會影響到官府的兵役、徭役和賦稅，佛道二教不可避免地要與王朝政府產生矛盾和衝突，這就決定中央王朝必然實行以儒學為主導、對佛道二教既利用又限制的文化政策。不同時期的儒家代表人物，或者是這一政策的倡導者，或者是這一政策的擁護者，故而其在對待佛教的態度上，不免要採取一種高自位置、為我所用、必要時予以打壓的態度。作為一種外來的異質文化，佛教就是在這樣的文化生態環境中逐漸實現了自身形態的中國化，成為中國傳統文化的組成部分。鴉片戰爭以來，中國被強行推入世界近代化的體系之中，西學東漸，在歐風美雨的飄搖之中，以儒家經術為基本內容的科舉制度壽終正寢，儒學最終成為無體可附的「遊魂」（唐君毅語），而佛教在國家政治生活中卻獲得了宗教的存在形態。俗話說，兔死狐悲，唇亡齒寒，儒佛兩家的恩恩怨怨至此已經成為歷史，而且在新文化運動中，儒佛兩家同樣都成為批判的對象，故而能夠同病相憐，惺惺相惜。興晉以秦，梁漱溟、熊十力、唐君毅、牟宗三等人對佛學的關注與研究，也使現代新儒家以「學」的形態在大學講壇上佔據一席之地，在近現代思想界中形成並發生著廣泛而深遠的影響。

問：宏觀上講固然如此，但我還感覺到現代新儒家各個代表人物的佛學觀也不盡相同，對此你怎麼認識的呢？

　　答：這是一個非常具體的問題，應該通過對現代新儒家代表人物的個案研究給出回答。較之傳統儒家，現代新儒家的代表人物在其思想體系中公開吸收、包容佛教的思想資源，對佛教擅長思辨稱讚有加，這是他們的共同點。但由於性情差異，經歷各別，接觸佛教的機緣不同，故而又各有特色。如馬一浮站在六藝的立場上以儒攝佛，以佛釋儒，但也允許以佛攝儒，以儒釋佛，實際上是將佛教視為與儒家同舟共濟、肝膽相照的患難之交；梁漱溟以儒兼濟天下，以佛自行獨善；熊十力以佛教義學充實儒家本體論，以儒家性理改造佛教義學；唐君毅、牟宗三長期在大學中教授中國哲學，都有系統的佛教研究方面的專著，卓然自成一家，其成果深受教內外的重視。籠統的說，馬一浮、梁漱溟、熊十力這些人對待佛教的態度是抉擇勝義，取其所信，為我所用，其哲學家的意味頗為濃厚；而唐君毅、牟宗三則是考鏡源流，見盛觀衰，其學術家的色彩十分強烈。

　　問：是的，唐君毅的《中國哲學原論・原道篇》，牟宗三的《佛性與般若》上、下冊，都堪稱佛學研究方面的巨著；其關於佛教方面的精義入神之論，也散見在他們的各種著述中。不知你注意到沒有，唐、牟二氏對佛教的看法還是很有區別的。

　　答：我也曾思考過這個問題。我覺得唐、牟二氏佛學觀上的差別可以從佛教的中國化、中國佛教的發展歷程、佛教對中國的影響以及佛教在各人思想體系中的地位等幾個角度上進行探討。

　　問：據我所知，唐君毅是非常讚賞佛教中國化的，而牟宗三則否定有所謂佛教的中國化。二人都是治學的大家，肯定是各有所見了。

　　答：學術界所說的佛教中國化，是指佛教由一種外來的異質的宗教文化，逐步適應中國的政治狀況、風土人情、思想情趣等，演變為中國傳統文化重要組成部分的轉化過程，這一過程自兩漢之際佛教輸入開始，至隋唐時期形成天台、華嚴、禪宗、淨土等中國特有的佛教宗派時大體完成。人們對這一過程可以從兩個不同的立場上進行思考：一者可以據此讚揚中國文化具有消化、吸收、改造、轉變外來文化以實現自我豐富、自我發展的巨大能力，具有厚德載物、海納百川的包容精神；二者也可以看出佛教在適應不同的社會生活、不同的文化形態中具有高度的智慧性和靈活性。唐君毅有見於前者，對玄學在型塑中國佛教方面的重大作用深有體會。佛教大量輸入的漢晉南北朝時期，老莊玄學非常興盛，與之相類的般若學得以風行，中土高僧也以談玄的方式從事佛學

著作的撰述，如《法華玄義》、《法華玄贊》、《華嚴經搜玄記》、《華嚴經探玄記》等中國佛教的經典之作均自標以「玄」，後世禪和也以「參玄」相尚。經此轉化，佛教得以擺脫其在印度時的繁瑣、沉悶，反而顯得空靈、鮮活、生動，開顯出一種優美、宏闊的新氣象來。在西化之風甚囂塵上的文化環境中，唐君毅此論也許具有激發讀者民族文化自豪感的主觀意願。牟宗三則有見於後者，他注意到印度佛教傳入中國後，雖然形態上發生了重大變化，但萬變不離其宗，依然保留著佛教之為佛教的特質。我們知道，近代以來，佛學研究中有一種「去中國化」的傾向。有人主張佛教傳入中國後形成的天台、華嚴、禪、淨等宗派只是「相似」於佛教，實際上已經不是佛教了，應該為當時佛學的「籠統真如、顢頇佛性」負責，為僧界的不學無術、竄敗腐朽負責；在日本甚至有些人認為「中國化」閹割了印度佛教本有的批判精神，使佛教墮落成為統治者的侵略政策搖旗吶喊的工具。牟宗三可能受此刺激，故而特別強調中國佛教與印度佛教的一致性，甚至認為中國佛教較之印度佛教更能體現「佛之本懷」，這無異於宣稱「中國佛教是比印度佛教更佛教的佛教」。唐、牟二位先生對中國固有之學都極其熱愛，其論看似相反，實則相成，是從不同的方面為中國佛教爭取地位、顯示光彩。

問：判教雖然不是中國佛教所獨有，但最能體現中國佛教重視圓融會通的特質。自劉宋時期的高僧慧觀首度判一代佛教為二教五時以來，南北朝時期起而判教的高僧有十幾家之多，進入隋唐以後，逐漸形成了天台、華嚴兩大判教體系。我們知道，唐君毅對華嚴宗極其鍾情，而牟宗三對天台宗非常欣賞，對此應該如何理解？

答：俗話說的好，蘿蔔白菜，各有所愛。就說讀唐詩吧，有人喜歡李白，有人偏愛杜甫，這大概也是「學焉各取其性情之所近」吧。當然了，僅這樣說未免太過籠統，如果要細加分疏的話，你不免要怪我囉嗦了。首先，無論是天台宗還是華嚴宗，都是中國的高僧大德運用判教的方式建構起來的佛教義學的理論高峰，都能以自己的方式融貫全部的佛教經典和修行方法，都足以在某一方面充分展現佛教義理的博大精深和真切篤實。這是學者們喜歡天台或華嚴的根本原因。其次，天台與華嚴二宗因為創立的時代、依據的經典等多方面的差異，又確實存在著許多的不同之處。因此，有的學者可能偏愛天台教觀，而另外的學者則可能比較喜歡華嚴義理。唐君毅甚為推崇華嚴宗的判教，而對天台宗不能不有所褒貶。他認為天台宗以《法華經》為圓教的原因，在於經中

具有「開權顯實」、「廢權立實」的說法，但這自然也表明該經「有權可廢，意在開顯」。而《華嚴經》則是如實演說佛的真實境界，本來就無權可廢，而意在「直顯」，正是「佛之本懷」。《華嚴經》是「直依本教流出」，《法華經》則是「攝末歸本」。而《法華經》所攝歸的「本」，正是作為「根本法輪」的《華嚴經》。唐君毅還從受教眾生的根機高下利鈍對兩宗進行評判，認為天台宗義理較契於那些切實篤行的人，而華嚴宗義理則較適合那些利根上智。這種解釋對於理解佛教史上台淨合流、華嚴禪化等現象提供了有益的啟發。牟宗三則極為推崇天台宗，認為天台宗雖先於華嚴宗而形成，但實較華嚴宗為圓滿。在牟宗三看來，天台宗所說的「煩惱即菩提」、「生死即涅槃」是一種「詭譎的相即」，使天台宗的圓教成一縱貫的融攝系統，因此天台圓教為一融納、攝受各種佛教經典和理論的圓教。而華嚴宗的圓教是高居於其他佛教經典和理論之上，「緣理斷九」，隔別不融的圓教。但牟宗三也認識到天台判教有其粗疏之處，所以他將通教分為共教與不共教，而將不共教歸入別、圓兩教之中，取消其獨立性，又將別教分為始別教和終別教，使阿賴耶說與如來藏說兩系佛法之間能有清晰而明確地分判，從而使他所發展出來的「天台判教」能夠判釋天台智者大師以後佛教界的發展，實具有融華嚴判教於天台判教之中的意味，使判釋這一古老的學術方法得以重放異彩，展示出在現代學術研究中仍然具有的價值。可以這麼說吧，唐君毅、牟宗三的佛學研究是他們那個時代最能展現中國佛教光彩和價值的著作。

問：佛教對中國的思想文化產生了非常重大的影響。陳寅恪在為馮友蘭的《中國哲學史》所作的審查報告中引《法華經》「佛為一大事因緣出現於世，即普令眾生開示悟入佛之知見」的說法，謂佛教亦為一大事因緣傳入中國，即為了形成宋明理學。這代表著學術界的一般看法，唐、牟二人對此有什麼見解？

答：唐君毅和牟宗三都認為佛教是一種充滿人生智慧和哲學思辨的宗教，都承認佛教的輸入和發展極大的開發了中國人的慧命，豐富了中國人的精神生活，促成了中國文化的多元化，都主張中國佛教，如天台、華嚴和禪宗，是中國高僧對佛陀智慧和悲心的圓滿體現。他們也注意到佛教對宋明理學的產生有影響，但在他們看來，這種影響基本上是外在的。唐君毅有專文論及宋明理學是在新的條件下孔孟精神的重新復活，是孔孟本有內涵的開展，佛教對宋明理學即便有所影響，也是無關宏旨的。牟宗三在《心體與性體》中曾經論述

說，宋明理學的興起，乃有激於五代時期社會道德的淪喪，與當時盛行的佛教對社會道德的毫無辦法。這種觀點實質上是他們秉承陸王心學的新儒家立場，或者說新儒家哲學派性的一種反映。中國佛教可以說是一種心性之學，如天台宗以「一念三千、一心三觀」為極唱，華嚴宗以「昭昭不昧、了了常知」的「一真靈性」為歸依，而禪宗也以「明心見性」為宗旨等。而漢唐儒學則主要強調禮樂教化和外在規範，不可避免的具有外在化、功利化、虛偽化的弊端，無法與佛教爭奪對人的內心世界的影響力。儒家人物受此刺激，轉而深入挖掘儒家本有的心性論思想資源，由此導致韓愈、李翱等人表彰《大學》、《中庸》，推尊《孟子》，促成了儒家經典體系由重視「五經」向重視「四書」的轉化，也促成了儒家價值取向由「風規四海，繩名天下」向「尋孔顏樂處」的轉變。在佛教極度盛行的社會環境中，佛教心性之學的思維方式自然而然地成了周敦頤、張載、程顥、程頤等人理解儒家經典的「前解讀結構」，理學的創建者們不知不覺地將其運用到對《論語》、《孟子》、《大學》、《中庸》、《易傳》的闡釋中。而宋明理學的思想創新，主要就是通過對儒典的注疏實現的。唐君毅、牟宗三說佛教沒有在思想實質上影響宋明理學，自然是新儒家的派性之論，意在表明他們所努力繼承和闡揚的宋明理學是純正的儒家正統。當然了，唐君毅、牟宗三之論學，雖然採用了講論哲學史的方式，但也都是「借他人杯酒，澆自家塊壘」，實際上是在進行自己的哲學體系建構，以期通過「回到元典」的方式實現「儒家的第三期開展」；他們都是自有體系的哲學家，因此，對他們的著作，是不能作一般的哲學史來讀的。

　　問：你說到唐君毅、牟宗三都是自成體系的哲學家，我也深有同感。那麼，佛教在二人的哲學體系中具有什麼樣的地位和作用呢？

　　答：他們作為哲學系的教授，在向學生們介紹古今中外各種思想學說時，都將佛教視為與儒家、道家、耶穌教、古希臘並列的獨立的文化系統。但在他們各自的哲學體系中，佛教的地位和作用還是很有區別的。唐君毅有一部書，名為《生命存在和心靈境界》，是他的哲學體系的經典表述。在這部書中，他以「心通九境」的方式，將人類文化判釋為「客觀境」、「主觀境」、「超主客觀境」三類；「客觀境」包括「萬物散殊境」、「依類成化境」、「功能序運境」三境，「主觀境」含有「感覺互攝境」、「觀照凌虛境」、「道德實踐境」三境，「超主客觀境」則為「歸向一神境」、「我法二空境」、「天德流行境」三境。在這九境之中，「天德流行境」是儒家的境界，唐君毅將此境判

為最崇高、最圓滿，這是他歸本於儒家生生不息之仁的表現。「我法二空境」是佛教的境界，是破除「我執」和「法執」之後的無執無縛、無住無著的解脫狀態，唐君毅認為此一境界僅次於儒家的「天德流行境」，而高於西方基督教的「歸向一神境」，這表明佛教是「生命存在和心靈境界」的一個非常高級的階段，是達到最高境界所必須依賴的破執之方。牟宗三也將佛教，特別是中國佛教天台宗，看得高於古希臘思想和康德哲學，在論述上也比道家圓滿。不僅如此，他還利用天台宗的判教方式對中外的哲學思想進行判釋。如在《圓善論》中，牟宗三還以有無「智的直覺」為標準，運用天台圓教的義理對「圓善」，即德福一致的最高善，進行闡釋，最終證成「中西有聖哲，人格賴以立。圓教種種說，尼父得其實」。他判康德的哲學為「別教」，且不許其為「通方別教」，而僅僅為「一途法門」；我們知道，這是天台智者大師對當時唯識思想的一種判釋，但唯識尚有菩薩種性成佛之義，而康德哲學中現象與物自身則永相隔絕，「德福一致」最終還是必須靠「靈魂不滅」、「上帝存在」的預設來保證，且人永無成神之可能，因此，在牟宗三的衡量之下，康德雖然集西方哲學之大成，但尚達不到唯識家的境界。牟宗三還運用《大乘起信論》中「一心開二門」的模式，試圖對中西哲學進行融會貫通，如說康德的「現象界」即是「心生滅門」，由此開出「執的存有論」，「物自身」即是「心真如門」，由此開出「無執的存有論」，兩層存有論可以「智的直覺」進行會通，云云。這無疑是以《大乘起信論》中由「始覺」以證「本覺」的思想消化、吸收和改造康德哲學的一種嘗試。

　　問：唐君毅和牟宗三對西方哲學，特別是德國的古典哲學，都非常精通，唐君毅是研究黑格爾的專家，牟宗三則非常精通康德之學，而且他們也都有在大學哲學系長期教授西方哲學的經歷。他們在研究中國哲學，特別是中國佛教的時候，都會自覺不自覺地以西方哲學作為參照。反過來說，唐君毅和牟宗三又長期浸潤在中國文化之中，他們所理解的西方哲學，實際上也具有中國式解讀的色彩。唐君毅、牟宗三基於儒家立場上，對儒、佛、道、耶、西等各種思想進行的融會貫通，成就了二人在哲學上的重大創造；從他們的佛學觀中，我們也能夠體會出，佛教思想在現當代的哲學創造中，具有非常寶貴的借鑒意義。

　　答：是的，完全可以這樣說！

第三節　方立天先生的華嚴學研究

　　作為當代著名的佛教研究專家，方立天先生對中國佛教華嚴宗有著非常廣泛而深入的研究，其內容涉及經典校釋、祖師傳論、義理闡發、現代價值等多個方面。

　　方立天先生 1933 年 3 月生於浙江永康市四路口中村，自幼沉靜少言，喜好讀書，但因日寇侵略，讀小學時只能時斷時續。1946 年進入永康縣立初中，三年後初中畢業，本欲投考浙江省立杭州高中，但因耽誤入場而被取消了考試資格。1950 年春進入上海華東稅務學校（後更名為華東財政學校）學習，隨後留校工作。1956 年考入北京大學哲學系，喜歡中國哲學，深受馮友蘭、張岱年等人的影響。1961 年大學畢業後進入中國人民大學哲學系中國哲學史教研室工作，確定以魏晉南北朝隋唐時期的佛教哲學為學術研究重點，為此曾到中國佛學院進修 8 個多月，虛心問學於周叔迦居士、法尊法師、正果法師、明真法師、觀空法師、虞愚教授等人，返回人民大學之後，陸續撰寫了《試論慧遠的佛教哲學思想》等多篇論文在《新建設》、《哲學研究》等刊物上發表，不久因參加「四清」和爆發「文革」而被迫中斷佛教研究十餘年，直到 1978 年之後才得以繼續，相繼出版了《魏晉南北朝佛教論叢》（中華書局，1982）、《華嚴金師子章校釋》（中華書局，1983）、《慧遠及其佛學思想》（中國人民大學出版社，1984）、《佛教哲學》（中國人民大學出版社，1986）、《中國佛教與傳統文化》（中國人民大學出版社，1988）、《中國古代哲學問題發展史》（上、下冊，中華書局，1990）、《中國佛教哲學要義》（上、下冊，中國人民大學出版社，2002 年）等多部著作，以及帶有結集性質的《方立天文集》（十卷十二冊，中國人民大學出版社，2002 年），在教界和學界產生了重大影響。〔註35〕方先生諸多佛學研究著作的發行量十分巨大，雖經一版再版，依然暢銷不衰，這在學術著作向來滯銷的中國圖書市場上堪稱奇蹟。

　　方先生對華嚴學的研究雖然已經受到學界的關注，但還沒有形成比較全面的總結和概括，而十卷本《方立天文集》的出版則為彌補這一缺憾提供了便利。

一、經典校釋

　　方立天先生對華嚴宗經典的校釋和解讀主要體現在《華嚴金師子章校釋》

〔註35〕參見方立天：《踮步記述》，《方立天文集》，北京：中國人民大學出版社，2012年，第 10 卷，第 244~259 頁。

和《華嚴金師子章今譯》上。

　　《華嚴金師子章》是華嚴宗的實際創立者賢首法藏大師為女皇武則天講說新譯《華嚴經》義理的記錄，言簡意賅，文約義豐，因此深受歷代華嚴學者的重視。「藏為則天講新《華嚴經》，至天帝網義、十重玄門、海印三昧門、六相和合義門、普眼境界門，此諸義章，皆是華嚴總別義網。帝於此茫然未決，藏乃指鎮殿金獅子為喻，因撰義門，徑捷易解，號《金師子章》，列十門總別之相，帝遂開悟其旨。」〔註36〕百餘年後，新羅崔致遠為法藏大師立傳，仍對這部講章讚不絕口：「此作也，搜奇麗水之珍，演妙祇林之寶。數幅該義，十音成章。疑觀奮吼於狻猊，勝獲贙睞於鵝雁。雖云遠取諸物，實乃近取諸身。以頜下之光，為掌中之寶。則彼玉龍子之實玩，豈如金師子之虛求？啟沃有餘，古今無比。」〔註37〕因此《金師子章》自問世以來，弘講傳習，頗不乏人，古之注疏流傳至今者，猶有五臺承遷、晉水淨源及日本景雅、高辨四家。

　　方立天先生所著《華嚴金師子章校釋》堪稱古今中外有關《金師子章》注解和研究的集大成之作。這部著作不僅運用了五臺承遷《華嚴金師子章注》、晉水淨源《金師子章雲間類解》、日僧景雅《金師子章勘文》與高辨《金師子章光顯鈔》校訂文字，詮釋文義，而且還撰寫了一篇長達一萬多字的《華嚴金師子章評述》置於文前，收錄歷代有關法藏的傳記及承遷、淨源、高辨等的序文、題解、緣起及三人生平等十多篇資料附於文末。《評述》系統地介紹了《金師子章》的成書過程，深入地剖析了《金師子章》的思辨邏輯，從現象與本體、現象與現象、現象與主體三個層次闡釋了《金師子章》的核心觀念「無盡緣起」的複雜內涵及其在中國思想史上的深遠影響。該書出版之後，時任國務院古籍整理出版規劃小組組長的李一氓親自撰寫書評，稱讚該書《評述》「更有助於讀者深入地瞭解這篇講話（筆者按，指《金師子章》）的內容和意義」。〔註38〕這部著作後來成為中國古籍整理的典範之作。鉑淨（黃夏年先生筆名之一）將《華嚴金師子章校釋》一書視為體現「方立天先生是較系統研究華嚴宗哲學的學者」的學術成果，認為「作者在書前的『華嚴金師子章評述』中，對華嚴宗的學說及其實際創始人法藏的事蹟給予了較為全面的解說，詳細地分析了華

〔註36〕（宋）贊寧：《宋高僧傳》卷五《周洛京佛授記寺法藏傳》，《大正藏》第50冊，第732頁上。

〔註37〕（唐）崔致遠：《唐大薦福寺故寺主翻經大德法藏和尚傳》，《大正藏》第50冊，第283頁上。

〔註38〕李一氓：《讀《華嚴金師子章校釋》》，北京：《讀書》，1984年第9期。

嚴宗的『法界緣起說』、『六相』、『十玄門』等的各種圓融的特點，尤其是從社會根源上考察了華嚴宗的產生與理論淵源，指出了它的社會意義和深遠影響。」〔註39〕此後凡研究《金師子章》、賢首法藏及中國華嚴宗的著作，幾乎都將《華嚴金師子章校釋》列為參考文獻。

方立天先生所著《華嚴金師子章今譯》是《華嚴金獅子章校釋》的姊妹篇。在方先生看來，做好佛教文獻的整理工作（包括對佛教文獻的「校釋」和「今譯」），無論是對別人還是對自己，都是非常有好處的。就對己而言，他認為這「是一種良好的專業訓練，在切實把握佛教思想方面，對我產生了重要的持久的作用」〔註40〕；就對人而言，「今後能讀古籍和肯讀古籍的人會日益減少，因此古籍今譯具有迫切的意義。古籍的今譯如何保存原作的意味，是一大難題。應當承認，古籍經過翻譯以後，是比較難以保存原作的語感與情味的，我們應當儘量做到符合原作的本義。我在《華嚴金師子章今譯》一書中，力求使譯文的意思與原文一致，力求語句通順，以爭取達到譯文準確地表述原作的內容和有助於人們讀懂原著的目的。」〔註41〕筆者在方先生門下求學時，曾多次聽到方先生以《華嚴金師子章校釋》和《華嚴金師子章今譯》為例「現身說法」，引導弟子們進行深入細緻的經典閱讀和文本分析，以便在論文中避免講一些沒有經典依據的套話和空話。

《華嚴金師子章校釋》和《華嚴金師子章今譯》既是方立天先生研究華嚴宗的重要學術成果，也是方先生重視古籍整理和經典校釋的集中體現。我們從這些成果中可以體會出方先生著述資料翔實、論證充分的奧秘之所在。

二、祖師傳論

方立天先生對華嚴宗祖師的研究主要體現在他應傅偉勳和韋政通兩位教授的邀請為「世界哲學家叢書」所撰寫的《法藏》一書上。

《華嚴金師子章校釋》在為中國古籍整理提供典範的同時，也奠定了方立天先生作為中國佛學界華嚴宗研究專家的學術聲譽。當遠在美國的傅偉勳和

〔註39〕鉑淨：《20世紀的華嚴學研究》，《佛學研究》（2005），北京：宗教文化出版社，2006年，第366頁。

〔註40〕方立天：《蹞步記述》，《方立天文集》，北京：中國人民大學出版社，2012年，第10卷，第253頁。

〔註41〕方立天：《蹞步記述》，《方立天文集》，北京：中國人民大學出版社，2012年，第10卷，第254頁。

韋政通兩位教授策劃「世界哲學家叢書」時，方先生就成了為《華嚴金師子章》的作者即華嚴宗的實際創立者法藏撰寫傳記的最佳人選。而方先生自 1960 年代以來就確定了「個案研究與整體研究、微觀研究與宏觀研究交叉結合、互動互補」的學術思路相關。在他看來，「一部佛教史就是佛教代表人物和廣大信徒的信仰修持史，一部佛教思想史主要是佛教代表人物的思想成果史。研究歷史上的佛教代表人物，就能展示佛教尤其是佛教思想演變、發展的途徑和內容。」〔註42〕正是基於這一思路的指引，方先生曾經對道安、支道林、慧遠、僧肇、道生、梁武帝蕭衍等中國佛教的代表人物進行深入的研究。對於傅偉勳教授的盛情相邀，方先生敏銳地意識到這「不僅有助於推動中國傳統優秀哲學走向世界，也有助於促進海峽兩岸的文化交流，增進兩岸學者的同胞情誼」，因此就「十分愉快地接受和承擔撰寫《法藏》的任務。」〔註43〕由此也促成了方先生又一部華嚴學研究重要成果的問世。

　　《法藏》是運用現代學術範式對華嚴宗祖師法藏進行系統深入研究的重要著作。全書共設九章，可分為四個部分。第一部分包括第一章「法藏的生平與其創宗活動」及第二章「法藏創宗的社會背景和學說淵源」，敘述了法藏的身世、師承、出家、譯經、著述、講學、弘法、培養弟子及創建華嚴寺等情況，從唐代大一統政治局面、武則天大力支持、寺院經濟雄厚、佛教自主性提高、《華嚴經》的流傳及中國佛教進入創宗時期等多個方面分析了法藏實際創立華嚴宗的複雜背景。第二部分即第三章「佛教義理史觀──判教論」，方先生「認為判教論是一種佛教文獻次第觀、佛教義理深淺觀和佛教派別優劣觀，並就法藏先前的判教諸說、法藏判教的具體內容（五教、十宗、同別二教和本末二教）、哲學意義、貢獻與缺陷，盡力作出平實的敘述和論說。」〔註44〕對（華嚴宗的）判教學說給以如此的重視，這在中國佛教研究歷史上實為首次，後來筆者撰寫《華嚴判教論》的專書，即是深受方先生相關思想的啟發和影響。第三部分包括第四章「法藏的宇宙觀──法界緣起論的原由」、第五章「法藏的宇宙圓融論──法界緣起論的內容」、第六章「法藏的宇宙本體論──法界緣

〔註42〕方立天：《總序》，《方立天文集》，北京：中國人民大學出版社，2012 年，第3 頁。

〔註43〕方立天：《法藏·自序》，《方立天文集》，北京：中國人民大學出版社，2012 年，第 3 卷，中國人民大學出版社，2012 年，第 3 頁。

〔註44〕方立天：《法藏·自序》，《方立天文集》，北京：中國人民大學出版社，2012 年，第 3 卷，第 4 頁。

起論的本質」、第七章「法藏的人生理想論——行果論」、第八章「法藏的認識論——法界觀、唯識觀和還原觀」，以「法界觀」為核心對法藏思想展開了深入的論述，並充分照顧到這一思想體系的宗教實踐品格。第四部分即第九章「法藏的思想影響和歷史地位」，是對全書內容的總結。方先生認為，「法藏是唐代佛教華嚴宗的真正創始人、佛學家、翻譯家、哲學家、宗教和社會活動家、書法家。……他的宗教活動和學術思想對當時與後世的社會生活、宗教理論，乃至文化思想的影響是多方面的、深遠的。在佛教史上，法藏對於《華嚴經》思想的發展、判教和修行實踐都帶來了衝擊、推動、分歧、變化，對於天台、唯識和禪諸宗的關係，也帶來了正負的作用，並且推動了朝鮮和日本的華嚴宗的創立和發展。在哲學史上，主要是以獨特的現象論、本體論、人生理想論、心性論和認識論，豐富了古代哲學思想的寶庫，並對宋明理學的發展發生了巨大而深刻的推動作用。」〔註45〕此處對法藏的評價不可謂不高，但又是非常符合歷史實際的。

方立天先生在撰寫《法藏》時對學術性和思想性給予了特別的注意。對於學術性，方先生「充分運用法藏的歷史事蹟和基本著作來加以描述性的介紹，並著重運用現代語言加以清晰的說明，以求客觀而全面地論述法藏的生平業績、哲學內容、思想作用和歷史地位。」對於思想性，方先生「特別重視闡發法藏一系列概念、範疇、命題和思想的哲學意義，剖析其所含的哲學思想內涵，總結其思維方式的類型和特徵，並適當地與當代某些相關學說，如一般系統論、宇宙全息統一論等加以比觀評價，從而力求呈現出法藏哲學思想的真實面貌、基本特征和時代意義。」〔註46〕這應是佛學界對於祖師研究必須遵循的基本原則，《法藏》無疑為此提供了一個成功的範例。

在論及改革開放以來中國佛學研究的重大成就時，邱高興指出，「方立天教授著有《法藏》一書，對法藏的生平與思想作了全面的研究。」〔註47〕對此書的學術地位做出了中肯的評價。此書的繁體字版由臺北東大圖書公司於1991年出版，簡體字版則更名為《法藏評傳》由北京京華出版社於1994年出

〔註45〕方立天：《法藏》，《方立天文集》，北京：中國人民大學出版社，2012年，第3卷，第181頁。

〔註46〕方立天：《法藏·自序》，《方立天文集》，北京：中國人民大學出版社，2012年，第3卷，第5頁。

〔註47〕邱高興：《改革開放三十年來的佛學研究》，長春：《社會科學戰線》，2008年第1期。

版。此後海峽兩岸佛學界的學者凡論及法藏者，往往將方先生此書列為重要參考文獻，如浙江省社會科學院哲學研究所陳永革先生為南京大學中國思想家叢書所撰寫的《法藏評傳》一書所列參考書目中，在所列諸多方立天先生的著作中，就同時含有此書的繁體字版和簡體字版。〔註48〕

三、義理闡發

　　方立天先生雖然對華嚴宗思想有著精深的研究和準確的把握，但其研究的範圍卻涉及到中國佛教思想的各個方面，因此他不僅在《華嚴金師子章校釋》、《法藏》等著述中對華嚴宗思想有著專門的闡發，而且還在《中國古代哲學》、《中國佛教哲學要義》等著作中將華嚴宗義理置於中國古代哲學和中國佛教哲學整體發展歷史中進行考察和詮釋。

　　《中國古代哲學》一書的原名為《中國古代哲學問題發展史》，1990年由北京中華書局出版，分上、下兩冊，後來編入《方立天文集》時改為今名，是方立天先生運用「問題解析體」研究中國古代哲學而形成的一部專著。在「中國古代本體論」一章中，方先生指出，「法藏宣傳理事無礙的學說，其宗教意義在於調和佛教內部各個宗派、各種修習方法和修習次第的關係，它們各自作為佛教整體的一部分而互相融通無礙；還在於宣揚世間和出世間、世俗世界和佛國世界是相即相入、無障無礙的。其社會意義則在於說明現實的一切都是合理的、美好的，社會的各階級、各階層都是和諧協調，無矛盾、無鬥爭的。」〔註49〕宗密「站在中國佛教華嚴宗的立場，對中國古代哲學和印度佛教哲學所作的總結性批判，體現了中國佛教哲學的理論特色。」〔註50〕在「中國古代時空觀」一章中，方先生認為，「法藏的時空觀，承認大和小、遠和近的相對性」，因此有其一定的合理性，「法藏空間理論的宗教實質是，論證虛構的佛國世界和現實的世俗世界是無矛盾的，相即相入的，給人一種可望又可即的精神滿足，從而爭取更多的佛教信徒，擴大佛教陣地。」〔註51〕在「中國古代矛盾觀」

〔註48〕陳永革：《法藏評傳》，南京：南京大學出版社，2006年，第501頁。

〔註49〕方立天：《中國古代哲學》，《方立天文集》，北京：中國人民大學出版社，2012年，第9卷，第80頁。

〔註50〕方立天：《中國古代哲學》，《方立天文集》，北京：中國人民大學出版社，2012年，第9卷，第84頁。

〔註51〕方立天：《中國古代哲學》，《方立天文集》，北京：中國人民大學出版社，2012年，第9卷，第129頁。

中，方先生指出，「從理論思維角度來看，法藏的宗教哲學涉及現象與現象的
矛盾，以及整體和部分、同一和差別、生成與壞滅的矛盾。應當承認，它已觸
及矛盾的統一性，其中也包含了比較豐富的辯證法因素，在中國古代辯證法史
和古代範疇史上都具有一定的地位。」〔註52〕方先生此書主要是在八十年代寫
成的，那時在哲學思想研究領域仍然盛行唯心與唯物、形而上學與辯證法相互
對立的研究範式，因此方先生將法藏、宗密等人的思想置於中國古代哲學問題
發展史的高度予以論述，自然是那個時代對華嚴宗義理的地位和作用所能給
出的一種高度評價。

　　《中國佛教哲學要義》（上、下冊）堪稱方立天先生一生從事佛教研究的
代表作，書中有大量章節涉及華嚴宗的思想和義理。全書共分總論、人生論、
心性論、宇宙論、實踐論五編。總論部分對中國佛教哲學的形成、歷史演變及
思想體系的論述，雖然不是專門論述華嚴宗義理的，但華嚴宗作為一個典型的
中國化佛教宗派卻為方先生的相關論述提供了堅實的佐證。方先生在這一編
中有不少地方對華嚴宗的思想特點做出了高度概括，如他曾說，「此宗以《華
嚴經》的圓融觀念為依據，與融中國固有的諸說於一爐的包容思維相協調，提
出宇宙萬物之間、現象與本體之間圓融無礙的宇宙觀。此宗還直接把儒家和道
家、道教思想納入佛教思想體系，並在一定意義上溝通了儒、道、佛三家的人
生理想境界和儒、佛兩家的道德規範。」〔註53〕他指出，「智儼首先以一與多
（一切）相即相入的觀點闡發成佛的境界——覺證的世界」，法藏「用『十玄』、
『六相』等法門，系統、全面地闡發了華嚴宗獨特的世界觀體系」，澄觀「明
確提出理（本體、性空）、事（現象）、理事無礙、事事無礙的四法界說，闡明
宇宙萬物，相依相待，相即相入，圓融無礙，重重無盡，即世界萬事萬物大圓
融、大調和、大統一的情景」，「還把華嚴宗終南山系和五臺山系的學風結合起
來，並開創了融合華嚴與禪的新風」。宗密「更加強調禪教的一致，並調和佛
與儒、道的關係」，「提出以靈知之心為宇宙萬物本原的觀點，給宋明理學以重
大的影響」。他認為，「唐代華嚴宗哲學廣泛地涉及了宇宙生成論、現象圓融論、
認識論和主客體關係論等內容，思想豐富、深刻，形成了中國佛教理論的一座

〔註52〕方立天：《中國古代哲學》，《方立天文集》，北京：中國人民大學出版社，2012
　　　　年，第9卷，第210頁。
〔註53〕方立天：《中國佛教哲學要義》，《方立天文集》，北京：中國人民大學出版社，
　　　　2012年，第5卷，第19頁。

高峰。」〔註54〕這些高度概括的語言對於讀者們從總體上理解華嚴宗的義理具有非常高的啟發作用。在以後各編的具體論述中，方先生對華嚴宗的佛身說、自性清淨圓明說、事事無礙論、真心本原說等進行了具體而深入地闡發，在全面展現了中國華嚴宗這一佛教宗派義理思想的深刻、豐富、偉美、壯觀的同時，也在多個層次上梳理了中國華嚴宗與印度佛教、中國佛教其他宗派以及儒道二家及現實政治、經濟之間的基本關係。

　　單純地對華嚴宗的思想和義理進行研究，雖然有助於引起教界和學界對華嚴宗的關注和重視，但卻不易展現華嚴宗的歷史地位和影響；方立天先生在中國古代哲學和佛教哲學的語境中對華嚴宗思想和義理進行的詮釋和闡發，則是在比較研究中自然彰顯華嚴宗思想和義理的基本特徵，從而使方先生的華嚴學研究具有了更為宏闊高遠的歷史和哲學視野。

四、現代價值

　　方立天先生從事佛學研究，已經長達半個多世紀。近年來他比較注重探討中國佛教傳統觀念的現代價值，其中不少地方都涉及到華嚴宗的思想和義理。對於這方面的內容此處無法遍舉，僅以華嚴宗的圓融觀和普賢行為例。

　　方先生認為，華嚴宗的圓融觀應是處理不同文化傳統間關係的重要原則。中國佛教，無論是天台宗，還是華嚴宗，都非常注重闡發圓融的觀念。天台宗講一念無明法性心即具三千世間，即空即假即中，三諦圓融；華嚴宗講理事無礙、事事無礙，六相十玄，相即相入，融通隱隱，緣起重重。方先生指出，「圓融是中國佛教宇宙觀和真理觀的重要理念，同樣是能夠相容和諧、調和適應的方法論基礎。圓融要求尊重事物的不同因素，尊重差異各方的共存共榮。按照佛教圓融觀來看待世界，世界是一個豐富多彩的、多元化的統一整體。按照圓融理論，各個國家、各個民族的不同文化並無高下之分，也不存在相互衝突的必然性，各自不同的文化特性，都應獲得尊重。我們認為，當前地區一體化和經濟全球化迅速發展，保護各個國家和民族的不同文化特性尤為重要，這是建設和諧世界的要素之一。」〔註55〕如果具體到一般的行為規範，就是要「重視

〔註54〕方立天：《中國佛教哲學要義》，《方立天文集》，北京：中國人民大學出版社，2012年，第5卷，第39～40頁。

〔註55〕方立天：《心從『正見』始》，《方立天文集》第1卷，中國人民大學出版社，2012年，第367頁。

團結合作，互相讓步，必要時適當妥協」，〔註56〕因此他認為，華嚴宗的圓融觀具有「為建設和諧世界提供方法論基礎」的重要意義。

　　方先生認為，對普賢菩薩的品格和精神進行創造性的轉化非常有助於現代的精神文明建設。方先生詳細考察了中國普賢菩薩信仰的發展史，他指出，在《華嚴經》中，「『華嚴三聖』是強調普賢的大行和文殊的大智對彰顯、莊嚴毗盧遮那佛（清淨法身）的作用。」〔註57〕但隨著《華嚴經》等經典在中國的流傳及華嚴宗等中國化佛教宗派的形成和發展，「普賢菩薩在中國佛教信徒中擁有普遍而崇高的信仰。」〔註58〕一些佛教學者，如唐代李通玄居士和清涼澄觀大師進一步發展了對普賢菩薩的信仰，隨著佛教中國化的發展完善，明代以後四川峨眉山也逐漸演變成為普賢菩薩的道場。方先生將普賢菩薩的實踐品格和實踐精神概括為「正心」、「向善」、「求真」、「反省」等幾個方面：「正心就是正確確立修持成佛的主體性」，向善「體現了度化眾生的利他精神」，求真意味著「透過現象看本質」，反省「對於防止一味追求感官享受、貪欲膨脹、邪思邪念都有警示作用」。〔註59〕因此他提出，「普賢菩薩的行法，作為中國傳統佛教文化的一項內容，值得我們重視和認真總結，其中所包含的積極因素，值得我們發掘和繼續弘揚，這對我們的精神文明建設無疑是有益的。」〔註60〕

　　應當指出的是，方立天先生對華嚴宗義理現代價值的發掘和弘揚並不是站在佛教信徒的立場上，而是站在一位關注世界現實問題和人類未來發展的學者立場上進行的。正是這種立場保證了他所發掘的華嚴義理現代價值的真實性和可行性。

　　總之，方立天先生的華嚴學研究對教界和學界的貢獻是多方面的。一者，方先生在華嚴宗和中國佛教研究中起到了示範作用。《華嚴金師子章校釋》被譽為古籍整理方面的典範之作，《法藏》也得到了學術界的好評，這些著作寫

〔註56〕方立天：《佛教論壇與佛學研究》，《方立天文集》，北京：中國人民大學出版社，2012年，第1卷，第359頁。

〔註57〕方立天：《普賢的實踐品格及其現代價值》，《方立天文集》，北京：中國人民大學出版社，2012年，第1卷，第380頁。

〔註58〕方立天：《普賢的實踐品格及其現代價值》，《方立天文集》，北京：中國人民大學出版社，2012年，第1卷，第381頁。

〔註59〕方立天：《普賢的實踐品格及其現代價值》，《方立天文集》，北京：中國人民大學出版社，2012年，第1卷，第386頁。

〔註60〕方立天：《普賢的實踐品格及其現代價值》，《方立天文集》，北京：中國人民大學出版社，2012年，第1卷，第387頁。

作嚴謹、資料紮實，對於佛教經典的整理和祖師傳論的研究具有直接的示範作用。二者，方先生為中國的佛學研究積累了豐富的經驗。他多年來習慣運用「哲學問題解析體」的研究範式，將佛教的重要哲學概念和範疇放在縱向的觀念發展和橫向的範疇體系中進行考察、分析和比較，非常有利於準確理解研究對象的真實含義和歷史價值。三者，方先生為中國的佛學研究指明了正確的方向。他將華嚴宗視為中國優秀傳統文化的重要組成部分，認為佛教可以和社會主義相適應，特別是華嚴宗的圓融觀和普賢行，在經過創造性的轉化之後，可以為現代社會提供思想資源和精神動力。四者，方先生為全面深入地研究華嚴宗培養了人才。方先生作為中國人民大學佛教哲學研究方向上的博士生導師，多年來一直堅持招收和培養博士研究生，在尊重學生研究興趣的前提下，鼓勵學生對華嚴宗展開研究，門下弟子如邱高興、張文良、胡建明、韓煥忠等人，都曾在他的指導下寫出過華嚴學方面的專著。

　　華嚴學作為中國哲學史、思想史、宗教史的大宗，自然很早就受到學術界的關注，在這方面湧現出非常多的成果，成為我們進一步思維和考察中國華嚴學的寶貴財富。我們從馬一浮、牟宗三、唐君毅的著作中，可以看到，即便在近現代的學術話語之中，華嚴學的思維方式仍然具有非常強烈的方法論意義，可以被用來詮釋儒家經典，突顯儒家思想和義理，為儒家所用。我們從方立天對相關概念和範疇的解析中，我們既可以感受到華嚴宗思想義理的偉美、壯觀，還可以理解外來的華嚴學思想是如何嫁接到中國固有的思想傳統之中，並對宋明時期的儒道思想產生深刻影響的。我們無法對所有的華嚴學研究成果進行逐一細緻的考察，所以也就只能是寄望於嘗一臠食以知一鑊之味了。

第四章 華嚴思想的現代價值

現代是一個全球化的時代，也是一個各種矛盾集聚錯綜的時代。華嚴思想主張和諧、圓融、相即、相入、相攝，對於解決當前各種矛盾，形成人類命運共同體能夠提供許多有益的思想資源。

第一節 「華嚴三品」的現代意義

俗話說，「不讀《華嚴》，不知佛家之富貴」。按照我的理解，此「富」，是指《華嚴經》卷帙的浩繁、義理的宏富和詞句的華美，此「貴」，則是指《華嚴經》作為「根本法輪」在佛教經典體系中其地位的重要，作為「稱性而起」的法界映像其內容的重大，以及作為運載一切眾生離世間而入法界的「一佛乘」其作用的偉大。合而言之，《華嚴經》通過宏大的篇幅和華麗的文句引導眾生出離生死世間而進入稱性而起、重重無盡的法界之中，從而使諸佛世尊教化眾生的根本目的和終極關切得以完全的實現。那麼，面對如此浩繁的鴻篇巨製，初學者們如何下手？面對重重無盡的無量法門，修行者們如何入門？為契合當代眾生的根性，有些高僧大德，如五臺山的夢參老和尚及臺灣大華嚴寺的海雲法師，對唐譯及貞元譯的《淨行品》、《梵行品》及《普賢行願品》，即所謂的「華嚴三品」，予以特別的重視，將這三品佛經作為弘揚整個華嚴經教義理的中心和重點。

一、《淨行品》：善用其心

《淨行品》在晉譯《華嚴經》第六卷之中，為全經第七品；在唐譯《華嚴

經》第十四卷之中，為全經第十一品；別行本有吳支謙所譯《佛說菩薩本業經》一卷、西晉聶道真所譯《諸菩薩求佛本業經》一卷。此品經文篇幅短小，以智首菩薩問如何修行開始，而以文殊師利菩薩回答修行者應「善用其心」為主要內容。文殊師利菩薩舉了 141 例，如「菩薩在家，當願眾生，知家性空，免其逼迫。⋯著瓔珞時，當願眾生，捨諸偽飾，到真實處。⋯下足住時，當願眾生，心得解脫，安住不動。⋯整衣束帶，當願眾生，檢束善根，不令散失。⋯大小便時，當願眾生，棄貪瞋癡，蠲除罪法。⋯以水洗面，當願眾生，得淨法門，永無垢染。」乃至「以時寢息，當願眾生，身得安隱，心無動亂。睡眠始寤，當願眾生，一切智覺，周遍十方。」〔註1〕就是說，所謂「淨行」，就是修行者無論衣食住行，還是便洗眠寤，都要時刻保持清醒和警覺。

從文殊師利菩薩的講說中，我們可以體會到，「善用其心」的關鍵有三點。

一者轉變觀念。按照《華嚴經》的結構，《淨行品》屬於「十信位」的修法。處於這一階段的修行者，即經文中所說的「菩薩」，已經對佛教的教理與教義具有很完整、系統、準確的瞭解，並且已經樹立了非常牢固、非常堅定的佛教信仰。因此，這一品經文首先要求修行者將所信仰的佛教義理與日常生活緊密結合起來，將自己的視聽言動、思慮營謀全都納入佛教的範圍之內。如，修行者在家的時候，一定要體會到所謂的「家」，不過是因緣聚合的產物；修行者在孝敬父母的時候，也要想到對佛應有同樣的尊重；修行者在與妻子兒女們相聚的時候，要意識到無論是對恩愛之人還是對仇恨之人，都應該平等對待，一視同仁；五欲順遂，修行者應想到的是克服自己的貪欲；燈紅酒綠，修行者應想到的是真正的快樂來自於對佛的教導的遵守和實行；刷牙的時候，修行者應想到將人生的煩惱一起吞沒；大小便利的時候，修行者應想到將自己心中的貪瞋癡與身體循環的廢棄物一起拋卻；走在路上，修行者應想到須行佛道；見升高路，修行者應想到人往高處走，要出離三界苦海；見趣下路，修行者應想到的是持心謙和，長養自己的善根。如此之類，修行者舉足下足，都要保持充分的清醒和警覺，保證自己的身心時刻都在佛教的規範之內活動。

二者推己及人。菩薩之所以為菩薩，並不在於自己一個人能完全依照佛的教導行事，絕對無所違犯，甚至最終出離苦海，獲得究竟解脫，此雖可貴，但終究屬於聲聞或緣覺，即所謂二乘的行為，只不過是獨善其身而已。菩薩之所

〔註1〕（唐）實叉難陀譯：《大方廣佛華嚴經》卷 14，《大正藏》第 10 冊，第 69～72 頁。

以為菩薩，主要的在於菩薩在追求「自覺」的同時能夠「覺他」，在追求「自利」的同時能夠「利他」。或者說，菩薩就是那些在覺他中獲得自覺、在利他中實現自利的那一類眾生。因此，修行《淨行品》的人不僅要將自己的視聽言動、思慮營謀全部納入佛教的範圍內，還應本著「己欲而立人，己欲達而達人」的仁愛之心，推己及人，祝願所有的眾生都能具有與自己同樣的清醒和警覺。如，修行者在體會到家是因緣聚合產物的同時，就應該想到使所有的眾生都能擺脫室家之累；修行者意識到應像孝敬父母一樣尊重佛陀之時，應該想到使所有的眾生都能善事佛陀；修行者意識到應該平等對待怨親的時候，應想到讓所有的眾生都永離貪愛和執著。總之，文殊師利菩薩所說的「善用其心」，就是經文中一再吟詠的「當願眾生」，這就意味著《淨行品》的修行者在自己想要如何如法如理而行事的時候，也要想到所有的眾生都應該如此的去如法如理而行事。

三者念茲在茲。修行《淨行品》的菩薩們若能有一念能與佛的教導相應，他在此一念指導或推動之下而展開的行為就是「淨行」；當然，如果修行者能念念相應，自然就會無所往而不淨。因此，「善用其心」的關鍵不僅在於時時準備轉變觀念，將自己的視聽言動、思慮營謀全部納入佛教的範圍之內，不僅在於「當願眾生」，皆得清淨之行，更重要的，是能夠念茲在茲，使自己的心思時時保持在佛教的規範之內，無所違犯。

《淨行品》在後世影響巨大。北宋省常就以《華嚴・淨行品》為「成聖之宗要，乃刺血而書之」，並模仿廬山慧遠蓮社故事，倡結淨行社，「以王文正公旦為之社首，一時公卿伯牧三十餘年預此社者至一百二十三人，其化成也若此比丘同志復千大眾。」〔註2〕我們說，《淨行品》在幫助修行者突破自我的限制，使佛法與世法、自我與他人融為一體、轉世間為法界方面發揮了非常積極的作用。

二、《梵行品》：破除執著

《梵行品》在晉譯《華嚴經》第八卷之中，為全經第十二品；在唐譯《華嚴經》第十七卷之中，為全經第十六品。在《華嚴經》各品經文之中，《梵行品》篇幅最為短小。經文以正念天子發問開始，菩薩出家，「云何而得梵行清淨？」法慧菩薩回答，「應以十法而為所緣，作意觀察。所謂身、身業、語、語業、意、意業、佛、法、僧、戒。應如是觀：為身是梵行耶？乃至為戒是梵

〔註2〕　（宋）志磐：《佛祖統紀》卷20，《大正藏》第49冊，第265頁上。

行耶？……如是觀察，梵行不可得故，三世法皆空寂故，意無取著故，心無障礙故，所行無二故，方便自在故，愛無相法故，觀無相法故，知佛法平等故，具一切佛法故，如是名為清淨梵行。……知一切法即心自性，成就慧身不由他悟。」〔註3〕就是說，所謂「梵行」，就是修行者必須隨緣而離緣，隨相而離相，不執著於任何的法相。

按照《華嚴經》的整體結構，《梵行品》為「十住位」上的修行法門。我們知道，能夠進入十住之位，是修行者獲得巨大成就的一種標誌。但有成就者往往會有一個缺點，就是容易對促成自己獲得成就的法門產生執著。因此經文指出，人們不應以身體及身業為清淨梵行，此身非善、非法、渾濁、臭惡、不淨、可厭、違逆、雜染，只是一具死屍和各種寄生蟲的聚落；由身體產生的各種行為，也不過是行、住、坐、臥、左右顧視、屈伸俯仰而已。人們也不應以語言及語業為清淨梵行，語言作為音聲風息不過是氣體物理運動的高低清濁，作為唇舌喉吻不過是生理器官的吐納抑縱，而語業也就是起居問訊、略說、廣說、喻說、直說、贊說、毀說、安立說、隨俗說、顯了說。人們也不應以意念及意業為清淨梵行，意念不過是覺觀分別、憶念思維、幻夢眠寐之類，而意業則不過是思念、想像、憂愁、歡喜，對苦樂、饑渴、寒熱的感受。人們說佛為梵行，但不知色、受、想、行、識、相、好、神通、業行、果報等何者為佛？人們說法是梵行，但不知寂滅、涅槃、不生、不起、不可說、無分別、無所行、不合集、不隨順、無所得等何者為法？人們以僧為梵行，但又不知四向、四果、三明、六通何者為僧？人們以戒為梵行，但不知壇場、清淨、教威儀、三說羯磨、和尚、阿闍黎、剃髮、著袈裟、乞食、正命等何者是戒？也就是說，出家僧眾們可以通過修習身、身業、語、語業、意、意業、佛、法、僧、戒等獲得清淨梵行，但清淨梵行絕不是身、身業、語、語業、意、意業、佛、法、僧、戒，真正的清淨梵行就是不能對此十者產生絲毫的貪戀和執著。

如果說《淨行品》是通過「與而為論」的方式，促使修行者善根增長乃至最終突破自我意識的局限的話，那麼，《梵行品》則是通過「奪而為論」的方式，盡力破除修行者對修行方法的執著；《淨行品》的修行通於僧俗，而《梵行品》則唯在於僧。也就是說，《淨行品》修行的重點在於破除僧俗信眾的「我執」，而《梵行品》修行的重點則在於破除出家僧眾的「法執」。禪宗的僧人們

〔註3〕（唐）實叉難陀譯：《大方廣佛華嚴經》卷17《大正藏》第10冊，第88～89頁。

常說：「金屑雖貴，落眼成翳。」人們服藥本是為了袪除病痛，病癒之後，藥亦隨廢；如果執著於藥有愈病之功效，無疾而服，反會因之而致病。同樣道理，僧人們出家修行，檢束自己的身、語、意，希望三業清淨，皈依佛、法、僧，受持戒律，本為出離煩惱，解脫生死，但如果執著於出離和解脫，則反為出離和解脫所束縛和纏繞而更生無窮無盡的煩惱。且執著於法，也容易使修行者得少為足，固步自封，因一葉障目而不見泰山之高大。因此，菩薩出家修習清淨梵行，不僅意味著邪法當離，同時還意味著對於正法亦不應有所流連。如此徹底地淨化自己的生命，才是真正的淨化，方能達到真正清淨無染的境界，由此離世間而入法界，實現對自己生命品格的真正提升！

三、《普賢行願品》：行願無盡

　　《普賢行願品》為唐貞元間般若三藏所譯 40 卷《華嚴經》的最末一卷，異譯本尚有東晉佛陀跋陀羅譯《文殊師利發願經》1 卷，唐不空譯《普賢菩薩行願讚》1 卷等。經文有長行和偈頌兩部分，普賢菩薩告訴善財童子，欲成就佛之功德，應修十種廣大行願：一者禮敬諸佛，二者稱讚如來，三者廣修供養，四者懺除業障，五者隨喜功德，六者請轉法輪，七者請佛住世，八者常隨佛學，九者恒順眾生，十者普皆迴向。虛空界盡，眾生界盡，眾生業盡，眾生煩惱盡，我此行願無有窮盡，念念相續無有間斷，身語意業無有疲厭。〔註4〕此品經文流傳非常廣泛，直至現在，對普賢十願的誦持，仍然是中國一般佛教寺院的常課。

　　對於《普賢行願品》，我們既可以視之為一部獨立完整的佛教經典，也可以視之為《華嚴經》中的一部分。此品經文以普賢菩薩為善財童子說欲成就佛之殊勝功德須修十大行願為主序分，以十大行願為正宗分，普賢菩薩說十大行願之後，復說隨順趣入之功德，則為流通分；長行之後，又有重頌。整篇經文意義明確，脈絡清晰，結構完整，故而可以視為一部完整獨立的佛教經典。但此品經文又是 40 卷《華嚴經》的最末一卷，可視為 40 卷《華嚴經》的流通分，其意在綜括上文，趣發實修，以引導眾生證入華嚴法界。我們知道，40 卷《華嚴經》本身是《華嚴經‧入法界品》的異譯本，古德講經，多以《入法界品》為整部《華嚴經》的流通分，故有不少《華嚴經》印本將此品經文附在 80

〔註4〕（唐）般若譯：《大方廣佛華嚴經》卷 40，《大正藏》第 10 冊，第 844～850 頁。

卷之末，使《華嚴經》證入華嚴法界的宗旨和歸趣得到以徹底的展現。因此，將《普賢行願品》視為大本《華嚴經》的一部分，看作《華嚴經‧入法界品》的繼續和順延，無論從文意上看，還是從結構上來講，都有其充分的合理性。總而言之，作為獨立的一部佛教經典，《普賢行願品》實為卷帙浩繁的《華嚴經》的節略本，圓滿具足了《華嚴經》的一切教理教義；作為大部《華嚴經》的一部分，《普賢行願品》則使眾生頓悟全經離世間而入法界的宗旨和歸趣，使修行者得到切實的佛法利樂。

無論是《淨行品》意在通過「隨相而修」的「與而為論」，還是《梵行品》意在通過「隨相而離相」的「奪而為論」，都是重在「離世間」，即促使眾生從煩惱和束縛中解脫出來，而此品所說「十大願王」，則重在「入法界」，即使修行者們稱性而起，獲得十方三世一切佛的殊勝功德，直接進入涉入重重、交光相網、無窮無盡的法界緣起之中，因此亦可視之為法界的大經，視為最圓滿的大法門，視為《華嚴經》的根本所在和最後結論。眾生只要依此修行，即可消除貪、瞋、癡、慢、疑，增長戒、定、慧、解脫、解脫知見，提升生命品質，直至成就圓滿無上的佛果。

四、現代意義：契合現代根機

如上所說，《淨行品》、《梵行品》及《普賢行願品》，《華嚴經》中的這三品經文，既是《華嚴經》的重要組成部分，也可以獨立成文，還可以將這三品整合為一：《淨行品》隨相隨緣而修行，《梵行品》隨相而離相、隨緣而離緣，而《普賢行願品》既超越了對具體事相的修行，將行願充括至無窮無盡的時空之中，又超越對具體修法的否定，將著眼點放到了普賢行願的圓滿上。三品經文，由正而反而合，正好展現為一個否定之否定的辯證發展過程。由此我們可以體會出佛法的善巧，還可以感受到這三品經文在當下現實生活中對於華嚴教法的開展所具有的特殊價值。

其一，這三品經文特別契合現代眾生的根性。當代社會具有極強的包容性，可以容忍各種思想和學說的存在和發展，這既形成了人們精神生活的豐富多樣，也帶來了思想領域裏的泥沙俱下。當代人大多受過良好的國民教育，文化素質和理解能力較之古人有明顯提高，但學科分工的日趨細密則使相當多的人對人文社會科學缺乏應有的瞭解。當代人的社會生活節奏非常快，普遍地處於被驅迫之中，甚少能靜下心來從事專注的閱讀和深入的思考。在各條戰線

上奮鬥的人們都有著追求成功和卓越的強烈意識，其思想意識上的實用主義色彩至為鮮明，這一方面使當代人變得非常靈活，較少受固定思維模式的束縛，另一方面也使現代人見異思遷，流質易變，缺乏足夠的定力和耐性。從順成的角度來說，以《淨行品》、《梵行品》及《普賢行願品》為代表的《華嚴》經教以宗教學、文獻學、文學、哲學和歷史學的學科方式進入到高等教育的相關領域，在現代社會生活中獲得了利樂有情、莊嚴國土的大好機遇，這對於豐富人們的精神生活、開拓人們的思想空間具有非同尋常的意義；這三品經文篇幅短小，文辭優美，義理豐富，內容凝練，非常契合人們從短平快的閱讀中獲得大量信息的心理需求。從對治的角度上來講，這三品經文可以促使人們破除對佛教的某些偏見，形成對佛教的寬容乃至認同，破除人們對自我的執著以及對習慣的思維方式和行為方式的依賴。

其二，這三品經文特別適於現代的生活實踐。作為「根本法輪」、「圓滿法輪」、「無上法輪」的《華嚴經》，是從人類自性中直接顯現出來的真理，是古代印度與古代中國兩大文明相互融合的智慧結晶，自然也是佛教發展的思想高峰。但古德結集佛祖教法而成立佛教經典，其主要目的並非在於建立什麼嚴密的理論體系或者思想架構，而是作為引導眾生開展實踐和修行的方便。華嚴宗歷代祖師們對《華嚴經》所作的四種法界、六相圓融、十玄無礙的概括和提煉，也都是為了促成學者們進入三觀，即真空觀、理事無礙觀和周遍含容觀的境界之中。毋庸諱言的是，無論歷代祖師們怎樣的苦口婆心，社會發展的現實卻是廣大眾生的根機與《華嚴經》十十法門、重重無盡、相攝相入、交光相網的美妙境界越來越遠。華嚴宗闡發的義理漸漸成為純粹的理論，出乎口，入乎耳，而難以入乎其心成為觀行，而《華嚴經》自然難免成為一種裝潢而被束之高閣。在這種情況下提倡對這三品經文的觀修，也就具有了促使修學《華嚴經》的人們以普賢行「離世間」而「入法界」的意味。

其三，這三品經文為佛教與傳統架設了一座橋樑。當代的中國佛教雖已逐漸走出古典形態，而成為現代多元價值體系中的一元，但其實集中國傳統文化之大成，因此，要想更好地理解佛教經典，把握佛教義理，就必須對中國傳統文化的基本精神有所體會。但中國傳統文化的博大精深和源遠流長亦會使人歧路亡羊，從而造成邯鄲學步的笑話：學習中國傳統文化本來是為了使佛教修行者能更好的理解和領會佛教的精華，但有些人涉入中國傳統文化之後，不知不覺就迷失了方向，不但沒有學好中國傳統文化，反而連自己本來的佛教立場

也喪失了，結果自然是徒滋迷惘，無所受益，此亦不善學習之過也。這三品經文與中國固有傳統有諸多的相似之處。如，《周易》認為，聖人觀象製辭，近取諸身，遠取諸物，而《詩經》敘事，每「託物起興」，孔子亦以「能近取譬」為「為仁之方」，此與《淨行品》與《梵行品》的隨相而修及隨相而離相頗為相似；中國傳統文化亦非常重視志願，孔子循循然善誘人，常與門下弟子各言其志，聖賢的教化和修學往往就是在這種「言志」中實現了對現實的超越和對理想的建構，此與《普賢行願品》實有某種程度的相似性。修學普賢行願的人們能明乎此，則其閱讀、思索和實踐中國傳統文化的任何典籍，實都是將其納入普賢行的體系之中，使之成為「離世間」與「入法界」的助緣。

第二節　是故此處最吉祥——《華嚴經》的吉祥觀

　　泰州被定位為吉祥之城，可以說既具有歷史文化的依據，同時也為未來的發展指明了前進的方向。在筆者看來，我們之所以說泰州作為吉祥之城具有歷史的依據，是與徐敬業、岳飛、韓世忠等人於此建立的武功有關，也與駱賓王、范仲淹、胡瑗、王艮、孔尚任、梅蘭芳等人於此表現的文采或文治有關，更與智光法師、常惺法師、南亭法師於此振興中國佛教華嚴宗有關。對此，我們可以從具有豐富吉祥思想的《華嚴經》中獲得諸多的啟發。

　　吉祥是指好事、善事、喜慶之事即將來臨和實現的徵兆和氛圍。中國傳統文化，包括儒道佛三家，都對吉祥充滿了追求和嚮往。儒家如《尚書·伊訓》云：「作善降之百祥，作不善降之百殃。」〔註5〕在某種程度上我們甚至可以說，《周易》經傳就是先秦時期儒家聖賢探討如何趨吉避凶的集大成之作，其結論就是「積善之家，必有餘慶；積不善之家，必有餘殃」〔註6〕。也就是說，在儒家聖賢看來，善良行為的積累是招致吉祥的必要條件。道家經典如《莊子》則明確提出：「虛室生白，吉祥止止。」郭象注云：「夫吉祥之所集者，至虛至靜者也。」成玄英疏云：「吉者，福善之事。祥者，嘉慶之徵。止者，凝靜之智。言吉祥善福，止在凝靜之心。凝靜之心，亦能致吉祥之善應也。」〔註7〕換言之，在道家聖賢看來，使內心保持空虛、凝靜的智慧可以成就福善的徵兆。

〔註5〕　（宋）蔡沈：《書經集傳》，中國書店，1994年，第73頁。

〔註6〕　高亨：《周易大傳今注》，齊魯書社，1998年，第65頁。

〔註7〕　（晉）郭象注、（唐）成玄英疏：《南華真經注疏》，中華書局，1998年，第84頁。

而佛教對如何獲得吉祥的探討最為全面、系統和深刻，這在唐于闐國三藏實叉難陀所譯八十卷《華嚴經》中體現得尤其充分。

在八十卷《華嚴經》中，《升須彌山頂品》第十三、《升夜摩天宮品》第十九、《升兜率天宮品》第二十二等三品經文，主要以偈頌的方式，對獲得吉祥的成因展開了重點闡發。

一、妙勝殿最吉祥

在《升須彌山頂品》第十三中，忉利天王帝釋以偈頌的形式闡明了妙勝殿之為最吉祥處的原因，是過去諸佛如來曾入此殿。

經文中講到，如來不離一切菩提樹下，而上升到須彌山頂，忉利天王帝釋遙見佛來，趕快發揮自己的神通之力，將天宮莊嚴得殊勝異常，並用上好的美妙的衣祴敷設了精緻華美莊嚴的師子座，然後殷勤致敬，禮請如來進入妙勝殿之中。他想起過去德行圓滿的諸佛如來都曾來到這座妙勝殿中，在這座天宮殿堂裏種下善根，使這裡變成最吉祥的所在，如「迦葉如來具大悲」「拘那牟尼見無礙」「迦羅鳩陀如金山」「毗舍浮佛無三垢」「尸棄如來離分別」「毗婆尸佛如滿月」「弗沙明達第一義」「提舍如來辯無礙」「波頭摩佛淨無垢」「燃燈如來大光明」，這些都是「諸吉祥中最無上」，他們雖然並不生活在當下的時代中，但作為一代時教的住持者，「彼佛曾來入此殿，是故此處最吉祥！」〔註8〕如今他再次禮請如來進入這座妙勝殿中，自然會使這種尊敬世間聖賢的光榮傳統得到持續發揚，從而使妙勝殿繼續保持著最吉祥處的無上榮光。我們說，諸佛如來都是非常慈悲的，他們具有恆順眾生的特性，故而一旦受請，便會為了滿眾生之願的緣故，從容進入到受請的地方，與那個地方的眾生廣結善緣，也就是經文中所說的種善根。

誦經至此，我們不妨一問，忉利天王為什麼認為他所處的妙勝殿最吉祥呢？其實答案是很簡單的，因為迦葉如來、拘那牟尼如來、迦羅鳩陀如來、毗舍浮如來、尸棄如來、毗婆尸如來、弗沙如來、提舍如來、波頭摩如來、燃燈如來等過去十佛曾經處在妙勝殿；因為這些如來具足大慈大悲，具有圓融無礙的知見，身體的相好如金山一般莊嚴安定，已經完全消除了貪嗔癡三毒的污垢，遠離一切凡夫的分別之見，猶如圓滿的月亮一樣給人們帶來光明和清涼，

〔註8〕（唐）實叉難陀譯：《大方廣佛華嚴經》卷第十六，《大正藏》第10冊，第80頁中～81頁上。

明瞭通達佛教的最高真理、第一義諦，清淨無垢，他們的智慧猶如明燈一般照亮了人世間。我們認為，忉利天王帝釋在偈頌中所讚揚的好像是一佛一德，我們認為帝釋偈頌中的一佛一德乃是修辭中的互文，實際上，佛佛道同，每一位佛都是具足一切德的，佛的這些德行在教化眾生時可以得到非常充分的實現，而這裡所謂的「十佛」「十德」其實也只是《華嚴經》習慣十十為句而已，實則包含一切佛、一切德。帝釋意思是說，過去一切佛都曾經處此妙勝殿中，在這裡教化眾生，宣說妙法，無比殊勝，從而使這裡成為最吉祥的所在。

這就是說，在忉利天王帝釋看來，須彌山頂上的忉利天宮之所以成為最吉祥的所在，是因為過去最偉大的佛陀們曾經來到這裡，種下了永恆的善根，由此也成為令忉利天王感到無比榮耀和無限自豪的地方。

二、寶莊嚴殿最吉祥

在《升夜摩天宮品》第十九中，夜摩天王以偈頌的形式宣說了夜摩天宮寶莊嚴殿之為最吉祥處的原因，是過去諸佛如來曾經於此廣行教化，發揮了師表人天的重要作用。

經文中提到，如來不離一切菩提樹下及須彌山頂，而升入夜摩天宮寶莊嚴殿。夜摩天王遙見佛來，就趕快運用其神通之力，在寶莊嚴殿中變化出寶蓮華藏師子之座，並運用百萬層級進行莊嚴，運用百萬金網交絡其上，運用百萬華帳、百萬幔帳、百萬香帳覆蓋其上，又用各種傘蓋、香蓋、寶蓋布列周匝，然後運用百萬光明進行照耀。總之，人類所能想像的華美、華貴和莊嚴都運用到這座寶莊嚴殿之中，使這座寶莊嚴殿變成了「摩尼殿」「清淨殿」「莊嚴殿」「殊勝殿」「無垢殿」「寶香殿」「妙香殿」「普眼殿」「善嚴殿」「普嚴殿」。我們於此可以體會到，這座寶莊嚴殿中的百萬夜摩天王、百萬菩薩對於如來的到來是如何的歡欣鼓舞、熱烈歡迎。如來應請入此寶莊嚴殿，夜摩天王以偈頌的形式，向如來講起過去諸佛如來曾經在這裡教化眾生，並且取得了非常巨大的成就。如，「名稱如來聞十方」「寶王如來世間燈」「喜目如來見無礙」「然燈如來照世間」「饒益如來利世間」「善覺如來無有師」「勝天如來世中燈」「無去如來論中雄」「無勝如來具眾德」「苦行如來利世間」。〔註9〕正是由於過去諸佛如來於此講經說法，教化眾生，他們名聞十方，像明燈一樣照亮了世間，使人們透過

〔註9〕 （唐）實叉難陀譯：《大方廣佛華嚴經》卷第十九，《大正藏》第 10 冊，第 99 頁中～下。

虛假的現象，發現真理，給人世間帶來巨大的利益，成為眾生最偉大的導師。他們於此講經說法，發揮教化眾生的功能和作用，成就了各種吉祥之中的最吉祥，從而使這座寶莊嚴殿成為最為吉祥的所在。

　　行文至此，我不禁產生兩個疑問。其一，前即說忉利天宮妙勝殿最吉祥，為什麼此處又說夜摩天宮寶莊嚴殿最吉祥？其二，夜摩天為欲界三天，較之忉利天為欲界二天，福報要大很多，佛進入夜摩天宮寶莊嚴殿，應該算是佛的福報得到提升，還是夜摩天的福報較忉利天宮為大的原因？對於第一個問題，我想可以說對前面佛所經歷的場所而言，忉利天宮妙勝殿最為吉祥；等到再升一天，進入夜摩天宮寶莊嚴殿，發覺夜摩天宮寶莊嚴殿比忉利天宮妙勝殿還要莊嚴，故而又說寶莊嚴殿最吉祥。這叫後勝於前，與世間所謂學如積薪後來居上大致相同。當然還可以從一定區域和範圍的意義上來理解，佛處妙勝殿中，故妙勝殿最吉祥，此是就忉利天範圍內而言的；佛處夜摩天宮寶莊嚴殿，故寶莊嚴殿最吉祥，這是就夜摩天宮範圍內而言的。對於第二個問題，我想華嚴之佛已經是萬德莊嚴之報身，號稱福足、慧足的兩足尊，無論其進入地獄，還是升入須彌山頂忉利天宮、夜摩天宮，對於其福報來講都是不增不減的。那麼我們據此似乎可以推斷出，正是由於佛進入夜摩天宮的方式不同於進入忉利天宮，才決定了夜摩天宮的福報較之忉利天宮為大。

　　那麼接下來我們似乎還可以思考一下，佛進入夜摩天宮寶莊嚴殿與進入忉利天妙勝殿有什麼不同之處呢？覆勘前文，如謂「迦葉如來具大悲」「拘那牟尼見無礙」「迦羅鳩陀如金山」「毗舍浮佛無三垢」「尸棄如來離分別」「毗婆尸佛如滿月」「弗沙明達第一義」「提舍如來辯無礙」「波頭摩佛淨無垢」「燃燈如來大光明」，這些都是「諸吉祥中最無上」等，似乎重點在闡明具足如此福德、智慧的諸佛如來處此妙勝殿中，是故此處最吉祥。而在夜摩天宮寶莊嚴殿中，「名稱如來聞十方」「寶王如來世間燈」「喜目如來見無礙」「然燈如來照世間」「饒益如來利世間」「善覺如來無有師」「勝天如來世中燈」「無去如來論中雄」「無勝如來具眾德」「苦行如來利世間」，諸佛如來明顯發揮了世間燈、見無礙、論中雄、利世間等巨大作用，我想，這才是夜摩天宮寶莊嚴殿較之忉利天宮妙勝殿而言「是故此處最吉祥」的根本原因。也就是說，對於夜摩天宮寶莊嚴殿來說，不僅因為最偉大聖賢的到來，更是因為最偉大聖賢於此發揮了非常神奇的作用，所以才成就了「此處最吉祥」。

　　依次類推，佛將不動一切菩提樹下，不動須彌山頂忉利天宮妙勝殿，不動

夜摩天宮寶莊嚴殿，進入兜率天宮、化自在天宮和他化自在天宮之中，這些天宮的福報一處比一處大，實際上也就意味著諸佛如來發揮的作用一處比一處巨大，從而形成絕對的「此處最吉祥」，以及一處比一處的相對的「此處最吉祥」。

三、一切寶莊嚴殿最吉祥

在《升兜率天宮品》第二十二中，兜率天王以偈頌的形式的宣說了兜率天宮一切寶莊嚴殿之為最吉祥處的原因，是諸佛如來於此可以運用更多更大的福德因緣廣行教化。

經文中提到，如來不動一切菩提樹下，不動須彌山頂忉利天妙勝殿，不動夜摩天宮寶莊嚴殿，而來兜率天宮一切寶莊嚴殿。兜率天王遙見佛來，趕緊發動神通之力，運用一切寶網、一切上妙寶雲等一切諸供養具，將兜率天宮一切寶莊嚴殿裝飾得無比嚴淨、廣博、美妙，並宣說偈頌，稱讚過去諸佛如來於此運用一切寶物廣行教化，如，「昔有如來無礙月」「昔有如來名廣智」「昔有如來名普眼」「昔有如來號珊瑚」「昔有如來論師子」「昔有如來名日照」「昔有佛號無邊光」「昔有如來名法幢」「昔有如來名智燈」「昔有佛號功德光」，〔註10〕他們作為聖中之聖、天中之天、尊中之尊，「諸吉祥中最殊勝」，為了迎接諸佛如來，一切寶莊嚴殿也被裝飾成了「莊嚴殿」「金色殿」「蓮華殿」「寶藏殿」「眾華殿」「樹嚴殿」「寶宮殿」「香山殿」「摩尼殿」，由於過去諸佛如來曾經處此一切寶莊嚴殿，「是故此處最吉祥」。如來遂應兜率天王之請，入此一切寶莊嚴殿中，「於一切寶莊嚴殿摩尼寶藏師子座上，結跏趺坐，法身清淨，妙用自在，與三世佛同一境界……為眾說法，不可說諸菩薩眾，各從他方種種國土而共來集。眾會清淨，法身無二，無所依止，而能自在，起佛身行。坐此座已，於其殿中自然而有無量無數殊特妙好出過諸天供養之具，所謂：華鬘、衣服、塗香、末香、寶蓋、幢幡、妓樂、歌讚。如是等事，一一皆悉不可稱數。以廣大心恭敬尊重，供養於佛，十方一切兜率陀天，悉亦如是。」〔註11〕換言之，這裡所突顯的是諸佛如來教化眾生所憑藉的福緣極為廣大自在，可以如意運用一切妙寶，由此也可以知道其殿稱為「一切寶莊嚴」，非突然也。此後《華

〔註10〕（唐）實叉難陀譯：《大方廣佛華嚴經》卷第二十二，《大正藏》第10冊，第120頁中～下。

〔註11〕（唐）實叉難陀譯：《大方廣佛華嚴經》卷第二十二，《大正藏》第10冊，第120頁下～121頁上。

嚴經》還會講到諸佛如來在化自在天宮、他化自在天宮可以自由自在地廣行其教化，其中受到諸佛如來教化的眾生的福德因緣自然又是兜率天宮所無法比擬的，由此成就了化自在天、他化自在天的「此處最吉祥」。經文對此雖然未有明文提及，但按照《華嚴經》的體例實已寓有此意，對此我們也就不再論述了。

通過對八十卷《華嚴經》中《升須彌山頂品》《升夜摩天宮品》《升兜率天宮品》等三品經文的分析，我們可以體會到，妙勝殿、寶莊嚴殿、一切寶莊嚴殿之所以成為「最吉祥」的所在，是因為諸佛如來這樣最吉祥、最殊勝的聖賢曾經來入其中；而其吉祥程度的增加和提升，則是與諸佛如來教化作用得到發揮的情況緊密相連。這對我們今天建設吉祥勝境或聖地的啟發就是，一方面要大力開發本地區歷史文化中的聖賢因素，彰顯與本地區相關的聖賢因素對於中華民族乃至全人類發展的重要意義和重大價值，另一方面則需要大力培養和引進人才，並為其在本地區得到成長、發揮作用積極創造條件。

具體到泰州，就是動員學術界、文化界深入研究徐敬業在泰州發起的討伐武則天的戰爭，研究岳飛和韓世忠在泰州從事的抗擊金兵的南侵，研究駱賓王、范仲淹、胡瑗、王艮、孔尚任、梅蘭芳等人於此表現出的文采，深入研究智光法師、常惺法師、南亭法師等對中國佛教華嚴宗的振興。在筆者看來，這些是泰州成為吉祥之城的歷史依據。但不能僅止於此，泰州還應大力培養和引進新的人才，為人才在泰州發揮作用、實現自己的人生理想、人生價值積極創造條件，由此可以充分保證泰州作為吉祥之城的可持續發展。這裡需要提到的是，佛教文化因素，可以在泰州吉祥之城建設中發揮意想不到的奇妙作用。

第三節　全球化與華嚴宗的法界觀

隨著經濟和科技的飛速發展，世界各地的聯繫越來越緊密，許多事件的影響，諸如環境污染、人口爆炸、瘟疫、空難、礦難、恐怖襲擊、食物安全等問題開始超越地區的界限，受到全世界的普遍關注。對於生活在各種文化傳統中的人們來說，全球化不僅成為當下的生存境域，也成為必須遵循的當然之則，自然受到不同文化形態的思想界的深切關注。華嚴宗廣大和諧的法界觀，即真空觀、理事無礙觀、周遍含容觀，可以為人們審視全球化提供一個獨特的視角。

一、帝釋網珠重重見

據《梵網經》所說，帝釋天宮裝飾著一張巨大的因陀羅網，網目上懸掛著無數顆明亮的寶珠，每一寶珠映現出其餘無數寶珠之影，每一珠影中也都映現出其餘無數的寶珠，如此各各影現，重重無盡。華嚴宗以此為喻，宣說諸法之間相即、相入、相收、相攝，是為「因陀羅網境界門」。全球化的發展趨勢使古人的宗教感悟變成了我們的生活現實，可以說，無窮無盡的相即、相入、相收、相攝的「因陀羅網境界」，就是對我們當下生存狀態的最好描述。

全球化無所不在。借助於各種媒體，居住在通都大邑中的人們，很容易就能嗅到遙遠山野草葉上散發出的清香，看到幽靜農家的其樂融融，領略到秀麗江南的粉牆黛瓦、青山秀水。終於抵擋不住遠方的誘惑，你踏上了旅途，去追隨那夢中的神奇，親近人類久違的草莽。你會發現，即便是在人跡罕至的深山幽谷，不時可見一座座聳立於懸崖峭壁之上的通訊鐵塔；即便是竹籬茅舍，仍可看到熟悉的各類明星捧著代言商品的廣告畫像。一剎那間使你恍若隔世，不得不由衷的讚歎：只要有利潤預期，資本的觸角真的是無所不在！就這樣，熱情洋溢的商業廣告揮發著感性的光澤，迫不及待地將生活在各地的人們拉入到全球化的懷抱之中。更不用說在美國的商場裏隨處可見中國貨，在中國人的生活中時常見到美國產品了。

全世界沒有一處與你毫不相關。電視上播放的礦難營救畫面似乎不是發生在遙遠的智利，而是就在你的左近。印尼海嘯對你造成的物理震撼雖然微乎其微，但依然讓你為那裏的人們揪心不已。地球的某個角落發生了恐怖襲擊事件，你彷彿就躋身於受襲的人群，感受著同樣的驚嚇、憤怒和無奈。讀著那些有關防腐劑、地溝油、農藥殘留、激素超標、轉基因食品的報導，你對某些不法商人的唯利是圖義憤填膺，同時也開始懷疑正在享用的美食是否是安全的。有報導說美國紐約股市的石油期貨價格上漲了，你思量著應該將自己的汽車油箱加滿。你買到了一件進口商品，但不久就發現其中的許多配件和主要原料都是產於中國。你時常抱怨空氣不夠清新，而全世界最重要的政治家都在討論環境污染和節能減排。

全球化實質上就是資本對全球資源和市場進行信息編碼的進程，極大地促進了物質財富的增長，加強了世界各種因素之間的相關性，將我們的生活世界轉化成了帝釋天宮，使我們每一個人都變為因陀羅網上的一顆明珠。人們常說，一粒沙中看世界，但這同時也意味著，只有瞭解了全世界，才能真正地理解一粒沙。

二、五十三參功德林

　　全球化的因陀羅網為人類的發展開闢出無窮的空間，無論是否樂意，都成為人們當下所應遵循的當然之則。這令我想起《華嚴經‧入法界品》中善財童子的故事。善財童子為了徹底通達「云何發菩提心，云何行菩薩道」的問題，經歷百城煙水，先後參訪了五十三位大善知識。華嚴宗以此為「託事表法生解門」，即以具體的事例展現法界真如之理，事以理成，理藉事顯，理事圓融，相即無礙。其中指導善財童子南尋參訪大善知識的文殊菩薩表示智慧，五十三位善知識以觀音居中表示慈悲在衷，最後將善財童子引入彌勒樓閣的普賢菩薩表示行願。智慧、慈悲和廣大行願是善財功德圓滿的法寶，也是在全球化中實現人類福祉的保障。

　　全球化需要文殊菩薩代表的破除我法二執的智慧。無我執即無人我高下之煩惱，無法執則無是非美惡之分別，若無我法二執之繫縛，即獲得了清淨解脫，成佛證法身，功德圓滿。在全球化的過程中，人們只有破除了人我高下的區分，才能走出民族文化的界域，虛心領受各種異質文化中的美好事物，從而豐富本民族的文化內涵，提升本民族的文化品位。如中國近代各種學科體系的建立、健全和發展，就是諸多的「善財童子」虛心「參訪」歐美等國「大善知識」的結果。只有破除了是非美惡的爭競，才能尊重不同的文化傳統，不至於盛氣凌人地在其他地方強制推行自己的價值觀念和行為規則。人類只有真正破除了「以天下之美為盡在己」的固步自封，對異質文化表現出應有的尊重和欣賞，全球化才能獲得文化融合的支持，成為和平、友愛和激越的精神之旅。

　　全球化需要觀音菩薩代表的無緣大慈和同體大悲。慈能與樂，悲能拔苦。無緣大慈就是要使自己的愛心超越血緣的、種族的、民族的、國家的乃至物類的界限，普覆於世間的一切眾生，使整個法界都變成快樂的海洋。同體大悲就是對世間一切痛苦都感同身受，想方設法要將受苦受難者解救出來。這個世界上充滿了各種各樣的痛苦，如天災、疾病、人禍、戰亂、貧窮、兇殺、盜搶、腐敗、墮落等，只要是正常人，對這些痛苦都不應漠然視之。我們看到，在世界各地都活躍著許多志願者。他們有些人無償參與各種自然災害的救援工作，在別人需要的時候捐血獻髓，把與自己毫不相關的人當作與自己生死同命的兄弟姐妹。他們有些人為保護野生動物權益奔走呼號，與各種走私、偷獵、殺

食野生動物的行為作鬥爭。他們還有些人撫孤恤貧，收養被遺棄的小動物。隨著全球化的發展，這種愛心也在全世界範圍內聲應氣求，對轉化我們這個世界的暴戾之氣、增加和平因素作出了貢獻。我們期盼著這種慈悲在全球化的浪潮中進一步繼長增高，能夠成為促成全球幸福的精神力量。

全球化還需要普賢菩薩所代表的廣大行願。據《四十華嚴》所載，普賢菩薩立下禮敬諸佛、稱讚如來、廣修供養、懺悔業障、隨喜功德、請轉法輪、請佛住世、常隨佛學、恒順眾生、普皆迴向等十大行願。在中國佛教造像中，普賢菩薩乘六牙白象，居佛右側，白表聖潔，象表負重，六牙表示布施、持戒、忍辱、精進、禪定、智慧六種修行；合而言之，即以聖潔之心，荷負無邊眾生，廣修六度萬行。因此，普賢菩薩代表著實際踐行和忍辱負重。思想家們給世界描繪了燦爛的未來，政治家們向人民許下了美好的承諾，然而要使之成為現實，就必須展開艱苦卓絕的實踐，通過嚴格約束自我淨化自我，通過無私的奉獻利樂眾生。在全球化中，只有將利他作為最終極的關切，這世界才有可能成為人類實現詩意棲居的家園。

在學習其他傳統的長處時應虛懷若谷（無我執），在展示自家文化的優點時應避免價值推銷（無法執），將增加幸福和減少人類的苦難作為終極關懷（慈悲），以此為原則去改造自我，淨化世界（普賢行）。此理顯豁於善財童子的五十三參中，也應貫注於人類全球化的過程中。

三、彌勒樓閣處處通

善財童子參訪了五十三位大善知識，領悟了「發菩提心，行菩薩道」的真諦，最終功德圓滿，進入了廣博嚴淨、通達無礙的彌勒樓閣。彌勒菩薩是未來佛，彌勒樓閣作為一種「表法」，實際上就是對人類未來美好願景的一種具象化展現，對於設想人類全球化的未來願景可以提供一些有益的啟發。

不同時代、不同地域、不同民族、不同傳統的文化樣式，甚至對未來的各種奇思妙想，都可以「同時」存在，不但「具足」原生態，而且彼此「相應」，不相妨礙。此即華嚴宗所說的「同時具足相應門」。正如生物多樣性是自然界生態平衡的標誌一樣，文化樣態的多種多樣也是人類精神平衡的標誌，保護各種非物質文化遺產，在交往中逐漸消解古今中外的矛盾，並為未來的發展提出美好的設想，是今天的人們在全球化趨勢中所必須承擔的歷史使命。

涉及全球為「廣」，局於部分和個體為「狹」。任何國家和團體不能以全球

利益為名損害局部和個體，任何局部和個體也不能以特殊利益為藉口破壞全球利益，二者應相得益彰，相互促進，融通「無礙」。此即華嚴宗所說的「廣狹自在無礙門」。人類運用智慧，在相互交往中，應該探索出一條共同繁榮的康莊大道來。

任何個人所處的文化傳統都只是一個，而他所接觸的文化傳統可能是多種多樣的。任何人都不能將自己的傳統視為普遍的而否定文化的多樣性，任何人也不能以多樣性為藉口強制他人改變自己的終極信仰。此即華嚴宗所說的「一多相容不同門」。文化傳統的多樣性存在為個體的發展提供了廣闊的空間。

全球化是全世界的諸多因素相互作用形成有機組合的過程，若離「此」即無所謂「彼」，若無「彼」亦不成「此」。彼此合作，即「諸法相即」；共同發揮作用，是為「自在」。此即華嚴宗所說的「諸法相即自在門」。在全球化的形勢下，個體只有在相關中才能獲得自我身份的定位，任何個體都無法實現單獨的存在和發展。

人類有無窮的潛能，其中有些得到了開發，而更多的還在潛伏狀態之中。全球化使人類已經開發出的潛能，以各種文化、科技及物質作為外化形式，可以在世界範圍內得以推廣和發展，而那些還在潛伏狀態的潛能也因此獲得了更好的釋放條件。此即華嚴宗所說的「秘密隱顯俱成門」。全球化的最終結果，應是人類本性的完全實現。

全球化使世界變小，人們開始用「地球村」來稱呼我們居住的這個星球，但這並不意味著我們的生存空間也隨之變小。我們無須排斥我們的鄰居，當知，這世界足夠大，完全可以容納得下自然產生的一切生命形式。此即華嚴宗所說的「微細相容安立門」。全球化不是對全世界的霸佔和獨享，而是全人類對地球資料的文明共享。

全球化突破了空間對人類生存和發展的限制，使世界上的任何地方都不再遙遠。全球化還將突破時間對人類的束縛，使「過去」、「未來」都參與到「現在」的生活之中。此即華嚴宗所說的「十世隔法異成門」。全人類的深入交往無疑將極大的增加人類的共同記憶，而且這種增加不是人數的相加，而是內容的相乘。

全球化不是要人們放棄自己的主體地位，而是要人們在以自我為主的同時，能將其他的人們視為夥伴。「主伴」之間，相互理解和欣賞，相互幫助和

促進，共同達到理想的圓滿境地。此即華嚴宗所說的「主伴圓明具德門」。如果沒有夥伴，唯我獨存，人們不可避免地會將「自我」封閉在永恆的孤獨之中。

第四節　文明互鑒與華嚴宗的法界觀

　　作為人類文化活動的重大成就，各種文明的發展都離不開相互間的交流、借鑒、吸收和融合，由此形成了文明互鑒。中華文明、中國佛教乃至以善演法界而著稱的中國華嚴宗，無不得益於文明互鑒。而華嚴宗深邃玄妙的法界思想，則可以為今天的文明互鑒提供許多有益的啟發。尤其是《華嚴經·入法界品》的主角善財童子，堪稱善於借鑒和融合異質文明因素的代表和象徵。

一、文明互鑒的重大成就

　　世界上各種形態、各種層次的文明，大而至於中華文明，微而至於中國佛教華嚴宗，其本身之所以具有強盛的生命力，可以繁衍數千年或者千餘年而至於今日，莫不得益於文明互鑒。

　　正是由於中華大地上孕育的各種亞文明形態之間交流、互鑒和融合的基礎上，中華文明才得以形成，並且在對印度文明和歐美文明的借鑒和吸收中實現了歷史的重大嬗變，從而延續至今。中華文明淵源有自，早在屬於傳說時代的五帝時期，即已實現了黃帝部落文明與炎帝部落文明的互鑒與融合。春秋戰國時期，被孔子讚歎為「郁郁乎文哉」的周文明，就是「鑒於（夏、殷）二代」的產物。參與爭鳴的諸子百家，也都是在地域文明的基礎上吸收和借鑒了其他地域的文明因素。入漢之後，無論是主張無為而治的黃老道家，還是後來被定於一尊的儒家，可以說都具有融合諸家的意味。兩漢之際佛教的輸入，則是中華文明在與印度文明的相互交流中對印度文明的借鑒、吸收和融合，儒道兩家在實現自身形態轉化的同時，中華文明的基本結構也由儒道兩家的對立互補演變為儒道佛三家的並立共存。自明朝中後期以來，中華文明與歐洲文明開始了交流互鑒。隨著西方工業革命的深入開展以及西方列強的對外擴張，各種西方的思想學說紛紛傳入中國，中華文明的發展在蒙受空前危機的同時，也獲得了前所未有的借鑒和融合其他文明因素的機遇，從而由一種古老形態的文明迅速轉變成一種獨特的現代文明。應當說，中華文明的勃勃生機，實得益於其對其他文明的借鑒、吸收、消化和融合。

　　中國佛教雖然是中華文明的重要組成部分，但由於具有相當程度的獨立

性，我們可以將其視為中華文明的次一級文明形態。而中國佛教的形成和發展，實際上就是中印兩種文明形態之間相互交流和借鑒的產物。無論是天竺高僧的東來傳譯，還是中土大德的西行求法，都是中華文明借鑒、吸收和消化印度文明的具體事實。而佛教東傳之後，或以道家無為義詮釋其涅槃思想，或以儒家人性論理解其佛性觀念，逐漸在中土實現了落地生根，並形成了天台宗、華嚴宗、禪宗和淨土宗等若干中國化的佛教宗派，此則是佛教借鑒和吸收儒道兩家思想因素以實現自身形態中國化的過程。正如生物界中品種雜交容易形成基因優勢一樣，中國佛教作為中印兩種文明交流互鑒的重大成就，其自身也具有無比強大的優越性和競爭力。所以在隋唐時期的思想界最為興盛、最具影響力的就是中國佛教。相比而言，佛教在其故鄉印度卻日漸衰落乃至最終走向消亡，土生土長的儒學與道教在相形見絀中艱難而緩慢地延續著其未墜之遺緒；而儒道兩家僅有的一點發展，也離不開對佛教的借鑒和吸收。換言之，不僅世界各大文明形態的發展可以證明，即便是中化文明內部各種亞文明形態的發展也完全可以證明，不同文明之間的交流、互鑒、吸收和融合，對於這些文明形態自身的存續和發展具有極其重大的意義。

我們還可以進一步縮小範圍，具體到華嚴宗的形成和發展上來探討不同文明形態之間相互交流和借鑒的重大意義。華嚴宗所依據的《華嚴經》，就是當時亞洲各主要文明形態相互交流和融合的結果。目前學術界比較通行的觀點是，無論是六十卷的晉譯《華嚴經》，還是八十卷的唐譯《華嚴經》，都是在當時的西域重鎮於田，即今天的新疆和田市結集而成的大型佛教經典。而當時的於田，由於處在亞洲中部交通樞紐的位置上，雖然深受東方中華文明的影響，但同時也是南方印度文明（盛行佛教和婆羅門教）、西方波斯文明（盛行婆羅雅斯德教，又稱拜火教或祆教）以及北方匈奴文明的交匯地，甚至還可能通過犍陀羅地區間接融入了諸多歐洲文明，特別是希臘、羅馬的文化因素。因此，我們完全有理由相信，在於田形成的《華嚴經》就是印度佛教借鑒和融合其他亞歐各種文明形態的結果。《華嚴經》東傳漢地，譯為漢語，不可避免地融入大陸的中華文明因素。《華嚴經》譯出之後，深受漢地高僧的尊崇，研究、注疏和講說者一時叢起，中土盛行的儒道兩家的思想觀念在其中自然發揮了前解讀結構的功能和作用。至杜順、智儼和賢首法藏等人，唱以三觀、五教、六相、十玄之說，不僅大量融入了中土「天下定於一尊」的價值趨向和「一至而百慮，同歸而殊途」的思維方式，而且還運用中土儒道兩家解釋經典的辦法

疏釋《華嚴經》的經文，由此實現了中印兩種文明形態的高度融合，開創了玄妙幽微、融通無礙的華嚴宗義理，並進一步深刻影響了儒道兩家的發展和演變。

　　總之，相互之間的交流和借鑒為各種文明形態的發展注入了新的因素，促成了內部結構的調整和演變，不但實現了自身內涵的豐富和外延的擴展，還獲得了存續下去和延展開來的強大生命力。目前世界上還在持續發展著的各大文明形態無不證明著這一點，而那些早已滅亡和絕跡的形態，如古埃及文明、古巴比倫文明、克里特文明、達羅毗荼文明、印加文明以及瑪雅文明等各種文明形態，也都反證了這一點。這些文明滅亡或者消亡的原因很多，但缺乏對異質文明的交流和借鑒，無法獲得新因素的加入，不能實現內部結構的調整和自身形態的演變，當是一個非常重要的原因。

二、華嚴宗法界觀的啟發

　　如上所論，中國佛教華嚴宗是中印文明交流和互鑒的重大成就，而其深奧玄妙的法界思想則又可以對異質之間的交流互鑒提供許多有益的啟發。此處僅以華嚴宗的法界觀，即事法界、理法界、理事無礙法界、事事無礙法界的四法界理論為例，對此略加探析。

　　其一，事法界。對於林林總總、森羅萬象、無窮無盡、各式各樣的物質和精神現象，華嚴宗謂之事法界。如果具體到文明互鑒的語境之中的話，事法界則是指世界文明形態的多種多樣，東西方的思想家對此已有比較充分的認識。如德國歷史學家斯賓格勒著有《西方的沒落》，依據關注重心、發展前途等的不同，將人類文明大致分為東方和西方兩類，在當時引起很大的反響。其餘波所及，在 1920 年代的中國引起了古今中西文化大討論。梁啟超到歐洲訪問，目睹第一次世界大戰的嚴重破壞，歸而著《歐遊心影錄》，認為西方文明已經走上了窮途末路，必須用東方文明去救濟西方文明的衰落。梁漱溟著《東西方文化及其哲學》，指出人類文明的發展將依次按照西方、中國、印度三個路向發展前進。英國歷史學家湯因比將人類文明分成 26 種形態，並對每一種文明形態進行了比較深入的研究和概括。無論這些思想家對不同文明形態的研究與概括是否準確，他們能把意識到自己所生活其中的文明形態之外，還存在著非常不一樣的文明形態，就證明人類的思想發展已經突破單一文明形態的限制，開始探討不同文明形態之間相互交流和借鑒的問題了。在華嚴宗看來，菩

薩為了普度眾生獲得方便善巧，必須瞭解和掌握無窮無盡的事法界。這啟發我們，對不同的文明形態展開全面、系統、深入的研究，是實現異質文明相互交流和借鑒的前提和條件。

其二，理法界。世俗之所謂理，或指事物內在的本質規定性，或指事物運行所必然遵循的基本規則，在自然界就表現為物理，在生命界就表現為生理，在社會中就表現為倫理。而佛教所謂的理，則是指諸法的緣起性空之理，即世出世間的物質和精神現象雖然是林林總總、森羅萬象、無窮無盡、各式各樣，但無不因緣而起，因而空無自性。這種無自性之真空就是世出世間諸法的平等依據，華嚴宗謂之理法界。我們此處對理這一概念的運用，兼及其世俗意義，而以華嚴宗的理法界之義作為究竟和終極。如果我們世界上諸多文明形態視為事法界的話，那麼這些文明形態各自具體的特質，以及其內部處理自身各自事務必須遵循的規制等，就是這些文明形態所蘊含的世俗意義上的所謂理。而就這些文明自身及其所遵循的各種理則的條件性、歷史性及隨時變動性而言，林林總總、各式各樣的文明形態也只是人類生命的一種實踐形態，其自身並沒有任何的永恆不變的內在本性，因而他們都是平等的，此即是華嚴宗意義上所謂的理法界。由於不同的文明形態在世俗意義上具有不同的特質和理則，我們必須尊重其自身的發展邏輯，不能將一種文明形態的思想觀念強制性地加之於另一種文明形態之中。由於不同的文明形態在究竟和終極的意義上都是空無自性，則又為不同文明形態之間的相互交流和借鑒提供了可能性。或者說，在理法界的意義上，各種文明形態是完全可以相互融通和交流的。

其三，理事無礙法界。任何的事物都因為包含著真理才成其為事物，華嚴宗稱之為「事攬理成」；真理必須依賴具體的事物才能得到彰顯，華嚴宗稱之為「理由事顯」。對於真理與事物之間這種相互依賴、相互憑藉的關係，華嚴宗謂之為理事無礙法界。人們完全可以將理事無礙作為不同文明形態之間交流互鑒的基本原則。每一種文明都包含著特定的價值觀念、思維方式和理想追求，當某種文明形態希望從其他的文明形態獲得物質和器具的借鑒時，應當考慮到對自家文明形態中的理則、理想和理念的衝擊。每一種文明都具有特定的物質表現形態，當某種文明形態借鑒其他文明形態的價值觀念、思維方式和理想追求時，也必須考慮自家文明形態是否具有與之相適應的物質現狀。這樣既可以做到不以理妨事，使自家文明形態的穩定性、連續性免遭破壞，又可以做到不以事礙理，保證自家文明形態可以在與其他文明形態的交流和互鑒中實

現變革和發展。從人類歷史的基本經驗來看，在不同文明的交流和互鑒中，事與理之間保持一種適度的緊張並由此實現動態的平衡，是危害最小和利益最大的一種發展模式。

四、事事無礙法界。在華嚴宗看來，任何事物都不會妨礙真理，都是對真理的體現，而且由於各種事物都是真理的體現，故而各種事物之間也不會相互妨礙，而是可以相互融通的，因此由一可以知多，由此可以及彼，華嚴宗將萬事萬物之間的這種一多相即、大小互容、重重無盡、主伴交參的關係，稱為事事無礙法界。世界上雖然存在著諸多的面貌各異、特色不同的人類文明形態，但是我們還是必須和應當承認，在這些文明形態所推崇的基本理念中都包含著人類共同追求的最高理想，都具有人類應當遵循的基本底線。無論是在與上帝或真主同在的天堂之中，還是在但有諸樂、無有諸苦的西方極樂世界，或者在各取所需、各盡所能的烏托邦裏，無不寄寓著人類對幸福、美滿、快樂的期待。無論任何一種文明形態，都將尊重生命、勤奮勞動、忠誠合作、保持健康衛生等作為最基本的信念和規制。因此從本體論的角度上來說，世界上諸多的人類文明形態並不是相互妨礙的，而是可以相互融通、相互交流和借鑒的，這就是華嚴宗所說的事事無礙法界在文明交流和互鑒上的體現。

如此法界，乃諸佛之法性理體，唯一無二，絕對真實，因此華嚴宗稱為一真法界，指明了萬法皆為眾生如來藏自性清淨心因緣而起的本質。譬於人類文明，雖有種種差別，但都是人類生命存在的基本形式，或者說人類生命創造的產物；各種文明形態在交流中實現相互借鑒和相互融通，最終將非常有利於形成統一的人類命運共同體。

三、善財童子的象徵意義

依據華嚴宗的相關思想，我們可以將世界上諸多文明及其相互之間的交流與互鑒視為法界，但如何才能進入這樣的法界呢？對於這個問題，我認為《華嚴經‧入法界品》的主角善財童子堪稱我們的學習榜樣。按照《華嚴經‧入法界品》的描述，善財童子是福城大富長者之子，因出生之日，家中自然湧現無量財寶，故號善財童子。善財童子接受了文殊菩薩的指點，歷經百城煙水，於五十三次參訪之中，分別領受了菩薩、比丘、優婆塞、優婆夷、婆羅門、長者、商主、船夫、妓女、童子、童女、天神、天女、國王、王妃、佛母、地神、樹神、守夜神等五十五位善知識的教導，最後進入彌勒樓閣之中，最後在彌勒

菩薩的引導之下，見到了瑞像光明遍照法界虛空的普賢菩薩，滅卻眾苦，長養善根，獲得十波羅蜜，為普賢菩薩殷勤讚歎，於是觀修普賢菩薩清淨法身，與普賢菩薩融為一體，一同教化十方眾生，證得不思議解脫自在，不久將位至等覺。

對於這個故事群像，我們可以從信仰的角度認其為真實發生的故事，但我更願意從象徵意義上將其理解為一個人或者一種文明形態學習和成長必須的經歷。人們聚集財富，無非是為了養護自身以及子孫，因此善財象徵著財富來源正當，童子意味著心地單純和淨潔。在諸多的佛教經典之中，文殊菩薩多是講說諸法緣起性空的主角，文殊的指點就是放下我執和法執，懷著最為謙恭的心情向別人請教。若能虛懷若谷，其地便為福城，其人便是善財。善財童子參訪五十多位善知識，每位善知識都告訴他：「我唯知此一法門。」這是在告訴我們，無論其職業地位學識財富如何，每個人都必然具有值得我們去學習的某種專長。善財童子參訪觀世音菩薩，是其五十三參中的第二十七參，以大慈大悲的觀世音菩薩居於正中，象徵著我們在努力學習的時候，要時刻心念苦難的眾生，我們學習的最終目標，不是自娛其樂，而是為了幫助他人拔出各種各樣的痛苦。最後進入彌勒樓閣之中，彌勒菩薩位居補處，以慈為門，歡喜無量，這象徵著堅持不懈的虛心學習必將通向成功的頂點，給我們及一切人帶來無窮無盡的快樂和幸福。彌勒菩薩帶領善財童子去見普賢菩薩，普賢菩薩號稱大行，其所發十大行願，是為願王，這意味著我們學習到的一切知識、能力、法門等，所獲得的一切成就，都必須落實為切實的行履，轉化成利樂無量眾生的意願。我們將善財童子作為善於學習和借鑒異質文明的象徵，由此我們從五十三參的故事中得到這樣的啟發：在與各種文明形態的人們交往時，我們應像善財童子那樣，虛懷若谷，真誠請教，認真學習每一種文明形態的優點和長處，並且將其落實到我們自己的文明建設之中，為人類的和平和發展做出我們應有的貢獻，如此長期不懈地堅持下去，福城的童子必將成長為世界的巨人。

我們人類今天獲得的諸如財富增長、科技發展等一切成就，應當說無不得益於不同文明形態的相互交流。在世界進入現代化的進程中，似乎是西方文明在扮演著主力軍和領導者的角色，這實際上也是西方文明善於或者比較善於吸收和借鑒東方文明、綜合東方文明優點和長處的結果。東方的人們在這方面決不能固步自封，應當虛心向西方學習生產和管理、組織和運作等方面的優點和長處。而且，今天的學習，是在人類科技已經高度發展的基礎上展開和進行

的。現在科技信息的發展和進步，非常有利於克服不同文明之間的空間距離和心理隔閡，為新時代的文明互鑒提供了空前的便利，人類文明首次進入了最有可能通過相互交流和借鑒而融成一體的歷史階段。這可以說就是目前人類共同享有的善財。只要我們懷著童子們的好學純淨之心，必能走向意味著成功的彌勒樓閣，實現利樂一切有情大眾的普賢行願。

俗話說，有思路就有出路。就宏觀而言，人類社會內部由於存在著國家、地域、民族、階級、階層、利益集團、文化傳統等諸多方面的對立，有時甚至發展到兵戎相見的地步。就微觀而言，家庭、單位乃至我們每一個人的思想內部，都充滿著矛盾和差異，給我們帶來強烈的焦慮感。華嚴學展現出來的廣大和諧的圖景，運用的圓融會通的方法，重視的一即一切、一切即一的思維方式，可以給我們提供很多很有益的啟發，使人類相信自己有足夠多的智慧來解決所面臨的一切問題。

餘　論

　　由楊仁山居士、月霞法師開創，而為應慈法師、南亭法師接續的近代華嚴學復興，在戰亂、革命和社會動盪的歷史形勢下艱難地延續著。進入 21 世紀，終於獲得了和平、安定的社會環境。在臺灣，賢度法師住持的華嚴蓮社，以及海雲繼夢法師住持的大華嚴寺都表現得相當活躍，他們在領眾焚修的同時，也組織了很多場次的國際性學術活動，有力地推動了學術界對華嚴學的關注。在大陸，2015 年，常熟虞山興福禪寺復辦法界學院，不久之後成為江蘇佛學院法界學院，獲得了官方的認可和支持，為實現華嚴學的健康傳承奠定了堅實的基礎。接下來，復辦的武昌佛學院女眾部也將華嚴學作為本部最重要的弘法內容。江蘇佛學院清涼學院，作為江蘇佛學院的一所女眾佛學院，也開始招收華嚴學的研究生和本科生。越來越多的寺院都準備或者已經在弘揚華嚴學了，近代華嚴學的復興在現當代得到了進一步的延續，這對於喜歡、愛好和尊崇華嚴學的人們來說，自然具有非常強的精神鼓舞作用。但是，我們也必須清醒地意識到，希望在短時間內湧現出一兩位華嚴學的思想家，或者湧現出數部具有經典意義的華嚴學著作，這都是不可能的。現當代延續的華嚴學復興最主要的，是實現健康傳承，是積累話語，是形成結合時代的深刻體驗，是為當下困頓和焦慮中的人們提供思想的指引和心靈翱翔的精神空間，在一多相即、念劫相入、自他融通、大小互攝的微妙關係中尋找到生命的意義和價值。

參考文獻

1. 唐·智儼承杜順和尚說：《華嚴一乘十玄門》，《大正藏》第 45 冊，臺北：新文豐出版公司，1983 年。

2. 唐·法藏述：《華嚴金師子章》，《大正藏》第 45 冊，臺北：新文豐出版公司，1983 年。

3. 唐·法藏述：《般若波羅密多心經略疏》，《大正藏》第 33 冊，臺北：新文豐出版公司，1983 年。

4. 唐·澄觀述：《三聖圓融觀門》，《大正藏》第 45 冊，臺北：新文豐出版公司，1983 年。

5. 唐·澄觀述：《華嚴法界玄鏡》，《大正藏》第 45 冊，臺北：新文豐出版公司，1983 年。

6. 唐·澄觀述：《大華嚴經略策》，《大正藏》第 36 冊，臺北：新文豐出版公司，1983 年。

7. 唐·澄觀述：《大方廣佛華嚴經隨疏演義鈔》，《大正藏》第 35 冊，臺北：新文豐出版公司，1983 年。

8. 唐·宗密述：《原人論》，《大正藏》第 45 冊，臺北：新文豐出版公司，1983 年。

9. 清·楊文會著：《道德經發隱》，《楊仁山全集》，黃山書社，2000 年。

10. 月霞法師（釋顯珠）講：《維摩詰經講義錄》，臺北：佛陀教育基金會，2016 年。

11. 應慈長老述：《般若波羅密多心經淺說》，上海：上海佛學書局，民國二十二年（1933）。

12. 太虛著：《太虛大師全書》，北京：宗教文化出版社‧國家圖書館文獻縮微複製中心，2005 年。

13. 釋常惺著：《佛學概論‧賢首概論合刊》，臺北：新文豐出版公司，2000 年。

14. 釋南亭著：《南亭和尚全集》（全 12 冊），臺北：華嚴蓮社。

15. 釋南亭著：《釋教三字經講話》，臺北：萬行雜誌社，2011 年。

16. 釋成一著：《導遊華藏世界》，臺北：萬行雜誌社，2005 年。

17. 釋成一著：《華嚴文選》，臺北：華嚴蓮社，1998 年增訂再版。

18. 釋成一著：《彌勒淨土法門集》，臺北：佛陀教育基金會，2010 年。

19. 釋成一著：《成一文集》，臺北：萬行雜誌社，1994 年。

20. 釋成一講：《大方廣佛華嚴經如來隨好光明功德品講記》，臺北：萬行雜誌社，1995 年。

21. 釋賢度編著：《華嚴學專題研究》，臺北：華嚴蓮社，2008 年。

22. 釋淨慧著：《何處青山不道場》，河北省佛教協會虛雲印經功德藏出版，2001 年。

23. 釋淨慧著：《禪在當下》，北京：方志出版社，2010 年。

24. 釋淨慧著：《生活禪鑰》，北京：三聯書店，2011 年。

25. 釋海雲繼夢著：《華嚴學導論》，臺北：空庭書苑，2009 年。

26. 馬一浮：《馬一浮全集》（全六冊十本），杭州：浙江古籍出版社，2013 年。

27. 方東美：《華嚴宗哲學》（全二冊），北京：中華書局，2012 年。

28. 林子青編：《弘一大師年譜》，宗教文化出版社，1995 年。

29. 陳慧劍著：《南亭和尚年譜》，臺北：華嚴蓮社，2002 年。

30. 方立天著：《方立天文集》（全十卷十二冊），中國人民大學出版社，2012 年。

31. 霍韜晦著：《如實觀的哲學》，香港：法住出版社，2011 年。

32. 卓遵宏、侯坤宏採訪，廖彥博記錄：《成一法師訪談錄》，臺北：三民書局國史館，2007 年。

33. 興福寺編：《常熟破山興福寺志》，蘇州：古吳軒出版社，1993 年。

34. 李尚全著：《當代中國漢傳佛教信仰方式的變遷》，蘭州：甘肅人民出版社，2006 年。

35. 江燦騰著：《臺灣佛教百年史之研究》，臺北：南天書局，1996 年。

36. 范觀瀾著：《成一法師傳》，臺北：華嚴蓮社，2007 年。

37. 闞正宗著：《臺灣佛教史論》，北京：宗教文化出版社，2008 年。

38. 慧雲：《常惺法師年譜》，常熟：興福寺印，2012 年。

39. 杜維榮編：《應慈法師編年事蹟》，常熟：興福禪寺印，2016 年。

40. 孫紅：《方東美論華嚴哲學》，北京：中國社會科學出版社，2017 年。

41. 廈門南普陀寺編：《南普陀寺志》，上海辭書出版社，2011 年。

42. 財團法人臺北市華嚴蓮社編印：《華嚴蓮社六十週年慶紀念特刊》，臺北：華嚴蓮社，2013 年。

43. 大華嚴寺無盡藏燈付法會：《賢首宗付法師資記》，臺北：大華嚴寺，2008 年。

44. 〔日〕龜川教信著，印海譯：《華嚴學》，北京：東方出版社，2018 年。